Der Wunschlose
Prinz Max von Baden und seine Welt

herausgegeben von Konrad Krimm

Verlag W. Kohlhammer Stuttgart 2016

Begleitband zur Ausstellung des Landesarchivs Baden-Württemberg
im Generallandesarchiv Karlsruhe, Juni – November 2016,
in Schloss Salem, Juni – Oktober 2017 in Kooperation mit
Staatliche Schlösser und Gärten Baden-Württemberg

Konzeption und Organisation: Konrad Krimm
Leihverkehr: Gabriele Wüst
Restauratorische Betreuung: Bettina Heck
Reproduktionen: Hermann Scheffel
Haustechnik: Stefan Eisenring
Grafik und Design: Patricia und Norbert Schiek
Öffentlichkeitsarbeit: Peter Exner

Abbildung Vorderseite:
Entwurf Norbert Schiek / Xdream GmbH

Gedruckt auf alterungsbeständigem, säurefreiem Papier

Gestaltung: Xdream GmbH, Karlsruhe
Druck: Gulde Druck GmbH, Tübingen
Kommissionsverlag: W. Kohlhammer GmbH, Stuttgart
Printed in Germany
ISBN 978-3-17-031764-2

Inhalt

Leihgeber und Förderer

Richard-Wagner Nationalmuseum, **Bayreuth**
Jüdisches Museum, **Berlin**
Politisches Archiv des Auswärtigen Amtes, **Berlin**
Ullstein Bild, **Berlin**
Uwe Richardsen, **Eckernförde**
Waltraut Heidenreich, **Frankfurt**
Philipp Wahnschaffe, **Hamburg**
M.M.Warburg & CO, **Hamburg**
Archiv der Stiftung Reichspräsident-
    Friedrich-Ebert-Gedenkstätte **Heidelberg**
Universitätsarchiv **Heidelberg**
Akademischer Skiclub **Karlsruhe**
Badische Landesbibliothek, **Karlsruhe**
Joachim Schubart, **Karlsruhe**
Landesamt für Denkmalpflege im Regierungs-
    präsidium Stuttgart, Dienststelle **Karlsruhe**
Staatliche Kunsthalle **Karlsruhe**
Bundesarchiv **Koblenz**
Dr. Michael Fendrich, **Konstanz**
Eugen Solf, **Kronberg**

Philipp Fürst zu Hohenlohe-Langenburg,
    Schloss **Langenburg**
Salome Bosshard-Bohny, **Liebefeld**
Rieke C. Harmsen, **München**
Kraft Fürst zu Hohenlohe-Oehringen,
    Hohenlohe-Zentralarchiv **Neuenstein**
Monica Hafner, **Pforzheim**
Förderverein LEPSIUSHAUS **POTSDAM** e.V.
Wehrgeschichtliches Museum (WGM)
    Rastatt GmbH
Kurt-Hahn-Archiv im Kreisarchiv Bodenseekreis,
    Salem
Haus Baden, **Salem**
Bibliothèque nationale et universitaire de **Strasbourg**
Hauptstaatsarchiv **Stuttgart**
Haus der Geschichte Baden-Württemberg, **Stuttgart**
J. B. Metzler Verlag, **Stuttgart**
Stadtmuseum **Tübingen**
Prof. Dr. Manfred Aschke-Lepsius, **Weimar**
Theatermuseum im KHM Museumsverband, **Wien**

Zum Geleit

Der Nachlass des Prinzen Max von Baden wurde 2014 aus dem Salemer Archiv in das Großherzogliche Familienarchiv in Karlsruhe überführt. Letztlich ist dies der Anlass für die Ausstellung. Unsere nun vereinigten Archivbestände lassen sich unter dem Dach des Generallandesarchivs besser betreuen, für die Forschung bietet sich ein leichterer Quellenzugang. Ich bedanke mich bei der Stiftung Kulturgut Baden-Württemberg, die eine zeitgemäße Inventarisierung finanziell unterstützt hat.

Forschen und Nachdenken über den letzten Reichskanzler des Kaiserreichs bedeutet für mich persönlich Vergangenheitsbewältigung durch Erkenntnisgewinn. Für meine Familiengeneration besteht keine direkte Überlieferung zum Urgroßvater; mein Großvater, Markgraf Berthold, verstarb zu früh, und wir kannten ihn nicht. So besteht ein elementares Bedürfnis, mehr über Prinz Max zu erfahren, mehr zum historischen Kontext, in dem er lebte und wirkte. Wir leben in Salem heute noch in den Räumen, mit dem Mobiliar, mit den Alltagsgegenständen, die auch der Prinz nutzte. Zugleich nimmt er in der Geschichte unseres Landes eine Schlüsselposition ein zwischen Monarchie und Republik. Noch heute besteht großes Interesse an Prinz Max, und ich werde oft auf meinen Vorfahren angesprochen, z. B. im Austausch mit der Schule Schloss Salem. Diese konkrete Verbindung mit der Lebenswelt des Prinzen wird durch die Ausstellung und den Begleitband vielfältig bereichert.

Zum besseren Verständnis der historischen Person entwickelt die Konzeption der Ausstellung einen Zugang eigener Art: Der weite Kreis an Gesprächspartnern, mit denen der Prinz in Verbindung stand, öffnet auch den Blick für seine politische, soziale und kulturelle Gedankenwelt. Keine Frage: Prinz Max lässt sich nicht so leicht in eine schmale Schublade stecken. Es gelingt der Ausstellung, die Diskrepanz zwischen dem aus heutiger Sicht oft problematischen persönlichen Denken und dem ausgewogenen öffentlichen Sprechen und Handeln aufzuzeigen.

Einen Schlüssel für das Selbstverständnis des Prinzen Max möchte ich in der Statuette erkennen, die ihn in Offiziersuniform zeigt und die auf meinem Schreibtisch steht. Prinz Max präsentiert sich, und das ist ungewöhnlich, nicht militärisch-repräsentativ, wie so viele andere Fürstendarstellungen im Kaiserreich, sondern lesend, mit aufgeschlagenem Buch in der Hand! Was liest er? Der Prinz sieht sich als Reflektierenden, einen, der Wissen aufnimmt, der lernen will. Die Frage nach den Beweggründen seines politischen Wirkens stellt sich wie von selbst. Handelte er aus Ehrgeiz oder Pflichtgefühl? Mir scheint einiges dafür zu sprechen, dass er sich als Thronfolger tatsächlich verpflichtet fühlte, Verantwortung zu übernehmen. Prinz Max war sich seiner Schwächen bewusst und er litt darunter, bis zur Handlungslähmung. War es dieser Konflikt zwischen selbsterkannter Schwäche und kaum zu erfüllenden öffentlichen Ansprüchen,

der zur Selbstbezeichnung als „Der Wunschlose"
führte? Ein allzu einfaches Deutungsmuster wird
dem Prinzen jedenfalls kaum gerecht. Historisch
fundierte Kritik hat auch seine Leistungen und
Wirkungsfelder in den Blick zu nehmen: Die mit
größtem Engagement betriebene Kriegsgefangenenfürsorge; seine Bereitschaft, in schwierigster Stunde
für sein Vaterland als Reichskanzler einzutreten; die
ethisch-pädagogisch motivierte Gründung der
Schule Schloss Salem. Er hätte in der zweiten Linie
bleiben und sich auch ganz anderen Beschäftigungs-
und Musenfeldern widmen können, dafür gibt es
hinreichend historische Beispiele.

   Allen, die zu diesem Band beigetragen haben, danke
ich für ihre Bereitschaft, sich so präzise auf das
Thema einzulassen. Prof. Dr. Konrad Krimm hat mit
Kompetenz und Sensibilität das originelle Konzept
erarbeitet und Ausstellung und Begleitband betreut.
Beiden, Ausstellung und Begleitband, wünsche ich
die verdiente Aufmerksamkeit und Anerkennung.

Bernhard Prinz von Baden
Salem, im Frühjahr 2016

Fridolin Dietsche,
Prinz Max von Baden,
1907, Bronze.
Haus Baden

Vorwort

Der Nachlass von Prinz Max von Baden (1867–1929) beeindruckt bereits durch seinen Umfang: Die Unterlagen füllen mehr als 30 Regalmeter und sind in über 2.000 Einzelakten aufgeteilt. Hinter diesen summarischen Zahlen verbergen sich biografische Dokumente, Korrespondenzen, persönliche Aufzeichnungen und vor allem die umfangreichen Quellen, die der letzte Kanzler des deutschen Kaiserreichs in Schloss Salem als Materialgrundlage für seine Autobiografie zusammengetragen hatte. Der Nachlass gibt in einzigartiger Weise Einblick in eine Zeit des politischen und kulturellen Umbruchs, die durch Krieg und Revolution, letztlich aber durch die Zäsur von der Monarchie hin zur Demokratie gekennzeichnet ist. Zugleich lenken die Unterlagen den Blick auf eine Persönlichkeit, die als Zeitgenosse Teil dieser tief greifenden Veränderungen war: beobachtend und analysierend, aktiv gestaltend, bisweilen aber auch machtlos den sich überstürzenden Ereignissen ausgesetzt. Berlin, Karlsruhe und Schloss Salem sind nur drei der zahlreichen „Bühnen", auf denen sich das Leben des badischen Prinzen vollzog. Dynastisches Selbstverständnis und politische Handlungsmöglichkeiten, kulturelle Interessen und humanitärer Einsatz sind nur einige Koordinaten, in denen Prinz Max von Baden agierte und die sein Handeln bestimmten.

Die wenigen Schlagworte können die historische Bedeutung und die thematische Breite des Nachlasses von Prinz Max von Baden nur andeuten. Seit seinem Tod 1929 in Schloss Salem als Eigentum des Hauses Baden aufbewahrt, übergab S.K.H. Bernhard Prinz von Baden die Unterlagen 2014 als Leihgabe an das Generallandesarchiv, damit sie hier als Teil des Großherzoglichen Familienarchivs der Forschung künftig zur Verfügung stehen. Für dieses Zeichen der guten und vertrauensvollen Zusammenarbeit zwischen dem Generallandesarchiv und dem Haus Baden bedanke ich mich ausdrücklich.

Ein differenziertes Online-Inventar im Webangebot des Landesarchivs Baden-Württemberg (http://www.landesarchiv-bw.de/web/60494) bietet der Forschung einen umfassenden Einblick in die Quellen. Die Unterlagen zu Prinz Max von Baden fügen sich im Generallandesarchiv in die breite Überlieferung zur badischen Geschichte des 19. und 20. Jahrhunderts ein und bereichern sie um wesentliche Facetten. Die Ausstellung „Der Wunschlose. Prinz Max von Baden und seine Welt" präsentiert erstmals in Auswahl zentrale Dokumente aus dem Nachlass und stellt sie in den Kontext einer reichen Bildüberlieferung. Die vorliegende Publikation versteht sich weniger als ein klassischer Ausstellungskatalog, sondern wagt – thematisch zentriert um prominente Persönlichkeiten, mit denen Prinz Max in einem intensiven Austausch stand – einen eigenständigen Zugang zu dessen Persönlichkeit und möchte zugleich zu weiteren Forschungen zu Prinz Max von Baden anregen.

Am Schluss steht der Dank: Die Erschließung des Nachlasses von Prinz Max von Baden und weiterer Unterlagen des Hauses Baden aus Schloss Salem wurde durch die Stiftung Kulturgut Baden-Württemberg großzügig gefördert. Ohne ihre finanzielle Unterstützung wäre das Projekt in dieser Form nicht durchführbar gewesen. Die Staatlichen Schlösser und Gärten Baden-Württemberg präsentieren 2017 als Kooperationspartner die Ausstellung in den Räumen des Schlosses Salem. Beiden Einrichtungen sei für ihr Interesse an dem Projekt und die finanzielle Unterstützung herzlich gedankt.

Im Generallandesarchiv Karlsruhe hat Prof. Dr. Konrad Krimm den Nachlass von Prinz Max von Baden und weitere Bestände des Hauses Baden aus Schloss Salem seit 2011 bearbeitet und Online-Findmittel erstellt. Auf der Basis seiner profunden Kenntnis der Bestände hat er auch die Ausstellung eigenständig konzipiert und umgesetzt, die vorliegende Publikation umsichtig als Herausgeber betreut,

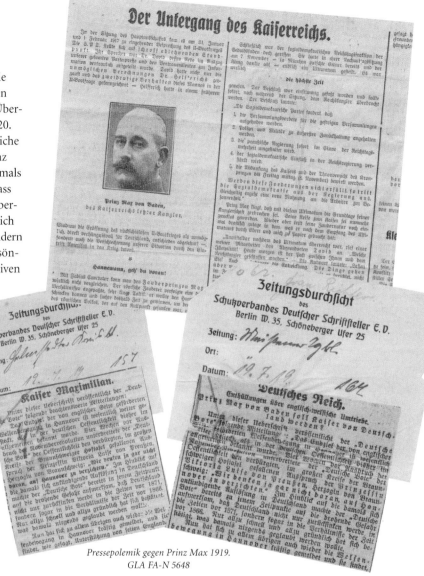

Pressepolemik gegen Prinz Max 1919.
GLA FA-N 5648

kompetente Wissenschaftler zur Mitarbeit gewonnen sowie zentrale Beiträge selbst verfasst. Ihm gilt unser besonderer Dank für seine engagierte Arbeit!

Karlsruhe, im April 2016
Prof. Dr. Wolfgang Zimmermann
Leiter des Generallandesarchivs Karlsruhe

Dritter Vorschlag:

        Staatssekretär:

        Panther.

Parlamentarischer Staatssekretär u. Propagandaminister:
        Solf, als sein Chef des Stabes: Neffe.

    Als Berater: der W u n s c h l o s e.

        Unterstaatssekretäre:

Politischer:	Rechts-:	Proganda:	Handelspolitischer
Rosenberg	Simons	siehe oben	Melchior.

        Regionalchefs: u.s.w.

Entwurf Kurt Hahns zu Kabinettslisten des Prinzen Max,
27.3.1918. GLA FA-N 5859

Panther *[Friedrich Rosen? Deutscher Gesandter im Haag,*
von Prinz Max auch als „Haager" bezeichnet]
Wilhelm Solf
Neffe *[Hans von Haeften]*
Der Wunschlose *[Prinz Max von Baden]*
Frederic Hans von Rosenberg
Walter Simons
Carl Melchior

um 1915. Haus Baden

Der Wunschlose und seine Welt

VON KONRAD KRIMM

Der Wunschlose war einer der Decknamen des Prinzen Max von Baden in seiner Korrespondenz der späten Kriegsjahre. Vom Sommer 1917 – Bethmann-Hollweg stürzte als Kanzler – über das Frühjahr 1918 – die nächste Offensive stand bevor und versperrte diplomatische Auswege aus dem Krieg – bis zum Herbst 1918 – als Reichstag und Öffentlichkeit immer dringender nach Parlamentarisierung verlangten – beriet er sich mit Anhängern und Freunden über die Möglichkeiten einer Kanzlerschaft. Liberale wie Conrad Haußmann und Sozialdemokraten wie Eduard David gehörten dazu, Regierungsmitglieder wie Staatssekretär Wilhelm Solf, Publizisten wie Hans Delbrück, Bankiers wie Max Warburg; die Verbindung zur Obersten Heeresleitung, zu Erich Ludendorff vor allem, stellten Oberst Hans von Haeften vom Auswärtigen Amt her und dessen Mitarbeiter, der unermüdliche Kurt Hahn. Die „Gruppe" drängte den Prinzen, neue Wege zur Kriegsbeendigung zu finden, Friedensinitiativen zu eröffnen, die auch im feindlichen Ausland glaubhaft waren. Nur ein *Wunschloser* ohne eigene Interessen sei noch in der Lage, das Heil zu bringen, formulierte Kurt Hahn – etwas stark pathetisch, entgegen seinen sonst scharfsichtigen Analysen. Der Prinz war äußerst vorsichtig, in der Sache, aber auch in der Form, aus Sorge vor Zensur. Er sprach vom *Wunschlosen* in der dritten Person, als habe er sich mit ihm unterhalten. Die Decknamen wurden mehrfach geändert. Manche waren leicht zu erraten (*der Verwandte:* Wilhelm II., *der badische Verwandte:* Großherzog Friedrich II.),

andere wohl schwerer zu enttarnen (*der Onkel:* Erich Ludendorff; *der Neffe:* Hans von Haeften). Wilhelm Solf blieb zwar immer *der Dicke*, aber dass sich hinter dem *Unpsychologischen* Reichskanzler Graf Hertling versteckte oder hinter dem *rheinischen Freund* der deutsch-amerikanische Kaufmann Jakob Noeggerath, der seit Kriegsbeginn gegen die deutschen Kriegsziele argumentiert hatte, war schwerer herauszubekommen; leichter mochte es wieder bei dem *Hamburger* sein (Max Warburg). Aber hatte der Prinz nun Ziele oder nicht, verstand er sich als Heilsbringer oder war er wirklich wunschlos? Viele Entwürfe für eine neue Reichsregierung entstanden, alle unter solchen Aliasnamen, und der *Wunschlose* stand darin manchmal an der Spitze, manchmal nur beratend am Rand. Prinz Max zog viele Projektionen auf sich, seine Gesprächspartner reichten von ganz rechts bis in die linke Mitte, und als er – Kanzlerschaft und Monarchie waren gescheitert, der Krieg verloren – am 9. November 1918 Friedrich Ebert die Regierungsgewalt übertrug, verstand sein Freund Houston Stewart Chamberlain die Welt nicht mehr.

Wir machen uns dieses Spiel mit Decknamen zunutze, um uns einer so vielschichtigen, schwer greifbaren Persönlichkeit zu nähern. Sah seine Welt viele Gesichter an ihm – das des noblen Fürsten und humanen Helfers der Kriegsgefangenen, des selbstlosen Diplomaten, das des versteiften Monarchisten, des Entscheidungsschwachen, des Verräters am Kaiser wie des Verräters am politischen Fortschritt –, so stellen wir eben so viele Gesichter um ihn herum:

Zusammengenommen lassen sie ahnen, in welchem
Makrokosmos höfischer Traditionen und politischer
Hoffnungen sich der Prinz bewegte. Wir lassen ihn
sich spiegeln in der Welt, die ihn umgab, um beides
– den Prinzen und seine Welt – besser zu verstehen.
Um mehr als das Verstehen soll es nicht gehen. Zu
Gericht setzen wir uns nicht, weder über ihn noch
über die Propheten und Heilskünder der Vorkriegszeit, denen er zuhörte, die Militärtaktiker des Kriegs,
denen er zeitweise folgte, die Pazifisten und Idealisten
der Weltversöhnung, denen er im Gespräch Raum
gab oder die er ablehnte, die Pragmatiker der Republik,
die er widerstrebend anerkannte. Die Welt um den
Prinzen spiegelt viele Möglichkeiten, Monarchie, Krieg
und Republik und vor allem den harten Übergang
vom einen zum andern zu erfahren. Manche aus der
Umgebung des Prinzen änderten ihre politischen
Glaubenssätze nicht. Das werden selbst die Kritiker
des Prinzen von ihm nicht behaupten können; er war
fähig, fremde Meinungen anzuerkennen und sie sich
zum Teil auch anzuverwandeln, sich zu wandeln.
Die Vielfalt der Personen kleiden wir in eben jene
Decknamen ein, die der Prinz und seine Umgebung
erfanden – wir erfinden noch andere hinzu, gruppieren
sie zu einem typisierten Figurenballett. Das ist
keine gängige Art, sich Geschichte zu nähern. Wir
erlauben sie uns trotzdem, denn die Autoren unserer
essayistischen Skizzen haben sich alle in fundierten
Veröffentlichungen bereits mit ihren Themen befasst,
sie schöpfen aus ihrer umfassenden Quellenkenntnis.
Den biografischen Texten, dem „Personenkarussell"
– dessen Positionen sinnvoll, aber keineswegs zwingend
besetzt sind – stellen wir einen sachthematischen
Teil voraus, der die großen Themen in der Biografie
des Prinzen umreißt: Persönlichkeit, Fürsorge für
Kriegsgefangene, Kanzlerzeit und Schulgründung.
Manche Motive werden in jeweils anderem Kontext
wiederkehren, wir hoffen, zum Vorteil des Verstehens
und auch der kritisch-differenzierenden Sicht.

Prinz Max von Baden

Prinz Max von Baden,
wohl 1915 bei Oberst Bohny in Basel.
Privatbesitz

um 1890. Haus Baden

um 1920. Haus Baden

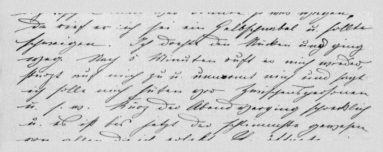

Tagebuch des Prinzen Max, Oktober 1885.
GLA FA-N 6311

Da rief er [sein Vater, Prinz Wilhelm], ich sei ein Gelbschnabel
und sollte schweigen. Ich drehte den Rücken und ging weg.
Nach 5 Minuten ruft er mich wieder, stürzt auf mich zu und
umarmt mich und sagt, ich solle mich hüten vor Zwischen-
personen usw. Kurz, der Abend verging schrecklich.

Prinz Max an Großherzog Friedrich II. von Baden, 28.1.1919.
GLA FA-N 5844 # 2

Meine Kanzlerschaft hat mir eine Fluth von Briefen eingebracht,
die sich nur zeitweise vermindert, um dann verstärkt wieder-
zukehren. Nebenher bin ich gezwungen, die Erlebnisse der
Berliner Wochen schriftlich zu fixieren, um den vielen Angriffen,
die über mich ergehen, begegnen zu können.

Eine schwierige Biografie

VON KONRAD KRIMM

Eine Biografie, reduziert auf sechs Wochen im Herbst 1918? Das wäre unsinnig, zumindest ungerecht. Die Zeitgenossen schossen sich gleichwohl auf die sechs Wochen der Kanzlerschaft des Prinzen Max von Baden ein. Er hatte in diesen letzten Wochen des Kriegs die Politik der Reichsregierung verantwortet – was ihn davor bewegt, was er bewegt hatte, interessierte ebenso wenig wie die Jahre danach. Dass es bei Kriegsende Handlungsspielraum so gut wie nicht mehr gegeben hatte, mochte man ihm einräumen, vielleicht sogar seinen guten Willen. Ein Standesgenosse, Prinz Isenburg, notierte am 3. Oktober 1918 in sein Feldtagebuch: *Bademax Reichskanzler mit einer stark liberalen Regierung, die ein grosses Friedensprogramm aufstellt. Ob es etwas nützen wird, bezweifle ich sehr, aber es ist die letzte Rettung. Ich finde es grossartig, daß der als „Pazifist" verschriene Prinz sich auf diese Weise dem Vaterland opfert, denn ich glaube nicht, daß unsere Militärpartei es ihm danken wird, wie es auch ausfällt. Unser großes Unglück ist stets gewesen, daß wir keine fähigen Politiker hatten, sondern daß immer nur der Generalstab regiert, der von Politik keinen Dunst hat*[1]. Dem Opfergedanken werden wir noch begegnen, hier soll das Zitat als eines von vielen stehen, die die Hypotheken politischen Handelns im Krieg formulierten – diese Hypotheken waren für Prinz Max bereits so hoch, dass er nur noch als Konkursverwalter diente. Das scheint auch sein Vetter, Großherzog Friedrich II. von Baden, gewusst zu haben, als er resignierend seine Zustimmung zur Kanzlerschaft gab und an den

Kaiser telegrafierte: *Ich kann nicht verstehen, daß es gerade Max sein muß, der solch Angebot* [des Waffenstillstands] *mit seinem Namen decken soll*[2]. Im Abstand der Jahre wurde die aussichtslose Situation klarer. In seiner Rezension der „Erinnerungen und Dokumente" des Prinzen von 1927 summierte Veit Valentin in der linken „Weltbühne" scharfzüngig alle Fehler des *Bademax*, verband sie aber doch mit dem Seufzer, der Prinz *wäre gern deutscher Gefangenenminister geworden – wie es in England einen gab. Hätte man ihn doch dazu gemacht! Es wäre gut für die Gefangenen gewesen und auch gut für die deutsche Politik*[3]. Ein Nachruf der Rechtspresse war 1929 selbst zu einer so minimalen Geste der Anerkennung nicht bereit: *Seine Schwäche und Weichheit mag ihm zu gute gehalten werden. Die Nachwelt wird nichts Gutes über ihn zu berichten haben*[4]. Schwäche, Weichheit, Entschlusslosigkeit, gepaart mit Selbstüberschätzung, diagnostiziert auch Lothar Machtan beim Prinzen, aber nun nicht nur für die sechs Wochen Kanzlerschaft, sondern als Stigma des ganzen Lebens[5]. Indem er zwanghaft verborgene Homosexualität als Deutungsschlüssel einer angeblich misslingenden Biografie verwendet, übernimmt er die zeitgenössische Begrifflichkeit, die Homosexualität ja auch nur unter den Makelchiffren des Unmännlichen, des Weichen beschreiben konnte; andere Definitionen waren im Kaiserreich offiziell und erst recht im Umfeld Wilhelms II. nicht möglich.

Für die gleichzeitige Selbstüberschätzung, mit der Machtan den Prinzen vorführt, lassen sich eigene und

Tafelleuchter der Firma Wilhelm Lameyer & Sohn, Hannover,
hergestellt zur Hochzeit von Prinz Max und Prinzessin Marie
Louise, 1901, Silber.
Die Firma fertigte den Kronschmuck des Hauses Hannover,
sie zählte zu den Modegoldschmieden der Kaiserzeit.
Haus Baden

Paradehelm des Prinzen Max
als Offizier des Garde-Kürrassier-Regiments.
Haus Baden

fremde Äußerungen finden, in denen von Heilserwartung und Heilsbringer die Rede ist. Sie begegnen in den letzten Kriegsjahren, seit 1917, als die
Einsicht wuchs, dass das „Heil" militärisch nicht zu
erreichen sein würde und man einen Politiker für
einen Verständigungsfrieden brauche. Die Suche
nach dem Heil als neue Sinngebung von Staat und
Kultur gehörte dabei schon zur Diktion der Vorkriegszeit. Propheten einer sinnsuchenden Gesellschaft hatten Wege zum Heil verkündet; der Prediger
Johannes Müller oder Wagners Erben in Bayreuth
hatten Prinz Max wieder und wieder seine Rolle dabei
beschrieben.

In seiner nächsten Verwandtschaft konnte sich diese
Heilserwartung an den Prinzen mit der Erfahrung
verbinden, dass er tatsächlich für unmöglich Ge-
haltenes ermöglicht hatte. Herzog Ernst August von
Hannover (bzw. von Cumberland, wie sich das
exilierte Haus Hannover nannte), schrieb ihm 1920:
Wenn Du zur <u>*rechten Zeit*</u> *ans Ruder gekommen wärest,*
wenn Du nur ein ganzes Jahr früher gekommen wärest,

B. Frederiks, Porträt Prinz Max, 1888, Bleistiftzeichnung. Haus Baden

dann hättest Du die ganze Welt retten können, *ich glaube du hättest sie gerettet*, aber so wie es gekommen ist, da war ja alles viel zu spät.[6] Das klingt aus weitem Abstand nahezu absurd, war aber Nachklang der tiefen Dankbarkeit des Hauses Hannover für die diplomatische Leistung des Prinzen bei der Aussöhnung mit den Hohenzollern. Für die Krisen- und Katastrophengeschichte des Kaiserreichs blieb diese Episode von 1913, die Heirat zwischen der Kaisertochter Viktoria Luise und dem jungen Ernst August von Cumberland, dem Schwager des Prinzen Max, völlig bedeutungslos. In der Wahrnehmung der Zeitgenossen aber keineswegs: Wer Politik noch alteuropäisch dachte, als Verhältnis von Dynastien zueinander verstand – und die Dynastien taten alles, um dieses Bild durch repräsentative Akte in der Öffentlichkeit zu erhalten, so anachronistisch es geworden war – verstand diese effektvolle Hochzeit als wirkliches Ende des „Bruderkriegs" von 1866.

Österreich hatte längst seinen Frieden mit Preußen gemacht. Bei den entthronten deutschen Fürsten war es anders: Das Haus Hannover lebte nach wie vor verbittert im österreichischen Exil und auch das Haus Nassau-Weilburg hatte erst 1890 mit der Thronfolge in Luxemburg die alleinige Orientierung auf den habsburgischen Hof aufgegeben. Für die Hannoveraner war bis 1913 jede protokollarische Begegnung mit dem deutschen Kaiser ausgeschlossen. Bis Prinz Max solche Hürden wegverhandelt hatte, dauerte es mehrere Jahre; freilich war er durch seine Heirat mit Prinzessin Marie Louise von Cumberland dazu auch prädestiniert, wie überhaupt das Haus Baden seit der Heirat Erbgroßherzog Friedrichs mit Prinzessin Hilda von Nassau 1885 eine hilfreiche Mittlerstellung zwischen den Siegern und den Verlierern von 1866 einnahm. Beide Seiten rechneten Prinz Max den Erfolg von 1913 denn auch hoch an. Erbprinz Ernst August konnte sich jetzt als Herzog von Braunschweig

Prinz Max und Großherzog Friedrich II. von Baden vor dem Karlsruher Schloss, Juni 1913. Haus Baden

Prinz und Prinzessin Wilhelm von Baden (Prinzessin Maria Maximilianowna), die Eltern des Prinzen Max. GLA J-Aa W 12 und M 13

wieder zu den Reichsfürsten zählen, und Preußen sah die nicht gefährliche, aber doch dauerhaft lästige Hannoveraner Parteipresse ruhig gestellt. Es war kein Zufall, dass man 1918/19 gerade in dieser politischen Ecke Prinz Max als Reichsverweser oder -präsident für möglich hielt. In der Depression der Nachkriegsjahre mochte es für den Prinzen zugleich ein gewisser Trost sein, dass auch die Kaisertochter Viktoria Luise – ebenso wie Margarete von Hessen, eine Schwester Wilhelms II. – konsequent zu Max stand und immer wieder Schritte zur Versöhnung zwischen ihm und dem im Doorner Exil gegen Max tobenden Kaiser wagte.

Das Verhältnis zu Wilhelm II. blieb – bis auf eine vage-verbindliche Äußerung des Kaisers gegenüber Dritten – bis zum Tod des Prinzen tief gestört: für den Prinzen als überzeugten Monarchisten und als in seiner Integrität Angegriffenen eine schwere Hypothek. Bei den näheren Verwandten, vor allem bei Vetter und Cousine aus der regierenden Linie des Hauses Baden, war von solchen Spannungen natürlich keine Rede, trotz aller gemeinsamen Interessen scheint aber auch dieses Verhältnis nicht frei von Belastungen geblieben zu sein. Warum Königin Victoria von Schweden erst 1925, also erst Jahre nach dem Zusammenbruch, wieder zu einem vertraulichen Ton gegenüber dem *darling boy* von 1915 fand (vgl. den Beitrag Jarlert), ist nicht recht verständlich; Prinz Max nahm es nach den Jahren des Schweigens zu den öffentlichen Angriffen auf ihn mit Bitterkeit zur Kenntnis. Waren in Stockholm Unsicherheit und Verstörung nach den gescheiterten Gesprächen mit

Prinz Max von 1915 über einen Kriegseintritt Schwedens zurückgeblieben? Auch Großherzog Friedrich II. von Baden war für den Prinzen wohl kein einfacher Partner, trotz aller politischen und familiären Absprachen. Max' Sohn, Prinz Berthold, der von dem kinderlosen Friedrich II. adoptiert wurde, schilderte ihn in seiner Freiburger Studienzeit 1926/27 als verbittert und zynisch. Prinz Max selbst bat seinen Vetter, dem Eindruck entgegenzutreten, als habe er als regierender Großherzog 1918 den Prinzen für eigentlich unfähig für den Reichskanzlerposten gehalten – der Satz des oben zitierten Telegramms an den Kaiser *(muss es denn gerade Max sein?)* werde in diesem Sinn verfälscht wahrgenommen. Dass das regierende Haus Baden tatsächlich reserviert blieb, hat L. Machtan unterstrichen. Mit dem Nachlass Friedrichs II. gingen beim Freiburger Luftangriff von 1944 freilich wesentliche Quellen verloren.

Diese schwierigen, zunächst nicht recht verständlichen Konstellationen führen letztlich in die Jugendzeit des Prinzen Max zurück. Wir haben uns daran gewöhnt, die Gestalt des Prinzen – wie die seines Vaters Wilhelm – erzählend mit Schloss Salem zu verbinden. Das ist auch nicht falsch. Schon Prinz Wilhelm hatte, wie die früheren badischen Schlossherren, im alten Klosterareal weitergebaut und verändert, hatte den landwirtschaftlichen Betrieb geordnet und sich mit Stiftungen in Salem sozial engagiert. Die eigentliche „Hofhaltung" fand jedoch in Karlsruhe statt – und dies galt bis zum Kriegsende auch für Prinz Max. Salem war bis dahin Sommersitz und Nebenresidenz, Karlsruhe das selbstverständliche politische und kulturelle Zentrum. In diesem Zentrum aber waren die Rollen exakt zugewiesen, schon architektonisch: Das „Palais des Prinzen Wilhelm" lag als letztes Glied am westlichen Ende der

Karlsruhe, Palais des Prinzen Max in der Karlstraße, um 1910. GLA S Thomas Kellner 10, 200

Schlossplatzgebäude, im Äußeren nur durch einen Mittelgiebel unterscheidbar von den benachbarten Behördenblöcken und wie sie in weitem Abstand vom großherzoglichen Schloss. Mit der Übersiedlung in das Palais in der Karlstraße bezogen Max und Marie Louise nach ihrer Heirat 1901 zwar einen repräsentativen, neubarocken Bau – aber der steckte seit der Überbauung des Langensteiner Parks nun vollends mitten in der Bürgerstadt und war auch als „Palais Schmieder" von einem bürgerlichen Geschäftsmann gebaut worden; in seinem *Talmi-Reichtum* fühlte sich der Prinz unwohl[7] und wollte nach dem Tod seiner Mutter 1914 den alten Baublock am

Schlossplatz wenigstens neu und großzügiger zusammenfassen (das verhinderte der Krieg). Alles in allem: Die Distanz der nichtregierenden Linien zur großherzoglichen Familie war also trotz der nahen Verwandtschaft und trotz aller Einbindung ins Hofzeremoniell mit Händen zu greifen. Das hatte schon das Verhältnis zwischen Großherzog Friedrich I. und seinem Bruder Prinz Wilhelm belastet; Wilhelm war auch politisch immer wieder eigene Wege gegangen. Es galt noch mehr für den dritten Bruder, Prinz Karl, durch dessen morganatische Ehe Frau und Sohn ganz an den Rand des Hofstaats verwiesen waren; vor allem der Sohn, Friedrich Graf Rhena, empfand

Palais des Prinzen Max, Grünes und Rotes Zimmer, 1909. Haus Baden

die Zurücksetzung mit anhaltender Bitterkeit. Für Prinz Max galten solche Hürden nicht. Seine Mutter, Prinzessin Maria Maximilianowna aus dem Haus Leuchtenberg-Romanow (vereinfacht „Prinzessin Wilhelm" genannt), durfte als wirkliche Freundin von Großherzogin Luise gelten, und er selbst war durch seine Verbindlichkeit im Schloss gern gesehen, auch schloss er sich eng an den fast gleichaltrigen jüngsten Sohn der Großherzogin, Prinz Ludwig Wilhelm, an. Als Ludwig 1888 jung starb und als deutlich wurde, dass dessen älterer Bruder, Erbgroß-herzog Friedrich, kinderlos bleiben würde, trat Prinz Max in die Anwartschaft auf die Thronfolge ein. Trotz des Altersunterschieds von zehn Jahren gehörte der ältere Erbgroßherzog aber in dieselbe Generation. Es lässt sich leicht vorstellen, dass zwischen dem et-was spröden, resignierenden Älteren – in einer auf Dauer wohl wenig glücklichen Ehe – und dem be-liebten, begabten und hoffnungsvollen jüngeren Vetter zumindest eine gewisse Distanz bestand. Auch scheint Friedrich in der Pflichterfüllung von Militär-dienst und Repräsentationsaufgaben, die ihm der alte Großherzog immer häufiger übertrug, aufgegangen zu sein. Max entdeckte in Karlsruhe und dann in Berlin dagegen den kulturellen Reichtum seiner Zeit, spielte Klavier (ein Foto zeigt ihn bei Kammer-musik mit dem Kapellmeister des Hoforchesters), nahm Gesangsunterricht (und konnte mit seiner Stimme bei festlichen Anlässen Rollen übernehmen), lernte Künstler kennen und förderte sie, sodass die Verbindung jahrzehntelang anhalten konnte (etwa zur Sängerin Anna Bahr-Mildenburg, der Frau von Hermann Bahr) – und tauchte vor allem in die Wagner-Welt ein, so tief, dass Wortschatz und Wunsch-vorstellungen Bayreuths seine Sprache und seine Wahrnehmung mitprägten (1912 las er im Engadin abends dem befreundeten Ehepaar Paulcke aus dem „Tristan" vor und die gemeinsamen Erinnerungen daran ließen noch in den 1920er-Jahren die *seligen Höhen* mit Walhalla in eins fließen).

Die Sängerin Anna Bahr-Mildenburg mit ihrem Mann, Hermann Bahr (r.), und Johannes Müller auf Schloss Mainberg, um 1910. Privatbesitz

Aber diese Welt lag doch eigentlich außerhalb des Hofs: Der „Hof" konnte fördern und kulturelle Maß-stäbe setzen – und Karlsruhe hatte dies als Wagner-Stadt durchaus bewiesen –, aber er konnte nicht teil-nehmen. Prinz Max ging hier eigene Wege; er suchte nach Auswegen aus der höfischen Regelwelt, und es war sicher kein Zufall, dass er gerade mit seinem Vetter Graf Rhena, dem ewig Unzufriedenen, zu den scheinbar so einfachen Lehren von Johannes Müller fand, der seinen Zuhörern den Weg zu sich selbst versprach. Auch die hochalpinen Wanderungen in Österreich und in der Schweiz – es waren ja keine Jagdausflüge – waren solche Ausbrüche aus der höfischen Welt. „Ausbruch" meint dabei nicht Ent-fremdung: Der Prinz konnte sich in verschiedenen Welten gleichzeitig bewegen, im europäischen Hoch-

Anna Bahr-Mildenburg als Klytämnestra (Elektra: Roselotte Rudolf), 1909. Theatermuseum im KHM Museumsverband Wien

adel, im Militär (durch seine Ausbildung in Berlin und Potsdam), in der kulturellen, künstlerischen wie intellektuellen Auseinandersetzung und im Sport, den das Interesse an Erziehungsfragen ergänzte (er interessierte sich in England für die Organisation der Boy Scouts, übernahm das Patronat über die badischen Pfadfinder und sah sich in Karlsruhe schon 1906 Fußballspiele an). Gerade aus diesem Umgang mit Erziehern entstand ein wichtiger Kontakt für die Nachkriegszeit, nicht nur wegen der Salemer Schulgründung: Der Leiter der badischen Pfadfinder, Hermann Kuenzer, avancierte in der Weimarer

Republik zum Reichskommissar für Sicherheit und öffentliche Ordnung und informierte den Prinzen so umfassend über die konspirativen extremen Lager von links und rechts, dass der Prinz wohl auch hierdurch gegen alle Toleranz etwa gegenüber Nationalsozialisten gründlich gefeit war.

Das Besondere an Prinz Max waren also nicht sein Denken und seine Überzeugungen – er blieb darin ja den Traditionen, in denen er aufgewachsen war, letztlich treu –, sondern seine Offenheit und die Bereitschaft, andere Denkweisen wahrzunehmen und sich mit ihnen zu beschäftigen. Seine Sprache ist für uns vor allem Quelle für ganz verschiedene Welten; sie spiegelt Konventionen seiner Zeit, dies aber in erstaunlicher Vielfalt. Auch Prinz Max konnte von den Fraktionen im Reichstag als von der *Rasselbande* sprechen[8], *die gebändigt gehört,* wie es der Kaiser im Kasinoton vorgemacht hatte und wie es durchaus auch am Karlsruher Hof vorkam (wenn sich Erbgroßherzog Friedrich gegenüber seinem Vater über den badischen Landtag äußerte, war es in diesem Sinn immer negativ konnotiert). Aber Prinz Max war bereit, auch andere Stimmen zu hören. Sinnfälliger Ausdruck dafür war dann im Krieg sein Interesse an der „Deutschen Gesellschaft 1914", einem von Wilhelm Solf geleiteten Club, in dem die Meinungen zwar in gemeinsamer nationaler Selbstvergewisserung, aber sonst überaus polyphon durcheinandergingen. Als der Prinz 1919 die „Heidelberger Vereinigung" ins Leben rief, ließ sich das fast als Reverenz an die Deutsche Gesellschaft verstehen: Wieder war Robert Bosch wie dort der wichtigste Finanzier und wieder setzten sich die Mitglieder aus der geistigen Elite der Zeit zusammen.

Aber zunächst soll es hier um die Offenheit des Prinzen gehen. Sie scheint in der Familie selbstverständlich gewesen zu sein; 1917 schrieb ihm seine Frau ganz unbefangen, sie habe *in den Büchern von Bertha Suttner* […] *gelesen und fand es sehr interessant, danach sieht die Weltgeschichte der letzten 10 Jahre doch anders aus wie ich es mir gedacht hatte, und wenn sie nicht einseitig gesehn hat, hat man in Deutschland eigentlich mehr vom Krieg gesprochen und geschrieben, wie in den andern Ländern und dadurch die andern aufgehetzt, aber vielleicht sind die andern auch nur vorsichtiger gewesen in dem, was sie sagen, und bei uns wird immer laut darauf los geschwatzt und das ist unpraktisch*[9]. Dabei lehnte der Prinz – ebenso wie Kurt Hahn – pazifistische Programme ab und im Ärger über die kritischen

Mahnungen seines Vetters Alexander zu Hohenlohe aus dem Züricher Exil konnte der Prinz privat auch stark reaktionär auftragen. Trotzdem bestand eben Kontakt zu Kriegskritikern wie Prinz Hohenlohe oder Walter Schücking, auch wenn es keine Übereinstimmung gab; der Prinz unterstützte den aus Deutschland nahezu verbannten Johannes Lepsius, und der skeptisch-scharfsichtige Graf Max von Montgelas wurde nach dem Krieg einer der wichtigsten Berater in der Heidelberger Vereinigung. Prinz Max

Bühnenbildentwurf von Alfred Roller für die Premiere der Elektra in der Wiener Hofoper, 1909, Aquarell. Theatermuseum im KHM Museumsverband Wien

hatte den Beginn des Krieges nicht anders wahrgenommen als die Mehrheit im Reich: überzeugt vom
Unrecht der Gegner, vom künftigen deutschen Sieg
und von der Notwendigkeit des „Burgfriedens", d. h.
dem Aussetzen des parlamentarischen Funktionierens.
In einer Rede vor dem Interfraktionellen Ausschuss
des Reichstags vom 12. Oktober 1918 formulierte er
gerade zu diesem letzten Punkt: *Meine Herren, Sie
erwarten nicht von mir, daß ich Ihnen mitteile, daß
das demokratische Programm, das ich heute vertrete,
in dieser Form schon vom Anfang des Krieges an bei
mir feststand*[10]. Er musste und er konnte auch seine
Positionen revidieren; seine Meinung zu den Kriegszielen, zum uneingeschränkten U-Boot-Krieg, zur
Parlamentarisierung der Reichspolitik oder zur
preußischen Wahlrechtsreform waren nicht so eindeutig, wie es seine liberalen Anhänger hofften oder
es ihm die Alldeutschen vorwarfen – er ließ sich aber
auf die Entwürfe seiner Berater ein, allem voran auf
jene Kurt Hahns. Über die hypertrophen Kriegsziele
der Rechten hatte er sich schon mit H. St. Chamberlain lustig gemacht.

Dass Prinz Max auch in anderen Kategorien als
den militärischen und nationalen denken konnte,
zeigte sich vor allem bei den Bemühungen um die
Kriegsgefangenen. Natürlich kamen auch hier verschiedene Motive zusammen. Der deutschen Kriegspropaganda war es wichtig, die eigenen Vorzeige-
lager mit den Gräueln in Lagern der Entente zu
kontrastieren (wie der Gegenseite auch). Zugleich
funktionierte aber gerade auf diesem Terrain das
alteuropäische Dynastiengeflecht noch zu einem
Mindestmaß; Prinz Max brachte es ebenso wie
Großherzogin Luise von Baden fertig, über Vorkriegs-
kontakte Informationen mit den europäischen
Verwandten auszutauschen und Hilfsaktionen anzu-
stoßen. Beim Verwundetentransfer über die Schweiz
mussten die Kriegsgegner miteinander verhandeln;
auch die Rotkreuzkonferenzen in Stockholm brachten
Kriegsparteien an einen Tisch. Auf den Kriegsverlauf

hatte dies alles keinen Einfluss, und neben den organisatorischen Großleistungen des Roten Kreuzes gab
es nur die vielen Einzelfälle, in denen der Prinz wenn
nicht helfen, so doch wenigstens Nachrichten von
Vermissten weiterleiten konnte. Seine Zusammenarbeit mit ausländischen Organisationen, vor allem
mit dem amerikanischen CVJM (YMCA), geschah
aber offenbar in einem Klima des vollen Vertrauens.
Der Prinz fand hier ein Tätigkeitsfeld, in dem sich alt-
tradierte Vorstellungen von Ritterlichkeit behaupteten.
Als er die amerikanischen Sekretäre des YMCA im
Februar 1917 beim bevorstehenden amerikanischen
Kriegseintritt verabschieden musste, beschwor er die
weltumfassende Nächstenhilfe [...], *welche es ablehnt, in
dem verwundeten und gefangenen Feind etwas anderes
zu erblicken, als den leidenden Menschen*[11], und auch
in den Berichten deutscher Lagerkommandanten an
den Prinzen finden sich anrührende Passagen, wie sie
später Jean Renoir in seinem Film „La grande illusion"
(1937) dem bärbeißig-humanen Baron Rauffenstein
(Erich von Strohheim) in den Mund legte.

Appelle an Politiker der Entente zur Entlassung der
deutschen Kriegsgefangenen veröffentlichte Prinz
Max auch nach dem Zusammenbruch aus dem
Rückzugsort Salem. Aber es war nicht das einzige
Thema; die Erregung über das Geschehene und die
als Chaos erlebte Gegenwart ließ so schnell nicht
nach. Die Versuche der liberalen Freunde, ihn für
ein Amt an der Reichsspitze oder einen Platz in der
Nationalversammlung zu gewinnen, wehrte Prinz
Max zwar ab – er könne sich nicht mehr in einen
Demokraten verwandeln. Aber die Straßenunruhen
in den Großstädten – deren Ausläufer bis an den
Bodensee zu spüren waren –, die Folgen der Wirt-
schaftsblockade, die Verhandlungen in Spa und
Versailles, der Friedensvertrag, die immer heftigere
Kriegsschulddiskussion, die Rheinland- und dann
vor allem die Ruhrbesetzung ließen beim Prinzen
Appelle, offene Briefe, auch Reden mit einigem
Presseecho entstehen; sie benannten emphatisch das

Unrecht, das dem am Boden liegenden Deutschland widerfahre. Wie in der öffentlichen Wahrnehmung überhaupt blieb sein Blick dabei ganz auf das soziale Elend und die moralische Demütigung des Verliererlands gerichtet; die Verwüstungen, die der Krieg in Frankreich und Belgien zurückgelassen hatte, wurden in Deutschland nur von wenigen als immer noch grauenhafte Wirklichkeit erinnert oder begriffen.

In dieser verengten Perspektive hatte allenfalls die Auseinandersetzung mit England Platz. Für den Prinzen – noch mehr für Kurt Hahn – hatte das schon für die Kriegszeit gegolten, die Wurzeln dazu lagen in den ja auch affektiven Bindungen der Vorkriegszeit: Der Bruch mit den „Verwandten" auf der anderen Seite des Kanals war letztlich nie verarbeitet worden. Frankreich blieb in dieser Wahrnehmung als Republik ebenso fremd wie Russland in seiner sozialen Monstrosität. England glaubte man zu kennen. Es war kein Zufall, dass die „Heidelberger Vereinigung", die 1919 entstand, sich vor allem um englische Politiker bemühte; umgekehrt warb die „Union of democratic control" unter Dene Morel, Arthur Ponsonby oder Charles Trevelyan nachdrücklich um institutionalisierte Partnerschaft mit der Vereinigung. Dem Prinzen war bewusst, dass eine solche internationale Diskussion – die ja die Frage nach Kriegsschuld und Kriegsverbrechen nicht ausklammern wollte – vollkommene Ehrlichkeit verlangte; dieses Postulat hatte er schon während des Krieges gegen die Propaganda um Kriegsgräuel erhoben. Die Heidelberger Vereinigung war dann aber doch stark von Solitären wie Max und Alfred Weber oder Lujo Brentano geprägt, verteilte sich auf Gruppierungen in Heidelberg, Berlin und München und hatte eine sehr schmale Geschäftsgrundlage. Trotz hochqualifizierter Geschäftsführer wie Staatsrat Ludwig Haas, Rudolf von Scholz oder Max Graf Montgelas konnte sie der Fülle von Themen, denen sie sich widmen wollte, nicht gerecht werden und so z. B. eine aus England erbetene Dokumentation französischer

Otto Propheter, Porträt Prinz Max, 1912, Öl auf Leinwand. Haus Baden

Besatzungsvergehen nicht vorlegen. Auch musste der Versuch scheitern, sich völkerrechtlich auf die Verletzung der 14 Wilson-Punkte durch den Friedensvertrag zu berufen, da Deutschland sie bis zur völligen Niederlage ja selbst nicht hatte anerkennen wollen.

Die Vereinigung war für Prinz Max trotzdem wichtig. Hier diskutierten Wissenschaftler, Politiker, Militärs und Industrielle ganz verschiedener Herkunft; nicht wenige von ihnen hatten die Fehler der deutschen Vorkriegs- und Kriegspolitik mutig benannt und dafür Nachteile in Kauf genommen: Friedrich Curtius hatte in Straßburg gegen die Germanisierungsversuche protestiert und sein Kirchenamt niedergelegt, Johannes Lepsius war wegen seiner öffentlichen Anklage der Massaker in Armenien ins Exil gegangen, Walter Schücking hatte die Enteignung von Polen kritisiert, war relegiert worden und hatte im Krieg Kontaktverbot zu ausländischen Pazifisten. Es dürfte nicht zuletzt auch diese Atmosphäre der Kritikfähigkeit, der Entmythisierung des Krieges und der Fähigkeit zum Schuldeingeständnis gewesen sein, aus der heraus dann die „Erinnerungen und Dokumente" entstanden. Die Zeitzeugen, die dazu schriftlich befragt oder nach Salem eingeladen wurden, waren eher die Politiker aus dem Umfeld der Reichskanzlei: Arnold Wahnschaffe, Hans von Haeften, Wilhelm Solf u. v. a., die sich um die Rekonstruktion von Abläufen und die Wertung von Details mühten. Zugleich wurden die „Erinnerungen" freilich auch zur Apologie der Kanzler- und der Vorkanzlerzeit; auch die vielen Kürzungen, die Betroffene verlangten, die Schonung des Kaiserhauses und der Generalität prägten den Stil des Bandes (wobei Korrekturen versehentlich auch unterbleiben konnten und der inkriminierte Passus dann gerade hervorgehoben statt getilgt wurde). Kurt Hahn und Lina Richter, die wichtigsten Bearbeiter, wollten Vieles schärfer fassen; dagegen wehrte sich Prinz Max entschieden: *Ich möchte mich des belehrenden und dozierenden Tons überall enthalten. Es ist etwas anderes, wenn Mitglieder der Gruppe* [wie Paul Rohrbach, Hans Delbrück, Kurt Hahn u. a.] *diesen Ton anschlagen, weil sie eine Reihe der Vorschläge und Programme selbst erfunden haben und also das Recht dazu haben. Bei mir trifft das nicht zu. Ferner bin ich der Meinung, dass ich mich scharfer und absprechender Kritiken zu enthalten habe, denn ich selbst habe so gründlich in meiner Kanzlerzeit Fiasko gemacht, dass ich allen Grund habe, andere schonend zu behandeln. Das Aufdecken der Fehler genügt vollauf, um anderen die Kritik zu ermöglichen. Endlich sollte ich mich der grössten Einfachheit bedienen, alles „Geistreiche" passt nicht zu mir und zu dem, was ich zu sagen habe*[12]. „Geistreich" sind die „Erinnerungen" tatsächlich nicht geworden – sie lesen sich mühsam, als Kompilation unendlich vieler Textbausteine; daran änderte auch die Schlussredaktion durch den Historiker Hermann Oncken (der wiederum der Heidelberger Vereinigung angehört hatte) nichts mehr. Aber im „Memoirenkrieg" der 1920er-Jahre dürfte es keinen Band gegeben haben, der so gewissenhaft, ja skrupulös zusammengetragen wurde. Die Kritik, dass die „Erinnerungen" kein wissenschaftlich-exaktes Werk seien, ist ebenso richtig wie sinnlos – welche politischen Memoiren wären das und welche wären tendenzfrei? Die „Erinnerungen" sind Quelle zur Welt- und Selbstsicht des Prinzen Max, und ihre lange Redaktionsgeschichte ist so gut dokumentiert, dass sich die Beschäftigung allein damit schon lohnt. Und wer so schonungslos vom Fiasko des eigenen Handelns spricht, bei dem wird man zumindest den Willen zur Objektivität voraussetzen dürfen.

Prinz Max erlebte das endliche Erscheinen des Bandes 1927 zwar noch als Genugtuung, war zu dieser Zeit aber körperlich schon stark angegriffen; zur Reichspolitik äußerte er sich kaum noch. Ein Hymnus von Kardinal Newman, den er in seiner Brieftasche bei sich trug, hält diese Atmosphäre der Rückschau, der Ergebung fest.[13] Die Sehnsucht nach erlösender Klarheit hatte ihn aber sein ganzes Leben begleitet:

Lead, kindly Light, amid th'encircling gloom,
lead thou me on!
The night is dark, and I am far from home;
lead thou me on!
Keep thou my feet; I do not ask to see
the distant scene; one step enough for me.

I was not ever thus, nor prayed that thou
shouldst lead me on;
I loved to choose and see my path; but now
lead thou me on!
I loved the garish day, and, spite of fears,
pride ruled my will: remember not past years!

So long thy power hath blessed me, sure it still
will lead me on.
O'er moor and fen, o'er crag and torrent, till
the night is gone,
And with the morn those angel faces smile,
which I have loved long since, and lost awhile!

Geleite mich, freundlich Licht, im Düstern, das mich
von allen Seiten bedrängt, geleite Du mich weiter!
Die Nacht ist dunkel und ich bin fern von zuhause –
geleite Du mich weiter!
Führe Du meinen Gang; ich muss nicht in die Ferne
sehen: einen Schritt weit ist für mich genug.

So war ich nicht immer und habe auch nicht darum
gebeten, dass Du mich geleitest; Ich wollte meine
Wege gerne wählen und vor mir sehen. Doch jetzt
geleite Du mich weiter!
Ich liebte den grellen Tag und – trotz meiner Ängste –
regierte Stolz mein Wollen. Gedenke nicht mehr der
vergangenen Jahre!

So lange lag der Segen Deiner Kraft auf mir,
gewiss wird er mich noch immer weiter geleiten,
durch Moor und Sumpf, durch Klippen und Fluten,
bis die Nacht vergangen ist
und mit dem Morgenlicht jene Engelsgesichte lächeln,
die ich vor langer Zeit so liebte und die mir eine
Zeitlang doch verloren gingen.

Quellen- und Literaturauswahl
(vgl. das Literaturverzeichnis am Schluss des Bandes)

Nachlass Prinz Max von Baden, Generallandesarchiv Karlsruhe
(GLA) (in FA-N)
Korrespondenz Kurt Hahns und der Heidelberger Vereinigung,
ebd.

Prinz Max von Baden, Erinnerungen

Gall, Max von Baden.- Machtan, Prinz Max.-
Machtan, Autobiografie.- Golo Mann, Prinz Max

1 Zit. nach Abschrift in GLA FA-N 5638.
2 Zit. nach Prinz Max von Baden, Erinnerungen, S. 327.
3 Veit Valentin, Bademax, in: Die Weltbühne 23 (1927), S. 770.
4 Völkischer Beobachter, 8.11.1929.
5 Prinz Max.
6 9.7.1920, GLA FA-N 5823.
7 Hans Hirsch, 100 Jahre Bauen und Schauen 2, Karlsruhe 1932,
S. 301.
8 An Großherzog Friedrich II. von Baden, 27.8.1917, GLA FA-N
5842.
9 14.9.1917, GLA FA-N 5814.
10 Zit nach den Erinnerungen, S. 383.
11 Zit. nach GLA FA-N 6625.
12 o.D., GLA FA-N 6742. Zum Folgenden vgl. Machtan,
Autobiografie.
13 GLA FA-N 6342. Strophe 4 fehlt. Übers. vom Verf.

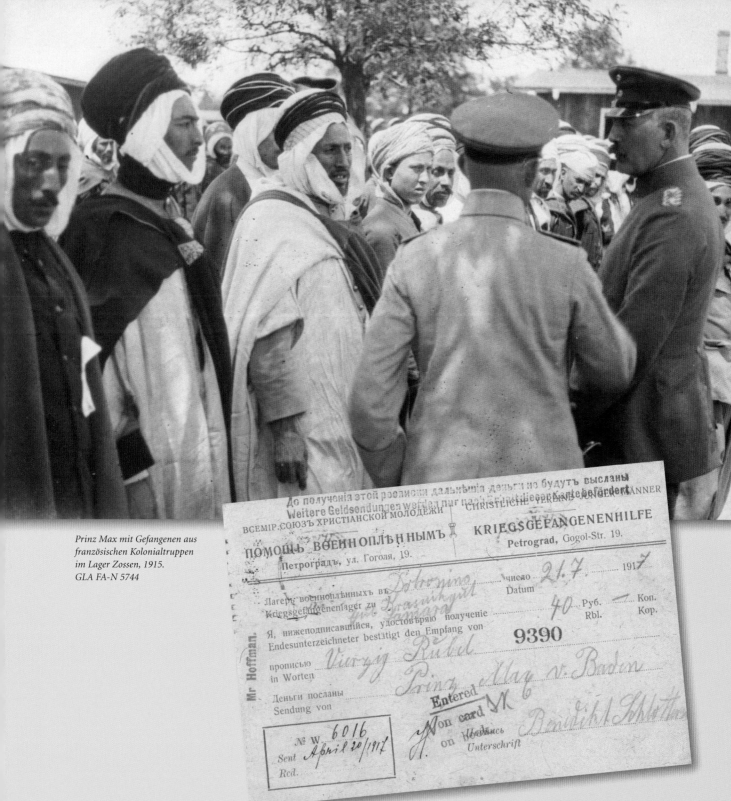

Prinz Max mit Gefangenen aus
französischen Kolonialtruppen
im Lager Zossen, 1915.
GLA FA-N 5744

ПОМОЩЬ ВОЕННОПЛѢННЫМЪ
KRIEGSGEFANGENENHILFE

Петроградъ, ул. Гоголя, 19.
Petrograd, Gogol-Str. 19.

Spendenquittung des CVJM für Prinz Max von Baden über 40 Rubel
für den Gefangenen Benedikt Schlotter, 21.7.1917. GLA FA-N 5521

Prinz Max von Baden und die Kriegsgefangenenfürsorge im Ersten Weltkrieg

VON UTA HINZ

Vergessene Opfer des „Großen Krieges"

Die entfesselte Gewalt des Ersten Weltkriegs ist historisch breit erforscht und dokumentiert. Das Gedenkjahr 2014 hat sie auch öffentlich wieder neu zum Bewusstsein gebracht. Trotzdem gibt es Bereiche der Kriegsrealität 1914–1918, die lange Zeit vergessen blieben. Einer davon ist Gefangenschaft. Sie betraf insgesamt zwischen 7 und 9 Millionen (!) Soldaten, die oft jahrelang in Lagern beim Kriegsgegner auszuharren hatten. Die erhebliche Zahl von Zivilisten, die darüber hinaus – als ‚Feindstaatenausländer', Geiseln oder als Arbeitskräfte – gleichfalls in Lagern interniert wurden, ist bis heute nicht systematisch erfasst.

Zwar existierte mit der Haager Landkriegsordnung 1914 ein internationales Kriegsrecht, das zumindest kriegsgefangene Militärpersonen schützte und Grundzüge ihrer Behandlung, Unterbringung und Versorgung definierte. Selbst diese Gruppe sah sich allerdings im Weltkrieg einer völlig neuen Realität gegenüber. Allein die schiere Zahl der Gefangenen führte, vor allem in den größten ‚Gewahrsamsstaaten' Russland, Österreich-Ungarn und Deutschland, zu immensen organisatorischen Problemen. Ein noch gravierenderes Problem bestand im immer totaler werdenden Charakter des Konflikts. Als industrialisierter Krieg griff er immer tiefer in Wirtschaft und Alltag der europäischen Gesellschaften ein, die zu ‚Heimatfronten' wurden. Die ökonomische Totalisierung des Krieges ließ die Gefangenen immer

mehr zu einer menschlichen Verfügungsmasse in der Kriegswirtschaft werden. Ohne ausreichende Hilfe aus der Heimat litten sie besonders in Deutschland zudem immer stärker unter dem zunehmend herrschenden Mangel. Seit 1914 entwickelte sich darüber hinaus ein regelrechter Propagandakrieg um die Gefangenenbehandlung: Alle Seiten warfen sich Verletzungen des Kriegsgefangenenrechts vor, was sachliche Information und die Aufklärung tatsächlicher Verstöße und Missstände nahezu unmöglich machte. Die Kriegsgefangenen selbst wurden dadurch immer wieder zu Opfern wechselseitiger Strafmaßnahmen, sogenannter ‚Repressalien'.

Eine humanitäre Herausforderung – Internationale Gefangenenhilfe

Zu den neuen Entwicklungen im Ersten Weltkrieg gehört allerdings auch, dass es erhebliche Anstrengungen gab, den vom Gefangenenschicksal Betroffenen zu helfen. Auch diese schon 1914/15 einsetzende humanitäre Tätigkeit zählt zu den bis heute wenig bekannten Kapiteln des Krieges. Dabei ist es nicht übertrieben, den Ersten Weltkrieg als Geburtsstunde moderner Hilfsorganisationen zu bezeichnen.

Schon im Laufe weniger Monate formierten sich, besonders auch in neutralen Staaten, Strukturen der Hilfe für militärische und zivile Kriegsopfer. Innerhalb der internationalen Kriegsgefangenenhilfe waren die sogenannten ‚Schutzmächte' einer der beiden

Inspektion des Gefangenenlagers Zossen durch Prinz Max, 1915.
Die nordafrikanischen Truppen wurden hier bevorzugt behandelt,
um sie für die osmanischen Streitkräfte zu gewinnen.
GLA FA-N 5744

wichtigsten Pfeiler. Entsprechend der Praxis in
früheren Kriegen, benannte jede kriegführende Nation
zur Interessenvertretung ihrer Soldaten in Gefangenschaft einen neutralen Staat als Schutzmacht. Im
Frühjahr 1915 einigten sich die Kriegsparteien dann
darauf, wechselseitig Lagerbesuche durch Schutz-
machtvertreter zuzulassen. Auch über diese Praxis
hinaus versuchten Regierungen neutraler Staaten
(wie auch Papst Benedikt XV.) immer wieder, zugunsten Kriegs- und Zivilgefangener zwischen
den Kriegführenden zu vermitteln. Eine besonders
aktive Vermittlungsrolle übernahm der Schweizer
Bundesrat. Nicht zuletzt auf seine Initiative hin
kamen Anfang 1915 erste humanitäre Regelungen
über den Austausch schwer verwundeter und kranker
Kriegsgefangener zustande.

Den zweiten Grundpfeiler internationaler
Gefangenenhilfe bildeten nichtstaatliche, humanitäre
oder religiöse Organisationen. Die mit Abstand

größte und einflussreichste Institution in diesem
Feld war das Internationale Komitee vom Roten Kreuz
in Genf (IKRK). Schon im August 1914 richtete das
IKRK einen Aufruf zur Mitarbeit an alle nationalen
Rotkreuzgesellschaften und teilte ihnen die Einrichtung einer zentralen Auskunfts- und Hilfsstelle für
Kriegsgefangene in Genf mit. Zu strengster Neutralität
verpflichtet, entwickelte sich diese europaweit
agierende „Agence internationale des prisonniers de
guerre" binnen Jahresfrist zur bedeutendsten
Organisation in der humanitären Kriegshilfe. Über
die Rotkreuzgesellschaften der Nationalstaaten baute
die Genfer „Agence" ab 1914 Kontakt zu allen Kriegsparteien auf. Sie half bei der Suche nach Vermissten,
Kriegsgefangenen und bald auch Zivilpersonen,
vermittelte Auskünfte und transportierte in enormem
Umfang Hilfsgüter aus den Heimatstaaten in die
Lager Europas. Delegierte des IKRK unternahmen
ebenfalls wiederholt Inspektionsbesuche in den
Gefangenenlagern. Wie alle weiteren Hilfsinitiativen,
etwa die Gefangenenfürsorge der „Young Men's
Christian Association" (YMCA), war das IKRK
allerdings extrem von der Kooperationsbereitschaft
der kriegführenden Staaten abhängig. Und die
schwand schnell, wenn die Behörden dort glaubten,
von Hilfsmaßnahmen keinen eigenen Nutzen oder
gar ‚kriegstechnisch' Nachteile zu haben. Diese
grundsätzliche Abhängigkeit von militärischen
Interessen und dem ‚good will' der Konfliktparteien
galt für die gesamte humanitäre Arbeit im Weltkrieg.
Unter solchen Rahmenbedingungen erforderten
Hilfsmaßnahmen nicht nur großes Verhandlungsgeschick, wichtig waren auch Bündnispartner in jedem kriegführenden Land. Von diesem Punkt führt
nun eine Linie direkt zu Max von Baden. Auch wenn
sein Wirken in der Kriegsgefangenenfürsorge bislang
noch nicht umfassend untersucht ist, zeigt schon die
nachfolgende Skizze, dass er zu den Bündnispartnern
der Gefangenenhilfe in Deutschland gehörte.

Kriegsgefangenenfürsorge in Deutschland – Akteure, Ziele und Wirkungsmöglichkeiten

Schon Mitte September 1914, nach seiner ebenso kurzen wie deprimierenden Kriegserfahrung beim Stab des Generalkommandos des XIV. (badischen) Armeekorps im Elsass, schrieb Max von Baden in einem Privatbrief, es sei ihm *völlig unverständlich, wo die Menschen diesen großen Mut und die ungeheure Ertragensfähigkeit hernehmen.* Dieser Krieg sei seinem *ganzen Wesen und Denken dermaßen fremd, daß er mir wie ein entsetzlicher Unsinn vorkommt[1].* Trotz seines hohen Offiziersrangs fühlte er sich für ein Kommando ungeeignet. Die militärische Position beim Stab, hinter der Front, war ihm so unerträglich, dass er erwog, *ob ich nicht zu Hause bleiben und mich hier in der Krankenpflege nützlich machen sollte[2].* Im Oktober 1914 übernahm der badische Thronfolger dann den Ehrenvorsitz des Gesamtvorstandes beim Badischen Landesverein vom Roten Kreuz. Dem Generalkommando blieb er weiterhin zugeordnet, seine Position beim Roten Kreuz sollte vor allem dazu dienen, möglichst engen Kontakt mit den badischen Soldaten an der Front zu halten. Wie er später aller-dings selbst schrieb, wurde sein Haupttätigkeitsgebiet die Gefangenenfürsorge. Direkt fügte er dem in seinen Erinnerungen hinzu: *Die Arbeit für fremde Gefangene und die Hilfeleistung für unsere Volksgenossen in der Gefangenschaft widersprachen sich so wenig, daß vielmehr ihre unlösliche Verknüpfung mit jedem Tage deutlicher wurde.[3]* Auf Max von Badens Haltung und seine praktische Hilfstätigkeit, besonders auch für die fremden Gefangenen in Deutschland, wird gleich näher einzugehen sein. Vorab ist aber zu klären, welchen Status ihm seine neue Funktion in der Gefangenenfürsorge verlieh und in welchem Umfeld er sich hier bewegte.

Wichtig ist zu betonen, dass Max von Baden in Kriegsgefangenenfragen weder ein offizielles Amt noch entsprechende Entscheidungsbefugnisse hatte.

Auch innerhalb Deutschlands waren das nationale Deutsche Rote Kreuz (DRK) und seine Landesvereine durchaus ein wesentlicher Pfeiler der Gefangenen-fürsorge. Schon 1914 richtete das Zentralkomitee in Berlin eine Kriegsgefangenenabteilung ein, deren Arbeit rasch derart ausuferte, dass bestimmte Orga-nisationsfelder an einzelne Landesverbände delegiert wurden. Eine führende Aufgabe kam dem Badischen Landesverein dabei vorerst allerdings nicht zu. Hervorzuheben ist auch, dass das Rote Kreuz im deutschen Kaiserreich keine in unserem heutigen Sinne neutrale und unabhängige Hilfsorganisation war. Dies gilt zum einen für das Selbstverständnis des Roten Kreuzes: Es sah sich als „Rückgrat des Heeres in der Heimat".[4] In der Gefangenenhilfe er-streckte sich seine Arbeit zwar auch auf internierte Soldaten des Gegners in deutschen Lagern, war primär aber auf die Hilfe für kriegsgefangene Deutsche aus-

1915, Stockholm.
GLA FA-N 6628

gerichtet. Auch organisatorisch war das Rote Kreuz eng an den Militärapparat angebunden – in der Gefangenenfürsorge wie insgesamt. Seine Hilfsstellen kooperierten mit den in Gefangenenfragen allein zuständigen Militärbehörden. Ging es um die Lager in Deutschland, waren dies nicht nur mehrere Abteilungen im Berliner Kriegsministerium, sondern auch die Stellvertretenden Generalkommandos der Armeekorpsbezirke. Vom Militär bezog das Rote Kreuz nicht nur seine Informationen, ohne dessen Zustimmung ging nichts. Diese Dominanz der Militärs bekamen im Weltkrieg selbst zivile Ministerien zu spüren. Gegen ‚militärische Interessen‘ und immer weiter ausgelegte ‚Erfordernisse der Kriegführung‘ war kaum etwas durchsetzen. Das war der Rahmen, in dem die gesamte Gefangenenhilfe und auch Max von Baden sich bewegten.

Max von Badens Motivation in der Kriegsgefangenenhilfe

In einer Rede vor der Badischen Ersten Kammer Ende 1917 sagte Max von Baden: *Für den christlichen Soldaten gehört der Geist des Roten Kreuzes zum Heere grade wie der Offensivgeist.*[5] Der Satz bringt auf den Punkt, wie das Grundprinzip des Roten Kreuzes – ‚inter arma caritas‘ – von ihm und seinen Zeitgenossen im Ersten Weltkrieg verstanden wurde: ‚Barmherzigkeit zwischen den Waffen‘ stellte den Krieg nicht in Frage, sie galt vielmehr als Ausdruck ‚zivilisierter‘ Kriegführung. Davon, dass Deutschland für eine ‚gerechte Sache‘ kämpfe, war der badische Thronfolger wie die Mehrheit der Deutschen bis Kriegsende ohnehin überzeugt. Trotzdem fällt in seiner Rede von 1917 eine Nuancierung auf, die vom ‚Mainstream‘ der

Karikaturen des französischen Gefangenen M. Brayer, Geschenke an den Kommandanten des Lagers Merseburg, 1916, lavierte Federzeichnungen. Privatbesitz

Kriegsrhetorik 1914–1918 abweicht. War in öffentlichen Kundgebungen deutscher Intellektueller oder
Politiker meist nur in Schwarz-Weiß-Bildern von
deutscher Ehrenhaftigkeit und feindlicher Barbarei
die Rede, argumentierte Max von Baden eher für
Mäßigung. In seiner Rede verwies er darauf, auch in
den Staaten der Kriegsgegner gebe es mäßigende
Stimmen und er betonte zugleich: *Es ist nötig, daß
noch während des Krieges eine Abkehr von dieser
Kriegsverrohung stattfindet.*[6] Dem Hinweis, auch die
Gegner hätten in diesem Krieg furchtbare Opfer zu
erleiden, ließ er die Mahnung folgen: *Es kann dazu
kommen, daß Europa nicht mehr die Heilkraft wird
aufbringen können, die notwendig ist, um seine
furchtbaren Wunden zu schließen.*[7]

Die hier formulierte Haltung prägte auch Max von
Badens Engagement in der Gefangenenfürsorge.
Zumindest primär ging es auch ihm dabei um das
Wohl der ‚eigenen‘ kriegsgefangenen Soldaten.
Gerade diese Sorge und der Blick auf größere politische
Zusammenhänge bedingten aber aus seiner Sicht die
oben zitierte *unlösliche Verknüpfung* mit der Arbeit
für fremde Gefangene. Diese Einstellung trug zum
einen den Kriegsrealitäten Rechnung, denn im Klima
erbitterter Feindschaft waren zwischen den Konfliktparteien humanitäre Vereinbarungen zugunsten
Kriegsgefangener nur auf der Basis strikter Gegenseitigkeit zu erreichen. Zugleich eröffneten sich damit
jedoch praktische Wege, weiterer *Kriegsverrohung*
entgegenzuwirken. Eine so verstandene Gefangenenfürsorge diente aber auch einem weiteren, ganz
zentralen Ziel des Prinzen: gegnerische Propaganda
zu entkräften und den seit Kriegsbeginn ramponierten
Ruf Deutschlands in der Welt zu verbessern. Im
Sommer 1918 schrieb er seinem *allergnädigste[n]
Vetter*, Kaiser Wilhelm II., seine gesamte Arbeit in
der Kriegsgefangenenhilfe habe ihm verdeutlicht,
*daß wir es bei diesen Fragen nicht nur mit einer rein
menschlichen, sondern mit einer hochpolitischen
Angelegenheit zu tun haben.* Hinter jedem Gefangenen

*F. Wodie (?)/ Paris, Camp de Zerbst, Les extrêmes, um 1915, Aquarell.
GLA FA-N 6581*

stehe eine Familie, und die immense Zahl *Beteiligter
und Mitleidender bildet naturgemäß eine Macht, d. h.
eine Meinung. Diese Meinung zu Deutschlands Gunsten
zu beeinflussen und zu nutzen, war mein Bestreben*[8].
Aus eigener Anschauung deutscher Gefangenenlager
wusste Max von Baden durchaus, dass nicht alle
Vorwürfe bezüglich bestehender Mängel, Missstände
und unnötiger Härten in deutschen Lagern als bloße
Propaganda abzutun waren. Nach dem Krieg schrieb
er zwar nur von *wenigen bösen Einzelfällen, die sich
tatsächlich ereignet haben*[9]. Trotzdem erfüllten ihn
diese mit Zorn, weil sie Deutschlands Ansehen in
der Gefangenenfrage ganz unnötig geschadet hätten.

*Internationale Stockholmer Konferenz zur Lage der Kriegsgefangenen
v.a. in Russland, November 1915; Prinz Max 2.v.l..
GLA FA-N 6628*

Tätigkeitsfelder und Einflussmöglichkeiten
Max von Badens in der Gefangenenfürsorge

Welche praktischen Betätigungsfelder und Einflussmöglichkeiten boten sich einem Adeligen im Generalsrang, der zwar dem Badischen Roten Kreuz, nicht
aber einer militärischen Stelle mit Entscheidungsbefugnis vorstand? Wie Lothar Machtan in seiner
Biografie Max von Badens betont, insbesondere die
effektive Nutzung seines Namens und aller verfügbaren Kontakte. Dazu zählten das Netz seiner familiären
Verbindungen zum deutschen und europäischen
Adel ebenso wie persönliche Beziehungen zur Berliner
Gesellschaft, zum Kriegsministerium und zum
Auswärtigen Amt. In Bezug auf seine nachhaltige
Unterstützung der Gefangenenhilfe für badische
Soldaten konstatierte Max von Baden später, er habe
vor allem Briefe geschrieben und seinen Namen zur
Verfügung gestellt. Schon 1915 bot sich ihm allerdings
ein Tätigkeitsfeld, dessen Bedeutung weit über die

Landesgrenzen hinaus reichte und das seiner Grundhaltung voll und ganz entsprach. Ausgangspunkt
war die eingangs erwähnte Initiative des Schweizer
Bundesrates, nicht mehr militärdienstfähige kranke
und verwundete Gefangene wechselseitig auszutauschen. Nachdem Deutschland und Frankreich
dem Vorschlag zugestimmt hatten, verliefen die
Transporte ausnahmslos über die 1915 eingerichtete
„Austauschstation Konstanz". Für den Austausch
ausgewählte Franzosen aus Lagern in ganz Deutschland wurden in der dortigen Kaserne untergebracht,
ehe sie durch das Schweizer Rote Kreuz mit Sanitätszügen der SBB über die Schweiz nach Lyon transportiert wurden. Im Gegenzug begleitete das
Schweizer Rote Kreuz schwerverwundete deutsche
Gefangene von Lyon bis Konstanz, wo sie vom
Badischen Roten Kreuz aufgenommen, erstversorgt
und über die Zustände in französischen Lagern
befragt wurden. Laut seinem Kriegstätigkeitsbericht
nahm das Badische Rote Kreuz insgesamt 10.000
deutsche Austauschgefangene in Konstanz in Empfang.
1916 trat nach langen Verhandlungen dann eine
zweite Vereinbarung in Kraft, die auch kranken
Kriegsgefangenen zugutekam, die nicht als völlig
militärdienstunfähig eingestuft waren. Sie wurden in
der Schweiz untergebracht und medizinisch betreut.
Diese sogenannte Internierung in der Schweiz wurde
zwischen Deutschland und Frankreich ebenfalls
über Lyon und Konstanz durchgeführt. Bis Kriegsende profitierten davon immerhin weitere rund
60.000 französische und deutsche Soldaten. Im
Verhältnis zur Gesamtzahl kriegsgefangener Franzosen
und Deutschen – jeweils rund eine halbe Million –
blieben diese Zahlen faktisch eher klein. Allein aber
die Hoffnung, irgendwann ausgetauscht zu werden,
war für viele Soldaten in jahrelanger Gefangenschaft
geradezu existentiell.

Bei der Abfahrt bzw. Ankunft der Austauschzüge in
Konstanz war der badische Thronfolger so oft wie
möglich vor Ort. Und seine Anwesenheit beschränkte

sich nicht auf symbolische Präsenz. Als das Berliner Kriegsministerium 1915 die Abfahrt eines Zuges mit sehnsüchtig auf ihren Heimtransport wartenden Franzosen mit der Begründung absagte, Frankreich käme seiner Austauschpflicht nicht nach, überzeugte er seinen kaiserlichen Vetter Wilhelm II., die Erlaubnis zur Abfahrt trotzdem zu erteilen. Sein Argument, Frankreich damit zu beschämen und unter Zugzwang zu setzen, erwies sich als diplomatisch doppelt geschickt: Der Kaiser ordnete die Abfahrt des Zuges aus Konstanz an, und Frankreich schickte kurz darauf den Gegenzug aus Lyon. Auch für die Belange einzelner Gefangener, deutscher wie französischer, setzte Max von Baden sich im Umfeld des Austauschs immer wieder persönlich ein, selbst wenn dies für ihn eine zuweilen *erdrückende Arbeitslast*[10] bedeutete.

Max von Badens Rolle beim Gefangenenaustausch zeigt gleich mehrere wichtige Aspekte seines Wirkens in der Kriegsgefangenenfürsorge. Ein erster Aspekt betrifft die dabei von ihm gemachten Erfahrungen. Zeitgenössische Berichte von überbordender Freude und patriotischem Jubel beim Empfang deutscher Verwundeter in Konstanz können nicht darüber hinwegtäuschen, dass hier Schwerstkriegsversehrte heimkehrten. Mary Bohny, Ehefrau des für den Austausch verantwortlichen Schweizer Rotkreuzchefarztes Karl Bohny, begleitete im Krieg eine Vielzahl von Transporten. Später schrieb sie: *Von Verstümmelten hatten wir ganz scheußliche Fälle. Aber der mir den tiefsten Eindruck gemacht hat, war ein Franzose, dem beide Beine und ein Arm fehlten und der dazu blind war. In einem Waschkorb brachte man uns den Unglücklichen.*[11] Solches furchtbare menschliche Elend dürfte auch Max von Baden nicht verborgen geblieben sein und ihn in seiner Hilfs- und Vermittlungstätigkeit bestärkt haben. Als prägend bezeichnete er selbst allerdings eine andere Erfahrung: den Kontakt mit Persönlichkeiten aus der neutralen Schweiz, der ihn *widerstandsfähiger gegen den Kriegstaumel*[12]

Kriegsgefangenenlager Holzminden, um 1915.
GLA FA-N 6622

gemacht habe. Dieser Punkt führt direkt zu einem zweiten Aspekt, der für Max von Badens Rolle in der Gefangenenfürsorge insgesamt von Bedeutung ist. Mary Bohnys eben zitierte Erinnerungen sind auch ein Beispiel dafür, wie positiv Max von Badens Engagement und Person gerade auf Vertreter neutraler Staaten wirkten. Die Schweizerin betonte darin nicht nur seine Liebenswürdigkeit und sein *menschliches Empfinden*[13], sondern zugleich seine auffallend liberale Haltung. Auch für James W. Gerard, bis zum Kriegseintritt der USA 1917 amerikanischer Botschafter in Berlin, war er ein *verständiger, humaner Mensch, der sich auf der Höhe des Geisteslebens aller Völker halte*[14]. Deutlich wird daran, dass Max von Badens gemäßigte Standpunkte und sein diplomatisches Geschick direkt vertrauensbildend wirkten, wie auch ein zweites Betätigungsfeld des badischen Thronfolgers zeigt.

Ebenfalls seit 1915 unterstützte Max von Baden die Hilfs- und Fürsorgetätigkeit der „Young Men's Christian Association" (YMCA). Das Prinzip war auch hier, über die Fronten hinweg das Los aller

Kriegsgefangenen zu erleichtern. Wie das Internationale Rote Kreuz in Genf, besuchte der YMCA Gefangenenlager in den kriegführenden Staaten. Seine Vertreter notierten die Bedürfnisse der Soldaten und versuchten Abhilfe zu schaffen. Eine seit August 1915 in Berlin stationierte Delegation amerikanischer YMCA-Vertreter übernahm die Fürsorge in deutschen Lagern und vermittelte Hilfsgüter verschiedenster Art – von Büchern bis zu medizinischen Geräten. Von Beginn an stellte Max von Baden sich der „War Prisoner's Aid of the Y.M.C.A." in Deutschland als ‚Patron' zur Verfügung, ließ sich regelmäßig berichten und vermittelte im Kontakt mit den Militärbehörden. So fand im April 1916 unter seinem Vorsitz ein Treffen mit Vertretern des Kriegsministeriums statt, bei dem Aufgaben und Befugnisse der Organisation besprochen wurden. Auch nach dem Kriegseintritt der USA, durch den die amerikanischen Delegierten im Frühjahr 1917 zu ‚feindlichen Ausländern' wurden, setzte er sich für eine Fortsetzung der Hilfsmaßnahmen ein. Das Argument war, es bestehe sonst die Gefahr, dass der YMCA seine Arbeit für deutsche Kriegsgefangene einstelle. Nach etlichen militärischen Schikanen konnte die Fürsorge in deutschen Lagern fortgesetzt werden, und Max von Baden hielt bis Oktober 1918 Kontakt zu Delegationsleiter Conrad Hoffman. Auch Hoffman schrieb nach dem Krieg über den Prinzen: *He was deeply interested in our work, for he was actively engaged in helping the prisoners of war in Germany. We were both surprised by his very liberal attitude towards the enemy.*[15]

Beide hier näher beschriebenen Tätigkeitsfelder beleuchten nicht nur die Grundhaltung und positive Außenwirkung Max von Badens. Vor allem zeigen sie ziemlich genau, in welcher Form er in der Gefangenenfürsorge tätig werden konnte. Er war in der Lage, Kontakte herzustellen, Kommunikationskanäle zu öffnen, bei konkreten Problemen zu vermitteln und auf Entscheidungsträger in Militär und Politik einzuwirken. Genau auf diesem Weg hatte er schon

1915 mit gewissem Erfolg versucht, das in der Kriegsgefangenenfrage durch beiderseitige Rechtsverstöße vergiftete Klima zwischen Deutschland und Russland zu verbessern. Mithilfe seiner Verwandtschaftsbeziehungen zum russischen und schwedischen Hof initiierte er eine Konferenz über Gefangenenfragen und übernahm dabei inoffiziell auch die politische Mission, das neutrale Schweden zu einem Kriegseintritt auf Seiten der Mittelmächte zu bewegen. Die politische Fühlungnahme war ein Fehlschlag, die Konferenz von Stockholm Ende 1915 führte dagegen zu einer ersten deutsch-russischen Vereinbarung, die unter anderem Lagerbesuche durch skandinavische Rotkreuz-Delegationen vorsah.

Mit der skizzierten Hilfs- und Vermittlungstätigkeit war Max von Badens Handlungsspielraum allerdings auch ausgeschöpft. Zwar verfügte er nach eigenem Bekunden über gute Beziehungen zu Generalmajor Friedrich, dem Chef der Gefangenenabteilung im Berliner Kriegsministerium. Dies bedeutet aber keineswegs, dass der badische Thronfolger auf zentrale Fragen der deutschen Gefangenenpolitik maßgeblichen Einfluss hatte. In welchem Ausmaß er in Militärkreisen als *Badischer Sanitätsgeneral*[16] verspottet wurde, ist dabei weniger von Belang als die Tatsache, dass er – trotz seiner Kontakte – gegen Widerstände im Militärapparat faktisch nichts ausrichten konnte. Das verdeutlichen abschließend zwei Versuche, auf Deutschlands Gefangenenpolitik als solche einzuwirken. Auf Max von Badens Anregung plante Gottlieb von Jagow, der Staatssekretär im Auswärtigen Amt, 1916 ein nationales Amt für Kriegsgefangenenangelegenheiten einzurichten und den Prinzen an dessen Spitze zu setzen. Die Initiative scheiterte am Widerstand des Militärs. Ebenso erfolglos blieb ein neuerlicher Vorstoß Max von Badens im Juni 1918. Mit Verweis auf seine früheren Vorschläge und die weiterhin grassierende feindliche ‚Gräuelpropaganda' schlug er in einer Denkschrift an den Kaiser, Reichskanzler von Hertling und den

Leiter der Gefangenenabteilung im Kriegsministerium einen *Sprecher für das Kriegsministerium*[17] vor. Der Sprecher solle Vorwürfe einer inhumanen Gefangenenbehandlung in Deutschland mittels überzeugender Dokumente so widerlegen können, dass das *feindliche Ausland hinhören muß*. Bestandteil seiner Vorschläge war auch eine *Gefangenenkommission* aus international angesehenen Persönlichkeiten, die alle deutschen Lager jederzeit besuchen und über die Verhältnisse dort Auskunft erteilen könne. Es ging bei diesem Vorstoß zwar auch, aber nicht nur um eine bessere Außendarstellung Deutschlands. Im Begleitschreiben an den Kaiser wies Max von Baden nämlich darauf hin, durch Eigenmächtigkeiten einzelner Generalkommandos und Lagerkommandanten seien mancherorts *Dinge vorgekommen, die nicht hätten geschehen dürfen*[18]. Nachdem diese Initiative zwar wohlwollende Reaktionen, erneut aber keine praktische Wirkung erzielt hatte, zog Max von Baden sich enttäuscht zurück. Desillusioniert über sein Wirken in der Gefangenenfürsorge schrieb er kurz darauf: *Ich konnte nur die Saat säen und zog mich dann zurück, weil mir meine Überflüssigkeit bewiesen wurde.*[19]

Welches Fazit lässt sich am Ende dieser knappen Skizze ziehen? Zunächst, dass Max von Badens Einsatz in der Kriegsgefangenenhilfe humanitär und politisch zugleich motiviert war. Mit seinem Engagement auch für ,feindliche' Gefangene in Deutschland versuchte er mehrere für ihn eng verknüpfte Ziele zu erreichen: Soldaten aller Konfliktparteien praktische Hilfe zu leisten und damit weiterer Kriegsverrohung entgegenzuwirken; zugleich aber auch, Deutschlands international ramponiertes Ansehen zu verbessern. Wie gezeigt, blieb sein Handlungsspielraum dabei in den Grenzen, die ein zunehmend unnachgiebiger militärischer Apparat setzte. Seine Verdienste in der Gefangenenhilfe macht dies nicht kleiner, selbst wenn er persönlich seine Mission als letztlich gescheitert ansah. Zusammen mit allen Akteuren der Kriegsgefangenenhilfe trug er bis 1918 dazu bei, sehr vielen kriegsgefangenen Soldaten ihr Schicksal im Rahmen des Möglichen zu erleichtern und damit – inmitten sinnloser Kriegsgewalt – zumindest ein Stück humanitäres Denken in Europa zu erhalten.

Quellen- und Literaturauswahl

(vgl. das Literaturverzeichnis am Schluss des Bandes)

Prinz Max von Baden, Erinnerungen.- Bohny, Nächstenliebe.- Gerard, Jahre.- Hoffman, Prison Camps.- Kriegstätigkeit des Badischen Landesvereins

Hinz, Gefangen.- Hinz, Humanität.- Machtan, Prinz Max.- Oltmer, Kriegsgefangene.- Riesenberger, Humanität.- Riesenberger, Rotes Kreuz

1 20.9.1914, zit. nach Machtan, Prinz Max, S. 244.
2 An Johannes Müller, 14.9.1914, zit. nach ebd.
3 Prinz Max, Erinnerungen, S. 75.
4 Riesenberger, Rotes Kreuz, S. 124.
5 14.12.1917, Druck in: Deutschlands moralische Aufgabe im Weltkrieg. Zwei Kundgebungen des Prinzen Max von Baden, Weimar 1918, S. 1–8, Zitat S. 8.
6 Ebd.
7 Ebd., S. 6.
8 28.6.1918, zit. nach Prinz Max, Erinnerungen, S. 280–282, Zitate S. 281.
9 Ebd., S. 78.
10 Ebd., S. 76.
11 Bohny, Nächstenliebe, S. 20f.
12 Prinz Max, Erinnerungen, S. 79.
13 Bohny, Nächstenliebe, S. 6f.
14 Gerard, Jahre, S. 267f.
15 Hoffman, Prison Camps, S.33.
16 Aus einem Nachruf auf Prinz Max, zit. nach Machtan, Prinz Max, S. 256.
17 Zit. nach Prinz Max, Erinnerungen, S. 279f. Die folgenden Zitate ebd.
18 Ebd., S. 280–282, Zitat S. 281.
19 An Johannes Müller, 18.8.1918, zit. nach Machtan, Prinz Max, S. 256.

Disposition zur Rede
des Prinzen Max am 22.10.1918,
Redaktionsvermerke Kurt Hahns.
GLA FA-N 5638 # 6

Prinz Max mit Mitgliedern
seiner Regierung und der Reichskanzlei,
nach 3.10.1918.
Bundesarchiv Bild 183-R04159

v.l.n.r.: Erhard Eduard Deutelmoser
(Pressechef des Reichskanzlers),
Friedrich von Payer (Reichsvizekanzler),
Prinz Max von Baden (Reichskanzler),
Wilhelm von Radowitz
(Chef der Reichskanzlei bis 11.10.1918).

Prinz Max von Badens Reichskanzlerschaft

VON FRANK ENGEHAUSEN

Die sich wenige Wochen später in der Kommunistischen Partei neu organisierende linksradikale Opposition formulierte ihre Stellung zu der von Prinz Max von Baden geführten Reichsregierung im Spartacus-Brief Nr. 12 vom Oktober 1918 in einem historischen Vergleich: *Das alte bekannte Spiel der Geschichte wiederholt sich regelrecht in Deutschland. Wenn der Boden der alten Klassenherrschaft zu wanken beginnt, dann erscheint in zwölfter Stunde ein „Reformministerium" auf der Bildfläche. So wie die* französischen Reformministerien an den Vorabenden der Revolutionen von 1789, 1830 und 1848 werde auch die neue deutsche Regierung scheitern, denn ihr historisches Schicksal sei *stets dasselbe: sie sind durch ihre innere Halbheit und ihren inneren Widerspruch mit dem Fluche der Ohnmacht beladen. Das Volk empfindet sie instinktiv als einen Schachzug der alten Mächte, um sich am Ruder zu erhalten. Die alten Mächte mißtrauen ihnen als unzuverlässigen Dienern ihrer Interessen. Die treibenden Kräfte der Geschichte, die das Reformministerium erzwungen haben, eilen alsbald über dasselbe hinaus. Es rettet nichts und verhindert nichts. Es beschleunigt und entfesselt nur die Revolution, der es vorbeugen sollte. Dies ist auch der Sinn und dies das künftige Schicksal des Reformministeriums Prinz Max – Gröber – Scheidemann – Payer*[1].

Die hier entworfene Typologie verspäteter Reformministerien anhand der genannten und anderer Beispiele zu überprüfen, wäre ein reizvolles Unterfangen, das an dieser Stelle indes nicht geleistet werden kann. Das Anliegen dieser knappen Skizze muss bescheidener sein: nämlich einige Grundprobleme, die mit der Kanzlerschaft Max von Badens verbunden sind, zu streifen. Dabei ist zunächst zu schildern, wie Max von Baden in Regierungsverantwortung kam, und zugleich die Frage zu stellen, ob er auf Grund seiner Vorerfahrungen überhaupt für das Amt des Reichskanzlers qualifiziert war.

Klar definierte Karrierewege zum höchsten Regierungsamt gab es im Kaiserreich nicht, so dass sich lediglich aus dem Vergleich der politischen Biographie Max von Badens mit seinen Amtsvorgängern Rückschlüsse ziehen lassen. Ein eindeutiges Bild ergibt sich dabei indes nicht, denn deren Vorerfahrungen waren sehr unterschiedlich. Von den sechs Reichskanzlern, die zwischen Otto von Bismarck und Max von Baden standen, hatten vier bereits zuvor an herausgehobener Stelle Regierungsverantwortung getragen: Bernhard von Bülow und Theobald von Bethmann Hollweg als Staatssekretäre – wegen der Besonderheiten der Struktur der Reichsregierung also in ministergleicher Stellung – sowie Chlodwig zu Hohenlohe-Schillingsfürst und Georg von Hertling als bayerische Ministerpräsidenten, die die Berliner Verhältnisse auch als Reichstagsabgeordnete und durch Tätigkeiten im diplomatischen Dienst (Hohenlohe-Schillingsfürst) kannten. Mag Max von Baden, der an politischen Ämtern lediglich die seit 1907 ausgeübte Präsidentschaft der Ersten Kammer des badischen Landtags vorweisen konnte, gegenüber diesen vieren als unerfahren erscheinen, so bietet sich ein anderes Bild beim Vergleich mit den Karrieren der anderen beiden Reichskanzler: Leo von Caprivi hatte nur Militär- und Militärverwaltungsvorerfahrungen, und Georg Michaelis war in der inneren Verwaltung aufgestiegen bis zum Staatskommissar für Volksernährung unmittelbar vor seiner Ernennung zum Reichskanzler.

Zur Analogiebildung eignet sich vermutlich am besten der Fall Caprivi: So wie jener 1890 ins Amt gelangt war, um einen Kurswechsel weg von der „Kanzlerdiktatur" Bismarcks zu ermöglichen, gerade weil er ein politisch weitgehend unbeschriebenes Blatt war, hatten auch bei der Ernennung Max von Badens die Erwartungen, die sich an seine Kanzlerschaft knüpften, einen wesentlich höheren Stellenwert als die Erfahrungen, die der Kandidat vorweisen konnte. Darin erschöpft sich die Analogie allerdings auch schon, denn die Erwartungen an die Kanzlerschaft Max von Badens unterschieden sich schon beinahe diametral von denen, die 28 Jahre zuvor Caprivi hatte erfüllen sollen: War es damals darum gegangen, die Position Kaiser Wilhelms II. gegenüber dem Reichskanzler zu stärken, so stand für Max von Baden die Stärkung des Reichstags gegenüber den übrigen Verfassungsorganen, also auch gegenüber dem Kaiser, auf der Agenda. Dies jedenfalls meinten die Mehrheitsparteien des Reichstags, während die Erwartungen Wilhelms II. und der Obersten Heeresleitung, die seit dem Kriegsbeginn ebenfalls zu den „Kanzlermachern" zu zählen war, an Max von Baden anders gelagert waren: Sie sahen die inneren Reformen allenfalls als ein notwendiges Übel, um die Mehrheitsparteien des Reichstags ruhig zu stellen, und erhofften sich von dem neuen Reichskanzler in erster Linie eine Stärkung der deutschen Verhandlungsposition gegenüber den Kriegsgegnern, um die militärische Niederlage durch den Abschluss eines erträglichen Friedens abzuwenden.

Die Annahme, die geeignete Person zu sein, um diese Erwartungen zu erfüllen, förderte Max von Baden im letzten Kriegsjahr selbst sowohl durch die Aufnahme direkter und indirekter Kontakte zu den maßgeblichen Personen und Stellen als auch durch wohl kalkulierte öffentliche Auftritte, mit denen er sich als Kandidat für die Leitung eines liberal profilierten Reformministeriums in Position brachte. In diesem Kontext ist vor allem die Rede zu sehen, die Max von Baden am 14. Dezember 1917 vor der Ersten Kammer des badischen Landtags hielt und die, nicht zuletzt durch geschickte Pressearbeit seiner Berater, breite überregionale Beachtung fand. Im Mittelpunkt der Rede standen die derzeitige Stellung des Reiches im Krieg und die Perspektiven, diesen zu gewinnen. Nach Auffassung Max von Badens konnte dies nur gelingen durch eine moralische Fundierung der deutschen Außenpolitik: *Macht allein kann uns die Stellung in der Welt nicht sichern, die uns nach unserer Auffassung gebührt. Das Schwert kann die moralischen Widerstände nicht niederreißen, die sich gegen uns erhoben haben. Soll die Welt sich mit der Größe unserer Macht versöhnen, so muß sie fühlen, daß hinter unserer Kraft ein Weltgewissen steht*[2]. Welche konkreten Kriegs- beziehungsweise Friedensziele sich aus diesem Leitbild ergeben sollten, ließ Max von Baden in seiner Rede offen, so wie er auch die inneren Grundlagen der neu auszurichtenden Außenpolitik nur grob skizzierte. Immerhin fiel der Rückblick auf diesem Feld *nicht unkritisch* aus. *Wir wissen es wohl: es gab auch eine deutsche Unfreiheit, aber sie lag nicht in den Institutionen des Deutschen Reiches, sie lag vielmehr in einer gewissen geistigen Haltung breiter Schichten des deutschen Volkes. Die Feinde sprechen von Autoritäten, die einem widerstrebenden Volk ihren Willen aufzwängen, und maßen sich die geradezu groteske Rolle an, das deutsche Volk von diesen Tyrannen befreien zu wollen. Wir können darüber nur lachen. Der Fehler lag vielmehr an der großen Bereitwilligkeit vieler Deutscher, den Autoritäten indolent gegenüberzutreten ohne Sehnsucht nach eigener Verantwortung für die Sache des Vaterlandes*[3].

Über die Folgerungen hieraus schwieg Max von Baden in seiner Rede und beließ es bei dem Plädoyer, den im August 1914 geschlossenen Burgfrieden auf neuem Fundament zu bekräftigen. Auch wenn unausgesprochen blieb, dass an die Stelle der Indolenz der Deutschen gegenüber den Autoritäten spätestens durch die Kriegserfahrungen ihr Emanzipationsbegehren getreten war, so konnte doch, wer wollte, Max von Baden als einen Fürsprecher nachholender innenpolitischer Reformen verstehen.

Vermutlich nicht zuletzt weil die Rede sowohl in ihren außen- als auch in ihren innenpolitischen Passagen ziemlich vage blieb, erhielt Max von Baden breiten Zuspruch: aus dem liberalen Lager, zum Beispiel von dem Historiker Friedrich Meinecke und dem früheren Reichstagsabgeordneten Friedrich Naumann, ebenso wie von Kaiser Wilhelm II., der seinem Vetter schriftlich versicherte, ihm *in allem Wesentlichen beistimmen zu können*[4]. Der offenkundige Erfolg seines staatsmännischen Auftritts vor der Ersten Kammer des badischen Landtags im Dezember 1917 ermutigte Max von Baden dazu, in der Folgezeit weitere Kontakte zu knüpfen und sich als politischer Stratege zu positionieren. Das Zentraldokument seiner diesbezüglichen Bemühungen war die in enger Zusammenarbeit mit Kurt Hahn verfasste Denkschrift „Der ‚Ethische Imperialismus‘", die er Mitte März 1918 sowohl Reichskanzler Graf Hertling als auch Kaiser Wilhelm II. übermittelte. In dieser Denkschrift griff Max von Baden die kriegs- und außenpolitischen Gedanken seiner Karlsruher Rede vom Dezember 1917 auf und spitzte sie unter den positiven Eindrücken, die sich nach dem Sieg über Russland und dem Frieden von Brest-Litowsk über die militärische Lage des Reiches verbreitet hatten, noch weiter zu. Die *Einkreisung* Deutschlands sei *vorüber*, die Feinde seien nervös und durch das *Gefühl von der Überlegenheit der deutschen Strategie* niedergedrückt. Damit habe sich die politische Position des Reiches entscheidend verbessert: Würde

Zylinder der Firma Nagel / Karlsruhe für Prinz Max. Haus Baden

man jetzt in Friedensverhandlungen eintreten, sei ein *Machtzuwachs Deutschlands, der sich mit der Ehre und Sicherheit der feindlichen Völker vereinen ließe*, zu erlangen. Um diese Konstellation auszunutzen, bedürfe es allerdings einer klugen Diplomatie, die vor allem durch die Abgabe einer öffentlichen Erklärung über die künftige Stellung Belgiens in Europa Vertrauensvorschüsse in England und in Amerika schaffen müsse. Max von Baden hatte dabei nicht nur die Option eines baldigen günstigen Friedens-

Zur Neugestaltung der Regierung im Deutschen Reiche und in Preußen.

Reichstagsabgeordneter Adolf Gröber

Reichstagsabgeordn. Philipp Scheidemann

Staatsjekr. des Reichskolonialamts Dr. Solf,

Prinz Maximilian von Baden,

Reichstagsabgeordn. Matthias Erzberger

Reichstagsabgeordneter Gustav Bauer

Aus dem Erlaß Kaiser Wilhelms II. an den zurückgetretenen Reichskanzler Grafen v. Hertling vom 30. September 1918:

„Ich wünsche, daß das deutsche Volk wirksamer als bisher an der Bestimmung der Geschicke des Vaterlandes mitarbeitet. Es ist daher mein Wille, daß Männer, die vom Vertrauen des Volkes getragen sind, in weitem Umfange teilnehmen an den Rechten und Pflichten der Regierung."

Reichstagsabgeordneter Otto Fischbeck

Staatssekretäre der Regierung des Prinzen Max, Oktober 1918. Adolf Gröber (Zentrum), Philipp Scheidemann (SPD), Wilhelm Solf (Auswärtiges Amt), Matthias Erzberger (Zentrum), Gustav Bauer (SPD, Reichsarbeitsamt), Otto Fischbeck (FVP, Handelsministerium), Illustrirte Zeitung 10.10.1918. Haus der Geschichte Baden-Württemberg, Inv. BIB 0001-2010

schlusses im Blick, sondern betrachtete die Neubefestigung der deutschen Machtstellung auch als Voraussetzung für eine dauerhafte Stabilisierung des monarchischen Herrschaftssystems: *Will der deutsche Imperialismus dem Ansturm der Demokratie mit ihrem Anspruch auf Weltverbesserung standhalten, so muß er sich ethisch fundamentieren.*[5]

Es fällt schwer, retrospektiv zu beurteilen, welche Erfolgsaussichten der Plan gehabt hätte, die deutsche militärische Offensive des Frühjahrs 1918 durch einen diplomatischen Vorstoß im Sinne Max von Badens zu flankieren, zumal seine Denkschrift einige zentrale Detailfragen, etwa der konkreten Inhalte der deutschen Erklärung über Belgien oder auch der Möglichkeiten von Konzessionen gegenüber Frankreich wegen Elsass-Lothringens, offen ließ. Max von Baden selbst meinte jedenfalls in der Rückschau, dass die Chancen gut gewesen seien, zu diesem Zeitpunkt einem Verständigungsfrieden den Weg zu bereiten. Wie auch immer man diese Selbstrechtfertigung bewerten mag, entscheidend war, dass das Zeitfenster für einen kriegs- und außenpolitischen Kurswechsel im Sinne der Denkschrift sehr klein war – viel kleiner auch, als es Max von Baden bei ihrer Niederschrift eingeschätzt hatte. Über die sich bereits im Sommer 1918 rapide verschlechternde militärische Lage des Reiches durch das Scheitern der Westoffensive erhielt er immer wieder Nachrichten aus erster Hand, Mitte August zum Beispiel vom bayrischen Kronprinzen Rupprecht, der die Denkschrift zwar für *famos* erklärte, Max von Baden aber darauf hinwies, dass nun *leider alle Voraussetzungen nicht mehr zuträfen, unter denen sie verfaßt wurde* – er persönlich glaube nicht daran, *daß wir über den Winter werden aushalten können, ja es kann sein, daß bereits früher eine Katastrophe eintritt.*[6] Diese im privaten Kontext mitgeteilte Einschätzung machte sich Max von Baden bei seinem letzten öffentlichen Auftritt vor seiner Kanzlerschaft verständlicherweise nicht zu eigen; bei seiner Rede anlässlich der Jahrhundertfeier der

badischen Verfassung vor den beiden Kammern des Landtags in Karlsruhe am 22. August verzichtete er aber auf jegliche kriegs- und außenpolitische Visionen und präsentierte nur Durchhalteparolen: *Der Sturm, der unser nationales Leben bedroht, ist schwer und dauert lange. Wer zweifelt daran, daß wir ihn siegreich bestehen?*[7]

Auch wenn seinem Programm durch den ungünstigen Kriegsverlauf längst der Boden entzogen war, forcierte Max von Baden, durchdrungen von der Idee, eine Mission zur Rettung Deutschlands erfüllen zu müssen, mithilfe seiner politischen Vertrauten im September seine Bemühungen, sich als Kandidat für das Reichskanzleramt in Position zu bringen. Er suchte dabei nicht nur erneut den Kontakt zum Kaiser und zur Obersten Heeresleitung, sondern auch zu den Mehrheitsparteien des Reichstags, insbesondere zu den Sozialdemokraten, auf deren Seiten er die größten Widerstände gegen seine Person antizipierte. Der genaue Ablauf der Annäherung liegt immer noch teilweise im Dunkeln – Max von Baden selbst dementierte in seinen Lebenserinnerungen ein Geheimtreffen mit dem sozialdemokratischen Parteivorsitzenden Friedrich Ebert, während sein jüngster Biograph annimmt, dass es sehr wohl stattgefunden habe[8] –, in ihrem Ergebnis war sie jedoch erfolgreich, da die Ambitionen des badischen Prinzen sich in Einklang bringen ließen mit der Strategie eines Teils der Führung der SPD, der keinen abrupten politischen Systemwechsel anstrebte, sondern einen möglichst reibungsarmen Übergang von der konstitutionellen zur parlamentarischen Monarchie. Hierfür schien Max von Baden als Angehöriger eines herrschenden Fürstenhauses ein geeigneter Kandidat zu sein, zumal er von dem Nimbus eines liberalen Sonderwegs im Großherzogtum Baden profitierte, wo die Integration der Sozialdemokraten bereits am Vorabend des Weltkrieges weit vorangeschritten war.

So geschickt sich Max von Baden auch in Szene setzte, war die Grundvoraussetzung für seinen Weg ins Kanzleramt doch das Scheitern der Regierung Hertling, das von der Forderung der Obersten Heeresleitung am 28. September eingeleitet wurde, die parlamentarische Basis der Regierung zu verbreitern und umgehend Waffenstillstandsverhandlungen aufzunehmen. Sowohl den innen- als auch den kriegs- und außenpolitischen Kurswechsel glaubhaft zu vertreten, war Hertling weder bereit noch in der Lage, so dass der Weg für Max von Baden frei wurde. Aus der Sicht des Kaisers und der Obersten Heeresleitung gab es keine aussichtsreichen personellen Alternativen, und auch der Interfraktionelle Ausschuss, in dem die Mehrheitsparteien des Reichstags sich über die wichtigsten Tagesfragen verständigten, stimmte der Neubildung der Regierung unter der Leitung Max von Badens zu. Dies geschah allerdings erst, nachdem klar geworden war, dass eine Kanzlerschaft des Linksliberalen Friedrich von Payer nicht würde zustande kommen können, und nicht ohne Bedenken von Seiten des Zentrums und der SPD. In der entscheidenden Abendsitzung des Interfraktionellen Ausschusses vom 1. Oktober fragte Matthias Erzberger maliziös, ob Max von Baden das von den Parteien vorbereitete Regierungsprogramm überhaupt verstehen könne, *ohne daß es ihm erklärt wird,* und der sozialdemokratische Fraktionsvorsitzende Philipp Scheidemann gab zu Protokoll: *Alle unsere Freunde haben uns erklärt, daß er ein naives Kind sei. Er hat ein paar gute Reden gehalten, weiter weiß man nichts. Er soll ein prachtvoller Mensch sein, aber von Politik versteht er nichts.*[9]

Mit der Ernennung zum Reichskanzler, die am 3. Oktober erfolgte, weil erst noch die Zustimmung seines Vetters Großherzog Friedrichs II. von Baden eingeholt werden musste, begann für Max von Baden die kaum sechswöchige Regierungszeit, in der es ihm wegen der Häufung drängender Entscheidungen nicht gelang, sich von einer Projektionsfigur für unterschiedliche, sich teilweise widersprechende Erwartungen zu einer politischen Leitungspersönlich-

keit in dem komplizierten Machtgeflecht von Kaiser, Oberster Heeresleitung, Regierung und Reichstag zu profilieren. So war es unmittelbar bei Amtsantritt eine große Ernüchterung für ihn, dass ihm eine bereits weitgehend vollständige Kabinettsliste präsentiert wurde und sein designierter Vizekanzler von Payer ihm substantielle Modifikationen – Max von Baden wünschte Ebert anstelle Scheidemanns als sozialdemokratischen Staatssekretär ohne Portefeuille – nicht ermöglichen konnte. Lediglich bei der Besetzung des Postens des Staatssekretärs des Auswärtigen, der schließlich an Wilhelm Solf fiel, hatte der Reichskanzler freie Hand. Weitaus schwerer noch wog für Max von Baden, dass er als erste Amtshandlung, in der Tat sogar noch vor Erhalt seiner Ernennungsurkunde, das deutsche Waffenstillstandsbegehren an den amerikanischen Präsidenten Woodrow Wilson unterzeichnen musste – der Darstellung in seinen Lebenserinnerungen zufolge wider Willen und erst nachdem er *von allen Seiten bedrängt worden sei, meinen Namen herzugeben, weil meine Reden und meine Tätigkeit in der Gefangenenfürsorge am ehesten eine Resonanz verbürgten. Mir schien es feig, auszubrechen, nachdem ich gerufen worden war und nun eine Lage vorfand, die viel schlimmer war, als ich erwartet hatte.*[10]

Kaum anders war die Konstellation beim Vollzug der inneren Reformen, der als nächstes auf der Agenda der neu gebildeten Regierung stand. Das Paket, das im Wesentlichen die Abschaffung des preußischen Dreiklassenwahlrechts und die Aufweichung der Inkompatibilität von Reichstagsmandat und Regierungsamt umfasste, war längst von den politischen Parteien ausgehandelt und von Wilhelm II. in einem kaiserlichen Erlass angekündigt worden, so dass Max von Baden nur die Präsentation der Reformen blieb, die er nicht in allen Teilen billigte. Immerhin war anders als beim Waffenstillstandsbegehren nicht nur seine Unterschrift gefordert, sondern er konnte am 5. Oktober die Bühne des Reichstags dazu nutzen, neben den Gesetzesänderungen auch sich selbst einer breiten Öffentlichkeit vorzustellen. Dies tat er nach Einschätzungen von Zeitgenossen ganz unterschiedlicher politischer Couleur mit Geschick, wobei die Stenographen des Reichstags vor allem den Beifall von links vermerkten, etwa bei der Passage, in der Max von Baden die grundsätzliche Bedeutung der jüngsten Regierungsneubildung hervorhob: *Meine Herren, ich bin überzeugt, daß die Art, in der jetzt die Reichsleitung unter Mitwirkung des Reichstags gebildet worden ist, nicht etwas Vorübergehendes darstellt, und daß im Frieden eine Regierung nicht wieder gebildet werden kann, die sich nicht stützt auf den Reichstag und die nicht aus ihm führende Männer entnimmt.*[11]

Die Sympathien der Linken für den neuen Reichskanzler ebbten jedoch schon nach wenigen Tagen ab, als Max von Baden mit vermeintlichen Sünden der Vergangenheit konfrontiert wurde in Gestalt eines Privatschreibens, das er im Januar 1918 zur Erläuterung seiner Karlsruher Rede an den Prinzen Alexander zu Hohenlohe gerichtet hatte und das am 9. Oktober in einer Schweizer Zeitung veröffentlicht wurde. Anstoß erregten vor allem die Passagen des Briefes, in denen Max von Baden über Fehlperzeptionen seiner Rede räsonierte, insbesondere über die *Blätter der Linken*, die ihn *durch ein Brett* lobten, *obgleich ich deutlich genug die demokratische Parole und die Schlagworte der Parteidialektik, zumal den Parlamentarismus, geißle.*[12] Da noch despektierliche Äußerungen über die Friedensresolution des Reichstags vom 19. Juli 1917 hinzukamen, fühlten sich auch die Linksliberalen und die Zentrumspolitiker brüskiert. Vor allem aber die Sozialdemokraten sahen das Vertrauensverhältnis zum Reichskanzler so sehr beschädigt, dass sie einen Rücktritt Max von Badens für nötig hielten, obschon Scheidemann in einer Sitzung des Interfraktionellen Ausschusses am 12. Oktober konzedierte, dass er den *Mann in den paar Tagen geradezu liebgewonnen* habe.[13] Letztlich rettete indes nicht Max von Badens Charme ihm

sein Amt, sondern die Furcht der maßgeblichen Parteiführer vor den Folgen seines Rücktritts oder eines Austritts der Sozialdemokraten aus der Regierung. Auch die Oberste Heeresleitung sekundierte dem Prinzen: Ein erneuter Regierungswechsel gefährde die Moral der Truppe, da sich der Eindruck völlig ungeordneter innerer Verhältnisse ausbreiten würde. Einen eigenen Beitrag zur Beendigung der Kanzlerkrise leistete Max von Baden schließlich, als er vor dem Interfraktionellen Ausschuss eine Erklärung abgab, in der er die Entwicklung seiner außen- und innenpolitischen Überzeugungen in den vergangenen zwei Jahren rekapitulierte und die inkriminierten Briefstellen somit ins rechte Licht zu rücken versuchte.

In der Rückschau mag die Kanzlerkrise als eine zeit- und nervenverschwendende Episode erscheinen, da letztlich nicht das Problem des parlamentarischen

um 1926.
Haus Baden

Verkündung des Thronverzichts Wilhelms II. und der Übergabe des Reichskanzleramts an Friedrich Ebert durch Prinz Max, 9.11.1918. Bundesarchiv Plak 002-005-011

Rückhalts die Handlungsfähigkeit der Regierung Max von Baden bedrohte, sondern ihr die Sachzwänge, die sich aus dem Notenwechsel mit dem amerikanischen Präsidenten ergaben, ständig wachsende Schwierigkeiten bereiteten. In den Diskussionen, die Mitte Oktober über die von Wilson geforderte Räumung der von den Mittelmächten besetzten Gebiete sowie über die ebenfalls als Vorbedingung weiterer Verhandlungen verlangte Einstellung des U-Boot-Krieges geführt wurden, trat der Reichskanzler vornehmlich als Moderator zwischen Interfraktionellem Ausschuss, Oberster Heeresleitung und dem Kaiser auf. Folglich trugen die deutschen Antwortnoten auch nicht seine klare Handschrift, sondern waren jeweils Kompromisspapiere, in denen er die divergierenden Positionen der Reichstagsmehrheit und der Obersten Heeresleitung notdürftig in Einklang zu bringen versuchte. Auch der Personalwechsel in der Obersten Heeresleitung, der mit der Entlassung Erich Ludendorffs am 26. Oktober zu einer Konsolidierung der inneren Verhältnisse beitragen sollte, ging nicht maßgeblich von Max von Baden aus, selbst wenn seine Erklärung, seinen Verbleib im Amt von einer Neubildung der Obersten Heeresleitung abhängig machen zu müssen, Wilhelm II. zum Handeln zwang. Für ein besonderes Verdienst Max von Badens, der in diesen Tagen grippekrank nur eingeschränkt einsatzfähig war, wird man die Entlassung Ludendorffs auch deshalb nicht halten müssen, weil sie ganz offenkundig zu spät erfolgte. Die Chance, sich bereits in den ersten Tagen seiner Kanzlerschaft auf Kosten des seit Ende September politisch angeschlagenen Ludendorffs zu profilieren und somit das zivile Element unter den Entscheidungsträgern zu stärken, hatte Max von Baden entweder nicht gesehen oder nicht wahrnehmen wollen, vielleicht weil er sich dem Kanzlermacher, für den er Ludendorff hielt und dem er sich in dem Vormonaten angedient hatte, persönlich verpflichtet fühlte.

Mit der Ausschaltung Ludendorffs verbesserte sich die Stellung der Reichsregierung nicht einmal vorübergehend, da die dritte Note Wilsons vom 23. Oktober von Tag zu Tag wachsende Rückwirkungen auf die deutsche Innenpolitik entfaltete. Die von dem amerikanischen Präsidenten formulierte Erwartung, Verhandlungen nur mit einer deutschen Regierung zu führen, die ihre Legitimation eindeutig aus dem Volkswillen ziehe, erwies sich als nicht zu entschärfender Sprengsatz für die Regierung Max von Badens, da die Forderung nach einer weiteren Parlamentarisierung und einer Zurückdrängung des Einflusses der Fürsten und der Militärs deutlich über den Kompromiss hinausgriff, der die Grundlage der Regierungsbildung Anfang Oktober gewesen war. Dabei war das Hauptproblem nicht etwa die Formulierung einer Antwort an Wilson, die den Weg zum Waffenstillstand offen halten musste, sondern vielmehr die sich im Inneren rapide ausbreitende Diskussion darüber, ob die Abdankung Wilhelms II. nötig sei. Für Max von Baden wurde somit zur Primäraufgabe, den Rückhalt seiner Regierung bei der Sozialdemokratie aufrechtzuerhalten, deren Führer Ende Oktober und Anfang November binnen weniger Tage zu den politischen Schlüsselfiguren in Deutschland wurden und die Richtlinienkompetenz des Reichskanzlers schleichend übernahmen, als sich schließlich die politische Unzufriedenheit breiter Bevölkerungsschichten in revolutionären Aktionen Bahn brach.

In der rückblickenden Einschätzung hielt Max von Baden die Abdankungsfrage für das Kardinalproblem seiner Kanzlerschaft. Noch bei der Niederschrift seiner Lebenserinnerungen plagte ihn, dass ihm die *Geschichte den Vorwurf machen* werde, *ich hätte die Notwendigkeit der Abdankung nicht rechtzeitig erkannt.* Besonders betroffen habe ihn das Urteil Max Webers, er habe, *in dynastischer Sentimentalität befangen, die Wirklichkeiten der Situation nicht gesehen und kostbare Tage und Wochen verrinnen lassen. Ich gebe die* gefühlsmäßige Trübung der Urteilskraft zu, aber ich glaube, Max Weber tut meinen Beweggründen unrecht; ich war von der Aufgabe erfüllt, den Kaiser mit dem Volk wieder zusammenzuführen; ich dachte dabei nicht minder an das Reich als an ihn. Die Nachfolge des Kronprinzen würde die Situation nicht erleichtert, sondern erschwert haben. Dann kam der Enkel, und „wehe dem Volk, dessen König ein Kind ist".[14] Unter dieser Prämisse war es folgerichtig, dass sich Max von Baden nicht dazu durchringen konnte, direkten Druck auf Wilhelm II. auszuüben und ihm lediglich den freiwilligen Thronverzicht nahelegte – nicht persönlich, sondern durch den preußischen Innenminister Arnold Bill Drews, der am 1. November den Kaiser im deutschen Hauptquartier im belgischen Spa aufsuchte, in der Sache aber überhaupt nichts erreichte. An dem Krisenmanagement in der Abdankungsfrage, das sich mit dem Scheitern der Mission Drews verschärfte, hatte Max von Baden dann vorübergehend keinen Anteil mehr, da er krankheitsbedingt für einige Zeit in der Tagesarbeit komplett ausfiel. In seinen Lebenserinnerungen bagatellisierte Max von Baden dies als Folge einer Übermedikation nach Wiederaufbrechen seiner Grippeerkrankung; offenkundig erlitt er aber einen schweren Nervenzusammenbruch, der ihn für zwei Tage ans Bett fesselte und auch danach seine Arbeitsfähigkeit noch erheblich beeinträchtigte.

Ob es Max von Baden bei besserer Gesundheit hätte gelingen können, dem Gang der Dinge eine andere Wendung zu geben, erscheint fraglich. Mit dem rapiden Ansehensverlust des Kaisers gingen zwangsläufig Autoritätseinbußen des Reichskanzlers einher und verlagerte sich das politische Gewicht rasch hin zu den parlamentarisch relevanten Kräften, insbesondere zu den Sozialdemokraten. Max von Baden wurde, da diese mehrheitlich einen offen revolutionären Umbruch vermeiden wollten, letztlich nur noch dazu benötigt, dem Übergang von der alten zu einer neuen politischen Ordnung die Legalität oder zumindest

deren Anschein zu verschaffen. Somit kam seine historische Stunde wider Willen am 9. November, als Max von Baden unter dem Eindruck einer revolutionären Eskalation in Berlin die Abdankung Wilhelms II. veröffentlichte, bevor dessen Zustimmung dazu aus Spa eintraf, und er Friedrich Ebert das Amt des Reichskanzlers übertrug. Für sich selbst sah Max von Baden an diesem Tag keinen politischen Platz mehr, und auch in der Rückschau gab er sich überzeugt, damit die Lage richtig eingeschätzt zu haben: Ich habe später die Frage oft erörtert und mir immer wieder selbst vorgelegt, ob ich die Monarchie hätte retten können, wenn ich am 9. November die Reichsverweserschaft angenommen hätte. Ich habe immer mein unmittelbares Gefühl bestätigt gefunden: Diesen Weg hätte ich gehen können, wenn ich vom Kaiser zu seinem Stellvertreter ernannt worden wäre. Bei der Durchführung eines Staatsstreichs wäre ich an meinem Gewissen gescheitert.[15]

Während ihm die Liberalen und auch die Sozialdemokraten sein Rollenspiel als Moderator des Umbruchs dankten und zwar nicht zu durchgehend positiven, aber doch freundlich konnotierten Einschätzungen seiner Kanzlerschaft gelangten, verdunkelte gerade seine Haltung am 9. November das Bild Max von Badens bei seinen konservativen Zeitgenossen, die aus ihrer Geringschätzung des Prinzen auch publizistisch kein Hehl machten. Ludendorff etwa schrieb: Ich hielt Prinz Max als Prinz und Offizier für geeignet, die neue Zeit einzuleiten. Ich glaubte, er würde geben, aber zugleich auch bremsen. Gehörte er doch einem alten Fürstengeschlechte an, das für die Größe Deutschlands ein warmes Empfinden hat. Er konnte so dem deutschen Vaterlande in schwerster Zeit nützen. Diese Hoffnung hat sich nicht erfüllt.[16] Noch negativer fiel das Urteil des früheren Reichskanzlers Bernhard von Bülow aus, der in der als Hybris anmutenden Attitüde, nur er selbst wäre der geeignete Kandidat gewesen, die Monarchie vor dem Untergang zu retten, im dritten Band seiner skandalträchtigen „Denkwürdigkeiten" festhielt: *Ich wiederhole noch einmal, die mancherlei Beziehungen des „Bademax", wie er bei den Gardekürassieren genannt wurde, sein Wesen und seine Persönlichkeit eigneten ihn vortrefflich zum diplomatischen Vertreter und Unterhändler auch im großen Stil. Nichts qualifizierte ihn zum Reichskanzler, und noch dazu in der denkbar schwierigsten Situation. Gegenüber Wilson versagte er vollständig, fiel im Bunde mit den ihn beratenden Demokraten auf alles und jedes herein, was aus Washington an Phrasen kam.*[17]

Die Kritik der politischen Rechten, Max von Baden trage durch Versäumnisse und Fehlentscheidungen eine Mitschuld am Untergang der Monarchien in Deutschland, steht im starken Kontrast zu der eingangs zitierten Prognose der Spartakisten, das von ihm geleitete Reformministerium könne nichts retten und nichts verhindern, sei mithin dem Untergang geweiht. Welche der beiden Annahmen die höhere Plausibilität besitzt, lässt sich nicht klären, ohne Spekulationen darüber anzustellen, ob und, wenn ja, seit wann ein revolutionärer Systemwechsel in Deutschland unausweichlich war. Die Forschungsmeinungen hierzu sind uneinheitlich, neigen aber doch eher dahin, Max von Baden von eklatanten politischen Weichenfehlstellungen freizusprechen. Einzelne Historiker beurteilen seine Kanzlerschaft sogar ausgesprochen positiv, etwa Hans Fenske, der meint, Max von Baden hätte eine Politik einleiten können, die dem Reich vermutlich einen günstigeren Friedensschluss ermöglicht hätte, wenn er nur einige Wochen früher ins Amt gelangt wäre – ob seiner Ansicht nach damit auch die Monarchien in Deutschland hätten überleben können, lässt Fenske offen. Mehrheitlich dagegen wird in der Forschung der persönliche Beitrag Max von Badens zu den wesentlichen Ereignissen und Entscheidungen während seiner Kanzlerschaft eher gering veranschlagt, zum Beispiel von Lothar Gall, in dessen biographischer Skizze er als „Galionsfigur" einer von ihm nur

nominell geführten Regierung erscheint. Lothar Machtan sieht sogar bereits seine Kanzlerwerdung als die „Geschichte einer politischen Fehlgeburt". Diese überspitzte Formulierung wird man nicht unbedingt teilen müssen, um dennoch zu konzedieren, dass seine Kanzlerschaft als ein veritables Missverständnis erscheinen mag: Zu groß war die Diskrepanz zwischen den politischen Hoffnungen Max von Badens und seinen realen Handlungsmöglichkeiten, und zu unterschiedlich waren die Erwartungen, die sich von außen mit seiner Kanzlerschaft verbanden, als dass seine selbstgewählte Mission hätte gelingen können.

Quellen- und Literaturauswahl
(vgl. das Literaturverzeichnis am Schluss des Bandes)

Prinz Max von Baden, Erinnerungen.- Bülow, Denkwürdigkeiten.- Ludendorff, Kriegserinnerungen.- Spartakusbriefe.- Verhandlungen der Ersten Kammer.- Verhandlungen des Reichstags

Deuerlein, Kanzler.- Fenske, Max von Baden.- Gall, Max von Baden.- Machtan, Prinz Max.-Matthias/Morsey, Regierung des Prinzen Max

---

1 Spartakusbriefe, S. 463f.
2 Verhandlungen der Ersten Kammer, S. 12.
3 Ebd., S. 10.
4 Prinz Max, Erinnerungen, S. 202.
5 Ebd., S. 254f., 260.
6 Ebd., S. 288.
7 Verhandlungen der Ersten Kammer, S. 648.
8 Vgl. dazu Machtan, Prinz Max, S. 372–374.
  Für den Forschungsstand zu Max von Badens Kanzlerschaft ist Machtans Darstellung maßgeblich. Als kürzere Würdigungen vgl. Deuerlein, Gall und Fenske.
9 Matthias/Morsey, Regierung des Prinzen Max, S. 29f.
10 Prinz Max, Erinnerungen, S. 337.
11 Verhandlungen des Reichstags, S. 6151.
12 Prinz Max, Erinnerungen, S. 206.
13 Matthias/Morsey, Regierung des Prinzen Max, S. 151.
14 Prinz Max, Erinnerungen, S. 482f.
15 Ebd., S. 608.
16 Ludendorff, Kriegserinnerungen, S. 594.
17 Bülow, Denkwürdigkeiten, S. 294.

Elsbeth Jensen,
Karl Reinhardt, um 1920,
Öl auf Leinwand.
Kreisarchiv Bodenseekreis,
Kurt-Hahn-Archiv

Notiz des Prinzen Max, wohl 1919.
GLA FA-N 5257

Sicherstellung der Schulstiftung, ohne dass sie mein ganzes Vermögen belastet. Es ist einerlei, ob dies durch Ausscheiden des Vermögens geschehen kann oder durch Zahlung der Zinsen.

800000 Mark gestiftet. 10% Schenkungssteuer ab
700000 Mark sind durch Juwelenverkauf eingegangen
100000 Mark können noch durch Juwelen gedeckt werden:
    Eine weitere Deckung durch Juwelen lehne ich ab.
Diese noch nicht flüssigen 100000 Mark müssen der Schule mit 4% (nach der Stiftungsurkunde) verzinst werden.

Schicksalsgenosse all unserer Freuden und Leiden[1]

Max von Baden und die Gründerjahre der Schule Schloss Salem

VON EVELINE DARGEL UND BRIGITTE MOHN

Am 15. April 1920 erschien im „Boten vom Salemer Tal" ein Bericht über die Gründung der *Markgräflichen Mittelschule*, die tags zuvor in der ehemaligen Klosterbibliothek im Schloss Salem feierlich eröffnet worden war. Mit dieser Maßnahme, so heißt es, sei ein *längst gehegter Wunsch der Einwohner […] des Salemer Tals zur Wirklichkeit geworden.*[2] Max von Baden teilte dabei mit, was ihn bewogen habe, *eine Schule in Salem* zu gründen. Unter anderem hob er die Vorzüge dieser neuen Schule für die Jugend der Umlandgemeinden hervor. So wolle man künftig den Kindern der markgräflichen Familie sowie begabten Schülern aus der Region, die eine höhere Schule besuchen konnten, einerseits den weiten Weg nach Überlingen ersparen. Andererseits fiel der Schule die Aufgabe zu, nach den deprimierenden Erfahrungen des Ersten Weltkriegs eine neue Generation verantwortungsbereiter Menschen zu erziehen. Dazu sollten die Abgeschiedenheit des Salemer Tals sowie die kirchliche und kulturelle Tradition der ehemaligen Zisterzienserabtei beitragen. Mit diesem feierlichen Akt beginnt die Geschichte der Internatsschule Schloss Salem, die seit fast 100 Jahren Kinder und Jugendliche nach den pädagogischen Grundsätzen Kurt Hahns unterrichtet.

Hahn ist als Spiritus rector der Schule und Gründer des Internats Schloss Salem in der öffentlichen Wahrnehmung nach wie vor präsent. Bei der Eröffnung hielt er sich allerdings im Hintergrund, während Max von Baden als Stifter und Gründer die neue Schule in der Öffentlichkeit repräsentierte. Obwohl diese Schule zu seinen Lebzeiten am Bodensee bisweilen als *Schloßschule des Prinzen Max von Baden*[3] bezeichnet wurde, geriet dessen bildungspolitisches Engagement zeitweise in Vergessenheit.

Wir kennen Prinz Max u. a. als badischen Thronfolger, Bewunderer der schönen Künste, Ehrenpräsident des Badischen Roten Kreuzes und der deutsch-amerikanischen Kriegsgefangenenhilfe des Weltbundes des CVJM sowie als letzten Reichskanzler des Deutschen Kaiserreichs. Verglichen mit früheren Stationen seines Lebens mag die Schulgründung in seiner Biografie wohl einen eher sekundären Rang gehabt haben. Welche Rolle spielte er in den frühen Jahren der Schule Schloss Salem? Diese Frage steht im Mittelpunkt dieses Beitrags. Will man die Anfänge der Schule Schloss Salem nachvollziehen, so sind die Vorgeschichte ihrer Gründung und die Motivlage der Beteiligten zu betrachten. Blenden wir daher zurück.

Erziehung zur Verantwortung unter dem Eindruck des Krieges Impulse zur Schulgründung 1918/1919

Der Entschluss zur Gründung einer reformpädagogisch orientierten Schule in Salem fällt wohl nicht zufällig in die politisch unruhige Zeit zwischen Kriegsende im November 1918 und der Unterzeichnung des Versailler Vertrags am 28. Juni 1919.

Der Wandel der politischen und sozioökonomischen Verhältnisse in Deutschland nach dem Ende der Monarchie stellte auch für das Haus Baden eine Zäsur dar. Eckpunkte der Entwicklung waren auf politischer Ebene die Abdankung Großherzog Friedrichs II. im November 1918 und der Verlust der Standesprivilegien des Adels im August 1919. In wirtschaftlicher Hinsicht galt es, die Besitz- und Vermögensverhältnisse neu zu regeln. Die Basis bildete der Abfindungsvertrag, den der badische Staat und das Haus Baden am 7. Mai 1919 geschlossen hatten. Für Max von Baden waren diese Monate eine Zeit des Umbruchs und der Neuorientierung. Dazu trug bei, dass er sich nach Ende seiner Kanzlerschaft heftiger Kritik und Anfeindungen von Links und Rechts ausgesetzt sah, die bis hin zu Morddrohungen reichten. Nach seinem Rücktritt im November 1918 hielt sich Prinz Max zunächst in Baden-Baden auf, bevor er mit seiner Familie im Juni 1919 nach Salem zog. Kurt Hahn, sein „wichtigster politischer Mitarbeiter und Ideengeber" (Stefan Feucht), war nach Kriegsende in Berlin geblieben und hatte im Frühsommer 1919 die deutsche Delegation zu den Friedensverhandlungen in Versailles begleitet.

Spätestens nach Abschluss des Versailler Friedensvertrags im Sommer 1919 waren die Hoffnungen auf einen Verständigungsfrieden mit den Kriegsgegnern, für den sich Max von Baden und Kurt Hahn eingesetzt hatten, zerschlagen. Prinz Max lehnte das *Versailler Verbrechen, und alles was damit zusammenhängt,*[4] strikt ab. Als Reichskanzler hatte er sich für eine konstitutionelle Monarchie als Staatsform eingesetzt. Der Weimarer Demokratie stand er, ebenso wie Hahn, distanziert gegenüber.

Auffallend ist die zeitliche Nähe zwischen dem Ende der Friedensverhandlungen und dem Entschluss zur Gründung der Schule. Laut Lina Richter – zunächst

Hahns, später Max von Badens Mitarbeiterin – reifte der Plan, in Salem eine Schule ins Leben zu rufen, noch in Baden-Baden, unmittelbar nach Hahns Rückkehr aus Versailles: *Nach dem Abschluss der Verhandlungen* – so heißt es in einem ihrer späteren Berichte – *traf Hahn wieder in Baden-Baden ein. Und nun wurde der Entschluss gefasst, der zur Gründung der Schule Salem führte. Hahn sollte den Prinzen nach dessen Schloss Salem begleiten. Ich sollte ebenfalls meinen Wohnsitz dorthin verlegen, damit die grosse historische Arbeit in Angriff genommen werde. […] Nun begannen Hahns alte pädagogische Pläne sich zu beleben.*[5] Richter spielt hier auf zwei Aspekte an: Hahn wollte schon lange in Deutschland eine reformorientierte Schule nach dem Vorbild englischer Public Schools gründen – und der Hinweis auf die *große historische Arbeit* meinte die Abfassung der „Erinnerungen und Dokumente". Die 1927 erschienene Rechtfertigungsschrift war eine ausführliche Darstellung der politischen Entwicklung während des Ersten Weltkriegs aus Sicht des Prinzen. Die Frage nach Bezügen zwischen beiden Themen bedarf noch einer detaillierteren Aufarbeitung. Während des Schreibprozesses wurden politische und militärische Akteure aus der Kriegszeit als Zeitzeugen befragt, einige von ihnen hielten auch Vorträge an der Schule. Zudem gelangten Prinz Max und Hahn bei ihrer Analyse des Kriegsverlaufs zu der Auffassung, dass das fundamentale Versagen der politischen und gesellschaftlichen Eliten zum Ausgang des Kriegs beigetragen habe. Aus ihrer Perspektive hätte es den führenden Kräften im Krieg an Verantwortungsbewusstsein, Gemeinsinn, Mut und persönlicher Einsatzbereitschaft und dem Volk an politischem Interesse gemangelt. Der neuen Schule sollte der bildungspolitische Auftrag einer Erziehung zu Gemeinsinn und Verantwortung zufallen. Hahn und Prinz Max verstanden Erziehung als nationale Aufgabe und gaben der Schulgründung eine dezidiert politische Richtung. Mit Blick auf die politische und gesellschaftliche Lage in Deutschland vertrat Max von Baden, der bis dahin als liberal galt, nach dem Ende der Monarchie eher nationalkonservative Auffassungen, die er etwa in seinen politischen Schriften nach 1920 oder in seiner Rede zur Schuleröffnung zum Ausdruck brachte. So sah er es beispielsweise als eine der Aufgaben der neuen Schule, *unserem Volk dereinst Freiheit und Ehre wiederzugeben.*[6] Diese Intention korrespondiert mit publizistischen Äußerungen von 1921, in denen der Prinz – wohl auf Anregung Hahns – ein „Institut für auswärtige Angelegenheiten" vorschlug, das unter der Leitung international anerkannter Wissenschaftler *Deutschlands Ansehen und Stellung in der Welt wiederherstellen und stärken sollte*[7] (1923 wurde es in Hamburg gegründet).

Die Gründungsphase der Schule war somit stark geprägt von den politischen Erfahrungen des Prinzen und Kurt Hahns im Weltkrieg und der unmittelbaren Nachkriegszeit. Es scheint, als hätten Max von Baden und Kurt Hahn mit dem regionalen Projekt einer Schulgründung „im Kleinen" zu realisieren versucht, was sich politisch „im Großen" nicht hatte umsetzen lassen, um mit dem Ergebnis letztlich wieder auf Politik und Gesellschaft einzuwirken. Diese nicht geringe ideelle Aufgabe gaben sie der neuen Schule mit auf den Weg.

Bildungspolitisches Engagement am Bodensee Neubeginn in Salem nach 1919

Darüber hinaus verknüpfte Prinz Max durch die Schulgründung regionale bildungspolitische Interessen mit ganz persönlichen Intentionen. Seit seiner Übersiedlung nach Salem stand er vor der Aufgabe, sich als adeliger Staatsbürger in der Republik zu positionieren, und er fand als vielseitig engagierte Persönlichkeit neue Betätigungsfelder. Während er sich vor 1919 nur sporadisch am Bodensee aufgehalten hatte,

zeigte er nun in der Region Präsenz und setzte mit „einer klugen Politik der Öffnung" (Feucht) Akzente im Bereich der Wirtschaft sowie der Kultur- und Bildungspolitik. Schloss Salem wurde in den 1920er Jahren zum Zentrum der markgräflichen Verwaltung. Hier befanden sich die Wohnungen der Familie und ihrer Bediensteten, eine Grund- und Gewerbeschule, ein Postamt, ein Notariat, eine Arztpraxis, eine Apotheke, Handwerksstätten, eine Gastwirtschaft, eine Badeanstalt sowie die Dienstwohnungen der Pfarrer beider christlicher Kirchen. Als neue Einrichtungen wurden 1919/20 die Landwirtschaftliche

1913.
GLA N Paulcke 274

Winterschule und die Schule Schloss Salem jeweils mit Lehrerwohnungen und Internatsbetrieb angesiedelt. Mit seinem bildungspolitischen Engagement stellte Max von Baden seine soziale Verantwortung für die Menschen im Salemer Tal unter Berufung auf zisterziensische und landesherrliche Traditionen unter Beweis. Hinzu kam ein ganz persönlicher Grund: Sein Sohn Berthold sollte vor Ort in Salem eine standesgemäße höhere Schulbildung erhalten.

Lina Richter und Kurt Hahn folgten Prinz Max im Juli 1919 nach Salem, wo in wenigen Monaten die neue Schule Gestalt annahm. Prinz Max richtete die Markgräfliche Schulstiftung ein und stattete sie mit 800.000 Mark aus. Die Stiftungsurkunde wurde am 16. Dezember 1919 notariell beglaubigt, wenig später erteilte das badische Ministerium für Kultus und Unterricht die Genehmigung zur Aufnahme des Schulbetriebs, am 6. März 1920 folgte die Erlaubnis *zum Betrieb einer nichtstaatlichen weiterführenden Schule für Schüler beiderlei Geschlechts*.[8] Damit stand der Eröffnung der Schule nichts mehr im Wege.

Kurt Hahn, laut Golo Mann zeitlebens „reich an Ideen, reich an Energien und List, um sie zur Wirklichkeit zu bringen",[9] brachte seine scheinbar grenzenlose Energie und sein Talent zu konzeptionellem Denken in das Projekt ein. Über Kontakte seines Elternhauses konnte er Lehrpersonal und Schüler anwerben. Seit seiner Jugend fühlte er sich zum Pädagogen berufen. Schon während des Studiums der Philosophie und Philologie u. a. in Berlin und Oxford sind wesentliche Elemente seines späteren reformpädagogischen Ansatzes erkennbar: die Kritik am wilhelminischen Erziehungssystem, die Adaption der Schriften Platons, Kants und des amerikanischen Psychologen und Philosophen William James; hinzu kamen seine Affinität zur englischen Sprache, Mentalität, Politik und Pädagogik, der Einfluss des Pädagogen Cecil Reddie sowie die Landerziehungsheimbewegung und Reformpädagogik um Hermann Lietz. Zur Umsetzung seiner pädagogischen Ideen

fehlten ihm jedoch ein formaler Studienabschluss und lange Zeit auch adäquate Räumlichkeiten. Gesundheitliche Probleme verzögerten sein Studium und der Kriegsausbruch zwang ihn 1914 dazu, von England nach Deutschland zurückzukehren. In seiner Zeit als politischer Berater im Auswärtigen Amt in Berlin bildeten Politik und Diplomatie den Schwerpunkt seiner Tätigkeit, bevor er sich nach Kriegsende wieder der Pädagogik zuwandte. Spätestens jetzt wurde die wechselseitige Beeinflussung von politischen Überlegungen und pädagogischen Zielsetzungen für sein Schaffen charakteristisch.

Hahn besaß bei Schulgründung wohl kaum einen fertigen pädagogischen Entwurf. Die ersten konzeptionellen Überlegungen, die er im September 1919 in einem Brief an die spätere Mitarbeiterin Marina Ewald skizzierte, weisen in Richtung eines Landerziehungsheims nach dem Vorbild einer englischen Public School. Hahn hebt darin die abgeschiedene Lage Salems und die Existenz eines eigenen Bauernhofs hervor, erwähnt den Tennisplatz und die Fußball- und Hockeywiesen, die aber erst im Folgejahr *auf englische Höhe*[10] kämen. Eher unwahrscheinlich ist, dass um 1920 solche Pläne in Baden staatlich bewilligt worden wären.

Erst die Zusammenarbeit mit Prinz Max von Baden ermöglichte Hahn die Realisierung des Projektes. Dieser brachte den Standort Schloss Salem, seinen Namen, seine Kontakte zu den Ministerien in Karlsruhe, einen Teil seines Vermögens sowie seine Erfahrungen als Schulgründer ein. Schon 1906 hatte er im Schlossareal eine Gewerbeschule und – wie erwähnt – 1919 die Landwirtschaftliche Winterschule Salem initiiert. Sie diente der Förderung der Landwirtschaft und der Ausbildung junger Landwirte im Bezirk Überlingen. Der Prinz stellte der Landwirtschaftsschule Gelder aus der Prinz-Wilhelm-Stiftung in Höhe von rund 200.000 Mark sowie Räumlichkeiten im Schloss zur Verfügung. Auch diese Schulgründung hing mit Kriegserfahrungen zusammen:

Um Versorgungsengpässe zu vermeiden, sollten Ertragssteigerungen die Lebensmittelversorgung sichern. Dazu musste die Ausbildung der Landwirte optimiert werden. Die Landwirtschaftsschule war erst im Westflügel des Schlosses untergebracht, wich aber 1928 vor dem expandierenden Internatsbetrieb der Schule Schloss Salem in das Obere Tor auf dem Schlossgelände aus.

Lothar Machtan konnte zeigen, dass es für die Einrichtung der Markgräflichen Schulstiftung auch steuerliche Gründe gab. Ein Teil des Vermögens sollte in eine Stiftung eingebracht werden, um es vor dem Zugriff des für Ende 1919 geplanten Reichsnotopfers zu schützen; daher war das Schulprojekt eiligst in der zweiten Jahreshälfte 1919 zu realisieren. Zudem blieb die Frage nach der Enteignung des Adelsbesitzes in Baden bis zur Volksabstimmung 1926 offen. Es wäre allerdings zu kurz gegriffen, würde man die Gründung der Schule Schloss Salem allein auf fiskalische Aspekte reduzieren. Schon früh zeigte sich Prinz Max an Forschung und Bildung interessiert, was nicht ausschloss, seine materiellen Interessen im Blick zu behalten.

Als Stifter der Schule scheint Max von Baden durchaus eigene Akzente gesetzt zu haben. Insbesondere die Funktion als Bildungseinrichtung für die Umlandgemeinden entsprach seiner Vorstellung. In seinem Nachruf schreibt Hahn 1929, Prinz Max habe *von Anfang an unser Werden mit Liebe verfolgt, und mit scharfer und helfender Kritik, die häufig auch mich traf,* begleitet; er nennt ihn den *wachsamen Beschützer der Tagesschule.*[11] Zudem erhielt wohl auf seine Initiative hin zumindest in den ersten Jahren jeder Schüler der Markgräflichen Schule Unterricht in Landwirtschaftskunde, auch *die Kinder,* so Prinz Max, *die später einem gelehrten Berufe entgegengehen.*[12] Salem sei, so der Prinz, die erste Schule mit einem solchen Konzept und das Unterrichtsministerium habe gerade hierfür großes Interesse gezeigt. Innovativ war auch der Gedanke, Kriegswaisen und begabten Kindern ärmerer Familien im Umland eine

Kurt Hahn, um 1950. Kurt-Hahn-Archiv, Salem

umfassende Erziehung zu bieten. Hier trafen sich das regionale Interesse des Prinzen und Hahns Vorstellungen von Begabtenförderung ohne Rücksicht auf soziale Herkunft – ein Grundgedanke der zeitgenössischen Reformpädagogik, der auf sozialen Ausgleich zielte.

Schuleröffnung und Unterrichtsbeginn im Frühjahr 1920
Anfänge des Internatsbetriebs

Am 21. April 1920, eine Woche nach ihrer Eröffnung, nahm die Schule Schloss Salem den Unterricht mit 28 Schülerinnen und Schülern auf. Die Schüler der sogenannten Tagesschule waren meist Kinder markgräflicher Angestellter oder stammten aus bürgerlichen Familien des Salemer Tals, die sich für ihren Nachwuchs höhere Schulbildung und die Unterstützung des Hauses Baden dabei gewünscht hatten. Ganz im Sinne der Schulstiftung befanden sich darunter auch begabte Kinder aus ärmeren Familien. Dank der guten finanziellen Ausstattung erhielt in den ersten Jahren fast die Hälfte der Schüler Freistellen.

Der Internatsbetrieb befand sich zu diesem Zeitpunkt erst im Aufbau – ein Aspekt der Schulgeschichte, der heute nahezu vergessen ist. Die ersten acht internen Schüler lebten im Schloss, teils in ihren Familien, unter ihnen Berthold von Baden, der Sohn des Prinzen Max, Wilhelm Jensen, der Enkel des Schulleiters Karl Reinhardt, sowie Lina Richters Kinder Eveline, Leo und Roland. Die Zahl der sogenannten *Alumnen* sollte laut einem Schulkonzept, das vermutlich als Vorlage für das Kultusministerium in Karlsruhe bestimmt war, *zunächst gering bleiben.*[13] Aus dem Alumnat, d. h. einem dem Gymnasium angegliederten Schulheim, entwickelte sich dann jedoch in wenigen Jahren der prägende Internatsbereich.

Salem als Reformschule
Die Unterrichtskonzeption

Bei der Eröffnungsfeier erläuterte nicht Kurt Hahn, sondern Schulleiter Karl Reinhardt die Grundgedanken und erzieherischen Prinzipien der neuen Schule. Er zählt neben Hahn und Prinz Max zu den Persönlichkeiten, die die Anfangsjahre der Schule maßgeblich prägten. Möglicherweise hatte Hahn den erfahrenen Schulleiter nach Salem geholt, den er aus Studienzeiten kannte. Anderen Quellen zufolge war Prinz Max aufgrund seiner Kontakte über das Mannheimer Bankhaus Reinhardt persönlich mit dem Schulleiter bekannt. Geheimrat Reinhardt war sich mit Hahn darin einig, dass Erziehung und Unterricht eine Einheit bildeten und Menschenbildung zum Ziel hatten. Von 1886 bis 1904 Schulleiter am Frankfurter Gymnasium, hatte Reinhardt zu Beginn der 1890er Jahre eine grundlegende Gymnasialreform erarbeitet, die u. a. die Einführung einer modernen Fremdsprache vor dem Erlernen alter Sprachen vorsah. Auch als Ministerialdirektor im preußischen Kultusministerium in Berlin (1904–1919) hatte er versucht, Reformen umzusetzen, v. a. die Etablierung einer Mittelschule zwischen Grund- und höherer Schule.

Auf Reinhardts Reformansätze geht die Salemer Gliederung in zwei Schularten mit jeweils staatlich anerkannten Abschlüssen zurück, das Gymnasium mit humanistischem Zweig und die Oberrealschule sowie das Angebot der beiden modernen Fremdsprachen Englisch und Französisch. Der damals 70-Jährige unterrichtete Deutsch, Latein und Griechisch und leitete anfangs auch das Alumnat. Seine Reformpläne waren zwar nicht unumstritten, jedoch dürfte der gute Ruf, den die Schule sich in wenigen Jahren erwarb, maßgeblich von ihm mitgeprägt worden sein. Mit seinem Tod am 4. Oktober 1923 ging eine Ära zu Ende. Max von Baden würdigte in seiner Grabrede Reinhardts fachliche Leistung als Schulleiter ebenso wie seine menschlichen Qualitäten. Als Nachfolger gewann Prinz Max den ehemaligen Direktor der Konstanzer Oberrealschule und des Lehrerseminars Meersburg, Wilhelm Schmidle. Dieser lehrte Mathematik, war aber vor allem für seine Geologieexkursionen (bei jedem Wetter) berühmt. Zu Beginn seiner Amtszeit (1923–1930) trat der erste Salemer Jahrgang 1924 mit sechs Absolventen in Konstanz zum Abitur an. Ab 1929 konnte das Abitur direkt in Salem stattfinden. Unter der Ägide der beiden ersten Schulleiter wurden damit wichtige Weichen gestellt: Die Schule war reformorientiert, im Gymnasialzweig humanistisch ausgerichtet, koedukativ, überkonfessionell und bot anerkannte Bildungsabschlüsse an.

Neben Reinhardt und Schmidle prägten weitere Persönlichkeiten die Frühphase der Schule. Dazu zählten alte Weggefährten Hahns wie Lina Richter, die neuere Sprachen unterrichtete und anfangs auch für die Wirtschaftsleitung des Internats zuständig war. Marina Ewald, die Hahn von der Odenwaldschule abwarb, war neben der Lehre für die Koedukation zuständig. Zu den Lehrern der ersten Stunde zählte auch Otto Baumann, der frühere Hauslehrer Marie Alexandras und Bertholds von Baden. Die meist jungen, engagierten Lehrer in den kleinen Klassen unterrichteten spannend und interessant. Dies beeindruckte selbst Schüler, die zuvor im staatlichen Schulbetrieb schlechte Erfahrungen gemacht hatten. Nachhaltigen Eindruck machte auf die Schüler Kurt Hahn selbst, der nicht nur Latein unterrichtete, sondern auch als Hockeyspieler und Exkursionsleiter glänzte. Er wurde als prägende Persönlichkeit mit starker Überzeugungskraft wahrgenommen.

Das pädagogische Konzept

Für Hahn hatte der Einsatz des Einzelnen für die Gemeinschaft stets einen besonderen Stellenwert. Im Unterschied etwa zu den Landerziehungsheimen

Hockeyspiel Schule Salem gegen Odenwaldschule, 28.5.1921, Bericht wohl Prinz Bertholds als Hockeykapitän. In der Salemer Mannschaft Otto Baumann, Prinz Max, Prinzessin Marie Louise, Kurt Hahn und Prinz Berthold. GLA 69 Baden, Salem-13 Nr. 875

Lietz'scher Prägung war Salem von Beginn an als „Schulstaat" konzipiert, in dem auch die Schülerinnen und Schüler selbst schrittweise Verantwortung übernahmen. Dazu gehörte die Verleihung des sogenannten Trainingsplanes, eine Liste, auf der die Einhaltung bestimmter Regeln einzutragen war. Wer bei der Führung des Trainingsplans gezeigt hatte, dass er imstande war, selbstverantwortlich zu handeln, bekam kleinere Ämter übertragen, etwa bei der Aufsicht über die Zimmer, bei der Betreuung jüngerer Schüler, in der Krankenpflege oder bei Nachhilfetätigkeiten. Waren diese Elemente zur Selbstkontrolle schon ungewöhnlich, so gab es in Salem eine Form der Schülermitverwaltung, die andernorts völlig undenkbar gewesen wäre: die Vereinigung der Farbentragenden, eine Art gewähltes Schülerparlament. Basis dieses Systems war, *dass dem jungen Salemer kein Mißtrauen, sondern ein sonst nicht übliches Maß an Vertrauen entgegengebracht wurde, das nur selten mißbraucht wurde,*[14] wie sich Herbert von Nostitz erinnert, der im Herbst 1920 mit neun Jahren nach Salem kam.

Neben der intellektuellen Bildung wurden den Schülern praktische Fertigkeiten vermittelt gemäß dem Credo einer ganzheitlichen Bildung von Kopf, Herz und Hand. In den Sommermonaten waren die Schüler und Lehrer in der Landwirtschaft beschäftigt, bei der Heuernte, beim Unkrautjäten oder Kühehüten, beim Melken oder bei der mühseligen Kartoffelernte, die den Schülern des Gründungsjahrzehnts meist zeitlebens in unguter Erinnerung blieb. Dieses reformpädagogische Konzept entsprach zugleich dem von Prinz Max gewünschten Erwerb von Kenntnissen in der Landwirtschaft. Darüber hinaus benötigte man die Mitarbeit der Schüler, weil die Schule in den Nachkriegsjahren weitgehend auf Selbstversorgung angewiesen war. In den Wintermonaten wurden die Schüler zu Handwerkern geschickt, *in die Dorfwerkstätten – zum Buchbinder, Maurer, Tischler, Schlosser, Schmied und Holzschnitzer. Diese Handwerker erwiesen sich oft als wahre Erzieher, ihnen war schlampige Arbeit ein größeres Greuel als den Lehrern.*[15] Zusätzlich wurden sogenannte *Innungen* eingerichtet, in denen sich Schüler auf persönlichen Interessensgebieten beschäftigten, etwa in der *Naturforscher-Innung.*

Hockeyspiel mit Prinz Berthold (Mitte, laufend) und Kurt Hahn, um 1923. GLA 69 Baden, Salem-13 Nr. 876

Daneben prägte eine Vielzahl weiterer Beschäftigungen den Alltag: Regelmäßig fanden Sportwettkämpfe, Theateraufführungen und Konzerte der Schüler statt, zu denen teils auch die Bevölkerung des Salemer Tals eingeladen war. Ausflügen in die Umgebung folgten später mehrwöchige Auslandsexkursionen. Die Berichte vom Schulalltag prägt oftmals geradezu Atemlosigkeit durch die Vielzahl an Aktivitäten und Unternehmungen, Aufgaben, Diensten und Ämtern. Exemplarisch dafür steht ein Zitat aus einem Schülerbrief: *Das ist es eben im Salemer Betrieb, daß man eigentlich außer im Bett keine Zeit hat, an irgendeine Sache zu denken. Immer hat man irgendetwas zu tun und immer ist man beschäftigt.*[16]

Auch die von Beginn an in Salem geübte Koedukation – damals an staatlichen Schulen unüblich – galt vielen Schülern in der Rückschau als prägend. Dahinter standen weniger emanzipatorische Prinzipien als der Gedanke, dass Jungen kameradschaftlichen Umgang mit Mädchen einübten. Mädchen und Jungen hatten gleiche Rechte und Pflichten und waren u. a. gleichberechtigte Mitglieder der Farbentragenden Vereinigung. Rückblickend konstatierten manche Schüler jedoch, dass in Salem v. a. männliche Tugenden vermittelt wurden und insgesamt die Jungen dominierten.

Für die meisten Salemer Schüler war ihre Schulzeit eine insgesamt gute, oft sogar glückliche Erfahrung. Sie lebten in der Abgeschiedenheit des Salemer Tals abseits der Städte, fern der politischen Wirren der Zeit; die politischen Intentionen der Gründer spielten in ihren Alltagserfahrungen eine marginale Rolle und wurden allenfalls in der Rückschau reflektiert. Zeitlebens prägend blieb indessen für viele das Erlebnis von Gemeinschaft, der freundschaftlich-kameradschaftliche Umgang, das Vertrauen und Engagement der Lehrer. Besonders deutlich erlebte das Herbert von Nostitz, als er wegen einer Erkrankung nach Berlin an eine staatliche Schule wechselte, wo

Wegweiser zum Hockeywettspiel Damen Grashopper Zürich gegen Damen Schule Salem, um 1925.
GLA 69 Baden, Salem-13 Nr. 875

eiserne Disziplin und Gehorsam statt Fairness und Selbstverantwortung im Vordergrund standen. Zurück in Salem wusste er das Internatsleben völlig neu zu schätzen, nachdem er erlebt hatte, *daß es außerhalb Salems auch noch eine andere Welt gab, in der andere Spielregeln galten.*[17]

Die Schule Schloss Salem im ersten Jahrzehnt

Die Anfangsjahre der Schule bilden keine einheitliche Phase. Viele Elemente der Hahn'schen Pädagogik etablierten sich erst nach und nach im Schulalltag. Die Wirtschaftskrisen der Weimarer Zeit hinterließen auch im Salemer Tal ihre Spuren. Kurz nach Unterrichtsbeginn litten Schul- wie Internatsbetrieb *noch an erheblichen Kinderkrankheiten,*[18] wie sich Herbert

von Nostitz erinnert. Insgesamt war *ein bemerkenswerter Mangel an Komfort jeglicher Art*[19] typisch für
die Anfangszeit der Schule. Die Räume in dem Barock-
bau besaßen zwar schöne Kachelöfen, die sich aber
nur schwer heizen ließen; zugige Fenster taten ihr
Übriges.

Die bescheidenen Anfänge spiegelten die schlechte
Versorgungslage in Deutschland, Lebensmittel waren
oft knapp, *Eier, Schinken und Butter galten als Luxus-
artikel.*[20] Die Inflation 1922/23 zehrte die Mittel der
Markgräflichen Schulstiftung auf, die Schule musste
neue Finanzquellen erschließen. Auf Kurt Hahns
Initiative wurde 1924 die „Vereinigung der Freunde
Salems" gegründet, um Spenden von Bankiers- und
Industriellenfamilien u. a. aus Berlin und den USA
zu akquirieren; dadurch sollten v. a. die Freistellen
weiterhin finanziert werden. Mit Elisabeth von
Thadden wurde eine neue *wirtschaftliche Leiterin*[21]
engagiert, deren Arbeit Max von Baden sehr schätzte.
Auch strebte man nach mehr vollzahlenden Schülern.
Bis zu 200 Mark pro Monat wurden für Kost und
Logis verlangt, wobei sich der Betrag am Vermögen
der Eltern orientierte. Zum Vergleich: 1924 besuchte
von 60 Schülern rund die Hälfte die Schule zu einem
ermäßigten Satz, etwas mehr als ein Viertel war
vollzahlend und fast ein weiteres Viertel hatte eine
Freistelle inne. Bis März 1933 hatte sich der Anteil
der Freistellen auf ca. 10 Prozent reduziert. Von den
rund 400 Schülern waren mehr als 60 Prozent
Vollzahler und rund ein Viertel Ermäßigte.[22] Der
Ursprungsgedanke des sozialen Ausgleichs in Form
von Freistellen und Stipendien für begabte Schüler
blieb jedoch ungeachtet der wirtschaftlichen Lage bis
heute erhalten. Um die Schülerzahlen zu erhöhen,
gab die Schule ab Mitte der 1920er Jahre Werbe-
broschüren heraus. Ende der 1920er Jahre reiste Kurt
Hahn z. B. in die USA, ausgestattet mit einem eigens
gedrehten Film, der den Schulbetrieb und Hahns
pädagogische Ansätze dokumentierte.

Die Bemühungen trugen Früchte. Ab der zweiten
Hälfte der 1920er Jahre reichte der Ruf der Schule
weit über die Landesgrenzen hinaus. Die Schülerzahlen stiegen in nur einem Jahrzehnt um mehr als
das Zehnfache an, v. a. zugunsten der Internen.
Besuchten 1924 noch 75 Schüler die Schule, davon
25 als Externe, so wuchs der Schulbetrieb bis 1932
auf 388 Schüler aus 14 Nationen an. Dies hatte, so
der Prinz, eine *gewisse Überfüllung oder besser ein
starkes Zusammenrücken*[23] zur Folge. Mit dem An-
steigen der Schülerzahlen zog die Schule aus dem
Nordflügel der Prälatur 1925 in den Süd- und Westflügel des Konventbaus. In den ersten Jahren waren
in den Zimmern Nachttöpfe üblich gewesen, jetzt
wurden Wasch- und Duschräume eingerichtet. Die
Schlafräume blieben einfach ausgestattet. Lediglich
durch die neuen Klappbetten war mehr Platz in den
Zimmern. In der zweiten Hälfte der 1920er Jahre
wurden wegen der Raumnot des Internats Zweig-
schulen gegründet, 1932 gab es fünf Schulstandorte.

Viele Schüler stammten aus dem gehobenen Bürger-
tum, der Aristokratie und Künstlerkreisen, in denen
ein Internatsbesuch des Nachwuchses üblich war.
Beispielhaft genannt seien Golo und Monika Mann,
Georgia Mies van der Rohe, Ingrid Warburg, Prinz
Georg Wilhelm von Hannover (später selbst Schul-
leiter in Salem) oder die Kinder des Künstlers Kurt
Badt und des Literaten Ludwig Finckh. Mit einigen
Familien war Hahn persönlich bekannt. Allerdings
kamen auch viele Schüler wegen Erziehungs- oder
Familienproblemen nach Salem. Teils stammten sie
aus zerrütteten Ehen; teils lebten ihre Eltern im Aus-
land oder sahen aus anderen Gründen keine Mög-
lichkeit, sich selbst um ihre Kinder zu kümmern –
Entwicklungen, in denen sich auch gesellschaftliche
Auflösungserscheinungen der „Goldenen Zwanziger
Jahre" spiegeln. Hinter den rasant wachsenden
Schülerzahlen verbargen sich daher auch harte
Schicksale, und manche Schüler kamen aus unter-
schiedlichsten Gründen in Salem nicht zurecht.

Das Ende der Gründerjahre 1926/1929–1933

Prinz Max war für die Schüler zu Beginn der 1920er Jahre in vielgestaltiger Weise persönlich auf dem Schlossareal wahrnehmbar: als Redner und Schulstifter bei der Eröffnung 1920, als Repräsentant des Hauses Baden, als Gast bei Theateraufführungen, aber auch als Vater eines Salemer Schülers und sogar als *schnellkräftiger Verteidiger*[24] der ersten Salemer Hockeymannschaft. Dies änderte sich ab 1926, als sich sein Gesundheitszustand verschlechterte. Der Prinz zog sich seitdem sehr zurück. Zudem legte im gleichen Jahr sein Sohn Berthold das Abitur ab und nahm in Freiburg sein Jurastudium auf. Prinz Max konzentrierte sich fortan in enger Zusammenarbeit mit Kurt Hahn und Lina Richter auf die Fertigstellung seiner Memoiren. Er starb am 6. November 1929 in Konstanz. Bei seiner Beerdigung, die unter großer öffentlicher Beteiligung in Salem-Stefansfeld stattfand, erwiesen ihm auch die Schüler der Schule Schloss Salem die letzte Ehre. Kurt Hahn würdigte ihn und seine Unterstützung beim Aufbau der Schule in einem sehr persönlichen Nachruf mit den Worten: *Prinz Max hat an Seine, an unsere Schule geglaubt. Er bleibt der Wächter ihrer Seele.*

Quellen- und Literaturauswahl
(vgl. das Literaturverzeichnis am Schluss des Bandes)

KHA = Kurt-Hahn-Archiv, Kreisarchiv Bodenseekreis, Salem
Teilnachlass und Sekretariatsschriftgut Kurt Hahns im Nachlass des Prinzen Max von Baden, Generallandesarchiv Karlsruhe (in FA-N)

Stiftungsrechnung Markgräfliche Schulstiftung 1919/20, GLA 69 Baden Salem-1 Nr. 4079
Errichtung der Markgräflichen Schulstiftung 1919, KHA SK 819
Rede des Prinzen Max bei der Eröffnung der Schule im Schloss Salem am 14. April 1920, Manuskript: GLA FA-N 5257; Druckfassung: KHA SK 1127
Konzeption der aus der Salemer Markgräflichen Schulstiftung hervorgegangenen Schule, 1920, o. Pag., KHA SK 961
Kurt Hahn, An Eltern und Freunde 5.6.1933, KHA SK 15

Lina Richter, Fragmente einer Biographie über Kurt Hahn. Undatiertes Typoskript, KHA SK 59/1
Wilhelm Jensen, Briefe aus Salem 1920–1926. Wortgetreu abgeschrieben und ergänzt durch Erinnerungen zum 50. Geburtstag der Schule, Typoskript 1970, KHA SK 187

Prinz Max von Baden, Erinnerungen.- Hahn, Internat.- Hahn, Prinz Max.- Golo Mann, Erinnerungen.- Nostitz, Diplomat.- Warburg Spinelli, Dringlichkeit

Balet/Bosch, Charakterbildung.- Chatzoudis, Prinz Max.- Dargel u. a., Gründerjahre.- Dechow/Hepperle, Kreiswinterschule.- Feucht, Erbe.- Feucht, Reichskanzler.- Hasselhorn, Kurt Hahn.- Knoll, Schulreform.- Machtan, Prinz Max.- Golo Mann, Pädagoge.- Miscoll u. a., Schule.- Mohn, Kurt Hahn.- Mohn, Salem.- Mohn, Schülerinnen

---

1 Hahn, Prinz Max, S. 7.
2 Bote vom Salemer Tal, 15.04.1920, zit. nach: Dargel u. a., Gründerjahre, S. 36; ebd. das folgende Zitat.
3 Balet, S. 65.
4 An Rupprecht von Bayern, 29.10.1919, zit. nach: Machtan, Prinz Max, S. 490.
5 Richter, Fragmente, S. 10.
6 Rede bei der Eröffnung der Schule im Schloss Salem am 14. April 1920 (Druckfassung), S. 2.
7 Knoll, Schulreform, S. 68.
8 Zit. nach: Dargel u. a., Gründerjahre, S. 34.
9 Mann, Pädagoge, S. 106.
10 Kurt Hahn an Marina Ewald, 19.09.1919, zit. nach: Dargel u. a., Gründerjahre, S. 50.
11 Hahn, Prinz Max, S. 7.
12 Rede bei der Eröffnung der Schule am 14.4.1920 (Druckfassung), S. 3.
13 Konzeption der aus der Salemer Markgräflichen Schulstiftung hervorgegangenen Schule, 1920, KHA SK 961.
14 Nostitz, Diplomat, S. 39.
15 Hahn, Internat, S. 225.
16 Jensen, Briefe, S. 24; vgl. auch Mann, Erinnerungen, S. 124.
17 Nostitz, Diplomat, S. 54.
18 Ebd., S. 37.
19 Ebd., S. 40.
20 Ebd., S. 44.
21 Prinz Max an Johannes Müller, 23.04.1925, zit. nach: Machtan, Prinz Max, S. 484.
22 Kurt Hahn, An Eltern und Freunde, 05.06.1933, S. 9, KHA SK 15.
23 An Johannes Müller, 23.04.1925, zit. nach: Machtan, Prinz Max, S. 484.
24 Hahn, Prinz Max, S. 7; ebd. das folgende Zitat.

Hochzeitsgäste des Prinzen Ernst II. zu Hohenlohe 1896. Privatbesitz, Schloss Langenburg (Ausschnitt)

1 Kaiserin Auguste Viktoria • 2 Herzogin Maria von Sachsen-Coburg und Gotha • 3 Herzogin Charlotte von Sachsen-Meiningen • 4 Fürstin Leopoldine zu Hohenlohe-Langenburg • 5 Fürst Hermann zu Hohenlohe-Langenburg • 6 Großfürstin Vladimir von Russland [Marie zu Mecklenburg] • 7 Königin Mary von Großbritannien • 8 Großherzogin Viktoria-Melita von Hessen • 9 Prinzessin Beatrice von Sachsen-Coburg und Gotha • 10 Prinzessin Feodora von Sachsen-Meiningen • 11 Fürst Emich zu Leiningen • 12 Prinzessin Louise von Sachsen-Coburg und Gotha • 13 Prinz Alfred von Sachsen-Coburg und Gotha • 14 Königin Maria von Rumänien • 15 Fürstin Elise Reuss • 16 Prinz Max von Baden • 17 Fürstin Theodora zu Leiningen • 18 König George V. von Großbritannien • 19 Großherzog Ernst Ludwig von Hessen • 20 Graf Albert von Mensdorff • 21 Prinz Philipp von Sachsen-Coburg und Gotha • 22 König Ferdinand von Rumänien • 23 Kaiser Wilhelm II. • 24 Herzog Alfred von Sachsen-Coburg und Gotha • 25 Großfürst Paul von Russland

Die Welt
vor 1914

um 1890.
Privatbesitz, Schloss Langenburg

Prinz Ernst zu Hohenlohe an Prinz Max,
13.7.1888.
GLA FA-N 5771

Doch genug des Quatschens! Auf
Wiedersehen in Bayreuth! Über-
winde die gefürchteten Gefahren
[Richard Wagner, Ring des Nibelungen,
Siegfried-Motiv]! und sei bis
dahin tausendmal gegrüßt
von deinem treuen Vetter
und Freund
Erni

Der Freund

Fürst Ernst II. zu Hohenlohe-Langenburg (1863–1950)

VON THOMAS KREUTZER

Ein *Idealist*, der, durchdrungen vom *Glauben an das Bestehen eines ewig Guten*, nach *Höherem* strebt und sich angesichts der *rauhen Erfahrungen des Lebens* immer wieder aufzurichten vermag an der *herrlichen Dreieinigkeit von Religion, Natur und Kunst* – diese Selbstbeschreibungen bringen die Weltsicht des Fürsten Ernst II. zu Hohenlohe-Langenburg auf den Punkt.[1] Als *älteste* und *gute* […], *treue* Freunde standen sich Ernst und sein Vetter Max von Baden außerordentlich nahe, ihre tiefe Freundschaft dauerte Max' gesamte Lebenszeit.[2] Der daraus resultierende ausgedehnte Briefwechsel ermöglicht gute Einblicke in die Geisteswelt zweier hochadliger, zu Schwärmereien neigender Politiker in der Spätphase der deutschen Adelskultur von der Mitte der 1880er bis in die späten 1920er Jahre.

Ernst, geboren am 13. September 1863, entstammte einer standesherrlichen Familie aus der württembergischen Provinz, die über hervorragende verwandtschaftliche Verbindungen verfügte, nicht zuletzt zum deutschen Kaiser- wie zum englischen Königshaus. Sein Vater, Fürst Hermann zu Hohenlohe-Langenburg (1832–1913), wollte standesgemäße Lebensweise mit Offenheit für moderne Entwicklungen in Politik und Gesellschaft verbinden. Nach dem Jurastudium hatte er eine Offizierskarriere eingeschlagen. 1871 gehörte Hermann als Mitglied der Liberalen Reichspartei dem ersten Reichstag an; später wechselte er ins Lager der Deutschen Reichspartei. Zugleich war er Vizepräsident der Ersten Kammer im württembergischen Landtag.

1882 trug Hermann maßgeblich zur Gründung des Deutschen Kolonialvereins bei, dessen erster Präsident er wurde. 1894 folgte er seinem Vetter Fürst Chlodwig zu Hohenlohe-Schillingsfürst im Statthalteramt des Reichslands Elsass-Lothringen, während Chlodwig Reichskanzler wurde. Aufgrund seiner Rolle im Parlament und seiner gemäßigt liberalen Ansichten wird Fürst Hermann von der Forschung bisweilen den „deutschen Whigs" zugerechnet (Gollwitzer), den Liberalen nach englischem Muster. Jedoch galt dies Vorbild für den Fürsten nur eingeschränkt, noch weniger für seinen Sohn Ernst. Hermann heiratete 1862, zwei Jahre nach der Übernahme der Standesherrschaft, Prinzessin Leopoldine (1837–1903), die jüngste Tochter des Markgrafen Wilhelm von Baden. Als Mitglied einer Nebenlinie des großherzoglichen Hauses verbrachte Leopoldine ihre Jugend am Hof in Karlsruhe, zu dem sie auch nach ihrer Verheiratung intensiven Kontakt pflegte. Diese familiäre Bindung gab den Ausschlag dafür, den Sohn Ernst, der zunächst von Hauslehrern unterrichtet worden war, auf das Großherzogliche Gymnasium in Karlsruhe zu schicken. 1875 bis 1881 bezog der Langenburger Erbprinz bei seinen Verwandten im Schloss Quartier.

In dieser Zeit lernte er den Prinzen Max von Baden näher kennen, seinen um fast vier Jahre jüngeren Cousin zweiten Grades, der ihn nach eigener Aussage *schon als kleiner Junge* sehr bewunderte.[3] Nach Abschluss des Abiturs suchte Max im Sommer 1885 erstmals brieflichen Kontakt zu seinem Vetter, der gerade sein Studium hinter sich gebracht hatte, wo-

Der „Menschenbund": Prinzessin Feodora zu Hohenlohe, Prinz Max, Prinzessin Marie von Baden, Prinz Ernst zu Hohenlohe in Karlsruhe, um 1886. Privatbesitz, Schloss Langenburg

raus sich ein jahrzehntelanger Briefwechsel entwickelte. *Eigentlich Freundschaft schlossen* sie an Ostern 1886, als Ernst zu Besuch ins Badische kam.[4] Inzwischen zum Offizier avanciert, machte er auf den Prinzen offenbar tiefen Eindruck. Bei diesem Zusammentreffen schlossen die beiden jungen Männer ihren *Menschenbund*, in den außer ihnen selbst auch Max' Schwester Marie und Ernsts jüngste Schwester Feodora einbezogen waren (Ernsts Schwester Elise blieb außerhalb)[5]; hier hatten sich offenbar vier Geistes- bzw. Seelenverwandte gefunden. Noch viele Jahre später schwelgten Max und Ernst in ihren

Briefen in Erinnerungen an gemeinsame Erlebnisse in Karlsruhe und Baden-Baden.

Die Rolle des wichtigsten Freundes und Vertrauten von Prinz Max fiel Ernst spätestens 1888 zu, im Katastrophenjahr, als die beiden Kaiser Wilhelm I. und Friedrich III. und überraschend auch Max' sehr geliebter Cousin Prinz Ludwig von Baden starben. Mit Ludwigs Tod rückte Max in unmittelbare Nähe der badischen Thronfolge. Die Bindung zwischen Ernst und Max war nun so eng geworden, dass man sich zeitweise bis zu zweimal im Monat mehrseitige Briefe schrieb und möglichst jede Gelegenheit zu einem Treffen nutzte. In einer Hinsicht konnte Ernst den Verstorbenen allerdings nicht ersetzen: die erotische Konnotation in Max' Beziehung zu Ludwig[6] findet in der zum Hohenloher Erbprinzen keine Entsprechung. Dabei ist angesichts der Vertrautheit zwischen Max und Ernst kaum zu bezweifeln, dass letzterer von Max' Homosexualität wusste. Jedoch schlug sich dies im Briefwechsel so gut wie nicht nieder. Bis auf einige schwärmerische Bekundungen der Freundesliebe sind lediglich vage Andeutungen seitens Max', insbesondere in Bezug auf sein heikles Verhältnis zu Frauen, zu finden. Ernst schien sich damit nicht ernsthaft befassen zu wollen. Im Gegenteil, er lobte Max gegenüber stets die außerordentliche Bedeutung der Liebe zwischen Mann und Frau. Als er von Max' tiefem Unbehagen nach endlich erfolgreicher Brautwerbung erfuhr, wiegelte er ab und sandte ausgiebige Glückwünsche zur Verlobung.

Der Hohenloher Erbprinz folgte mit Jurastudium und Offizierslaufbahn der vom Vater vorgegebenen Richtung. Begeistert war er davon nicht; er zog Musik, Literatur und ein Gespräch in freier Natur dem ritualisierten Kasernenleben in Berlin-Lichterfelde deutlich vor. Am Hof der Hohenzollern war er häufiger Gast. Sein Vater und sein Onkel Chlodwig sorgten schließlich dafür, dass Ernst in den diplomatischen Dienst eintreten konnte, erst in St. Petersburg, dann in London. Hier, in der Kulturmetropole und im

Kreise seiner englischen Verwandtschaft, fühlte sich der feinsinnige Erbprinz ausgesprochen wohl. Mit dem Amtsantritt Fürst Hermanns als Reichsstatthalter für Elsass-Lothringen 1894 wurde Ernst zur Unterstützung seines Vaters nach Straßburg abgeordnet. 1897 schied er aus dem diplomatischen Korps aus und bereitete sich zusehends auf sein späteres Leben als Standesherr vor; er verwaltete den langenburgischen Familienbesitz und vertrat Hermann in der Ersten Kammer des württembergischen Landtags. Als Fürst unabhängig leben zu können, war stets sein Ideal gewesen.

In seiner Distanz zu allem, was ihn von Kultur und Hofleben abhielt, war er einer Meinung mit Prinz Max von Baden, der Jurastudium und Militärausbildung ebenfalls nur wenig abgewinnen konnte. Einig waren sie sich auch in Fragen des Musikgeschmacks: Als Verehrer Richard Wagners konnten sie sich in ihren Briefen seitenweise austauschen über Aufführungen, die sie in Bayreuth gesehen hatten, sowie alle anderen Fragen, die den Komponisten, sein Werk und seine Familie betrafen. Ernst stellte den Kontakt zu Cosima Wagner her, mit der er intensiv korrespondierte, ebenso wie später Max selbst. Voller Stolz auf seine persönliche Bekanntschaft mit der „hohen Frau" veröffentlichte der Langenburger den Briefwechsel mit Cosima später sogar in Buchform.

Ernst stand auch anderen Exponenten des Bayreuther Kreises nahe, wie z. B. Houston Stewart Chamberlain, dessen religiös-völkische Ideologie sein Denken stark beeinflusste. Hier bestand ebenfalls eine Parallele zu Prinz Max, der die Schriften Chamberlains förmlich aufsog und mit dem Autor in Korrespondenz stand. Durch die als Kind erlebte Begeisterung während des Krieges von 1870/71 und der Reichsgründung zeigte Ernst seit jeher eine starke deutschnationale Prägung, die sich im Kontakt mit dem Wagner-Kreis weiter intensivierte. Nicht nur sah er auf die Franzosen als ein *barbarische[s] Affenvolk* herab, dem gegenüber er wachsenden *Rassenhass* verspüre; auch das

englische Volk , das er für seine *Annehmlichkeit des Lebens* und *Unabhängigkeit und Kraft der Gesinnung* ausdrücklich lobte, hatte in Ernsts Augen *seinen Höhepunkt überschritten* und ersticke *im eigenen Fett*.[7]

Eine rassistische Grundierung, befeuert von seiner nationalprotestantischen Gesinnung, besaß auch Ernsts Antisemitismus. Im Grundsatz einig, wich Max' Auffassung von der seines Freundes etwas ab, da sich seine Judenfeindschaft eher aus der Kapitalismuskritik speiste. Bezeichnend in diesem Zusammenhang ist die unterschiedliche Reaktion der beiden auf das Auftreten Adolf Hitlers: Wie Ernst hoffte Max stets auf die Ankunft einer idealen Führerpersönlichkeit, die alle Partikularinteressen beiseite-

Cosima Wagner mit Prinz Ernst zu Hohenlohe (r. vorne) und hohenlohischen Verwandten, um 1895. Privatbesitz, Schloss Langenburg

schieben und das deutsche Volk zu der ihm zustehenden welthistorischen Größe empor bringen sollte; doch in Hitler, dessen rassistischen Judenhass er ablehnte, vermochte Max diesen Führer nicht zu erkennen und lehnte die nationalsozialistischen Parolen auch öffentlich nachdrücklich ab, während Ernst sich auf seine alten Tage vom vermeintlichen Glanz der NS-Herrschaft blenden ließ und in Hitler den nationalen Erlöser sah.

Kehren wir zurück in die Zeit vor der Jahrhundertwende. Der Langenburger Erbprinz berichtete seinem badischen Freund immer wieder von seiner Suche nach dem Glück der Liebe, welche allerdings nicht

zu verwechseln sei mit *bloßer Sinnlichkeit*.[8] So verliebte er sich im Sommer 1894 in seine Cousine zweiten Grades, die erst fünfzehnjährige Prinzessin Alexandra von Sachsen-Coburg und Gotha, eine Enkelin Queen Victorias. Angesichts der schwierigen Begleitumstände – Alexandras jugendliches Alter und ihre Abstammung aus einem regierenden Haus – bat Ernst seinen Vetter Max um Intervention, um herauszubekommen, ob überhaupt Hoffnung für ihn bestünde. Max wandte sich umgehend an Alexandras Mutter, Herzogin Maria, eine Cousine seiner Mutter, und konnte Ernst tatsächlich gute Nachrichten überbringen. Auf diese Weise trug

Entwurf des Coburger Theatermalers Max Brückner zur Schluss-Szene von Rheingold, 1910, Öl auf Leinwand. Brückner, der auch für Bayreuth malte, arbeitete unter der Regentschaft Ernsts zu Hohenlohe. Privatbesitz, Schloss Langenburg

Prinz Max das Seinige bei zur glücklichen Heirat von Ernst und Alexandra im Frühjahr 1896.

Aufgrund einer besonderen familiären Konstellation musste der Erbprinz seinen Lebensweg wiederum neu justieren, denn 1900 übernahm er für fünf Jahre die Regentschaft im Herzogtum Sachsen-Coburg und Gotha. Damit stand er im Alter von 36 Jahren an der Spitze eines deutschen Fürstentums; es war das höchste Amt in seiner Karriere. Seinen Ambitionen kam es durchaus entgegen, denn in seinen schriftlichen Äußerungen scheint ein gewisses politisches Interesse immer wieder durch, wobei er, ebenso wie Prinz Max, den modernen Parlamentarismus rundweg ablehnte. Er vertrat ein eher landesväterliches Politikverständnis alten Stils, das an die frühere reichsfürstliche Stellung seines Hauses anknüpfte. Auch sein Lob für die Sozialgesetzgebung Kaiser Wilhelms II. entsprang vor allem der Auffassung, dass ein Fürst für das Wohl seiner Untertanen zu sorgen habe; politische Teilhabe stand nicht auf der Agenda.

Dies hielt ihn aber nicht davon ab, als Regent eine pragmatische Linie zu verfolgen, indem er sich sogar – wie gleichzeitig auch die badische Regierung – auf Kooperation mit den Sozialdemokraten einließ. In Coburg und Gotha wuchs der Erbprinz an seinen Aufgaben; das brachte ihm im Land selbst und auch überregional den Ruf eines liberal gesinnten Politikers ein. Ähnlich wie bei seinem Vetter Max war der nach außen demonstrierte Liberalismus zu unterscheiden von privaten Äußerungen – dennoch muss man Ernst attestieren, im Vergleich zu Max, dem Reichskanzler, politisch meistens weitsichtiger und realitätsnäher gedacht und gehandelt zu haben, aller inneren Ablehnung des Parlamentarismus zum Trotz.

1905 ernannte Wilhelm II. Ernst zum Direktor in der Kolonialabteilung des Auswärtigen Amtes; das Vorhaben, ihn zum Staatssekretär in einem verselbständigten Reichskolonialamt zu machen, scheiterte 1906 am Veto der Opposition im Reichstag, die am

Fürst Ernst zu Hohenlohe als Generaldelegierter für die Krankenpflege an der Ostfront. um 1915. Privatbesitz, Schloss Langenburg

Etat des geplanten Amtes (und an den Bezügen seines Leiters) Anstoß nahm. Kaum in der Reichspolitik angelangt, musste der Erbprinz auch schon wieder seinen Hut nehmen, nicht zuletzt weil Reichskanzler von Bülow den potentiellen Nebenbuhler loswerden wollte. Der unrühmliche Abgang bestätigte Ernst in seiner negativen Sicht auf das Parlamentswesen; trotzdem ließ er sich 1907 im Wahlkreis Gotha als Kandidat der bürgerlichen Parteien in den Reichstag wählen. Auf die parlamentarischen Spielregeln konnte und wollte er sich freilich nur bedingt einlassen und fehlte häufig. Auch als er 1909 als Verlegenheitskandidat zum Vizepräsidenten des Reichstags gewählt wurde – er hospitierte bei der Fraktion der konservativen Reichspartei –, erwies sich dieses Amt als Mühlstein an seinem Hals. Im Jahr darauf nutzte er eine kirchenpolitische Debatte, um sich der ungeliebten Verpflichtung elegant zu entledigen. Damit zog er zugleich einen Schlussstrich unter seine öffentliche Karriere in der großen Politik, die ihm nichts als Verdruss eingebracht hatte.

Sehr viel mehr am Herzen lag ihm ein anderes öffentliches Betätigungsfeld, auf dem er sich ungleich erfolgreicher profilieren konnte: sein Engagement innerhalb der evangelischen Kirche. Reichsweit bekannt wurde er 1901 mit einer nationalkirchlichen Rede in Gotha. Über vier Jahrzehnte leistete Ernst vielfach kirchliche Gremienarbeit auf Reichs- und Landesebene, nahm als Delegierter an Kirchentagen teil, tat sich hervor als aktives Mitglied im Evangelischen Bund und vor allem im Evangelischen Volksbund für Württemberg. Berührungsängste mit bürgerlichen Organisationsformen kannte er dabei und auch bei den zahlreichen Vereinen, die er nach Kräften unterstützte, nicht. In Leitungsämtern des Johanniterordens konnte er wie sein Vater adlige, christliche und karitative Ideale zusammenführen. Nur folgerichtig übernahm er zu Beginn des Krieges Aufgaben in der Freiwilligen Krankenpflege. Als Generaldelegierter für den östlichen Kriegsschauplatz kam er in Berührung mit Hindenburg, der zu seinem neuen Helden aufstieg. Nachdem er zwischenzeitlich mit diplomatischen Einsätzen betraut worden war, amtierte Ernst in den letzten Kriegsmonaten als leitender Repräsentant seiner Organisation. Das als schmachvoll empfundene Ende des Krieges und der Monarchie, die Gründung der verabscheuten Republik und das Versailler Friedensdiktat erschütterten das Weltbild des Hohenloher Standesherrn zutiefst. In der neuen Umgebung, wo *Tempelschänder* – die Vertreter von Demokratie, Parlamentarismus und freier Presse – den Ton angaben, fühlte er sich keinesfalls mehr heimisch.[9] Er zog sich zu seiner Familie zurück und suchte sein Heil in intensiver Verbandstätigkeit im Hintergrund, wobei sich seine politische Gesinnung immer weiter ins Völkisch-Nationalistische verschob. Letzteres schlug sich in Mitgliedschaften in DNVP, Stahlhelm und (seit 1936) NSDAP nieder.

Gegenüber Max von Baden jedoch, der als Reichskanzler entscheidend, wenn auch unbeabsichtigt, zum Abgang der gekrönten Häupter beigetragen

hatte, verhielt er sich bis zuletzt loyal. Anders als die übrige rechtskonservative Szene und als die meisten Adeligen stand er in seinen Briefen und auch öffentlich fest zu seinem unglücklichen Vetter. Als 1919 die konservative Kreuzeitung die ersten Hetzkampagnen losließ, bat ihn Max um Unterstützung, die Ernst in Form eines entlastenden Artikels gerne gewährte. Da der Text, der vor allem auf die persönliche Ehre und Untadeligkeit des früheren Reichskanzlers abhob und die eigentlichen Geschehnisse unkommentiert ließ, von der Kreuzeitung als Gegendarstellung abgelehnt wurde, erschien er schließlich in der gemäßigteren Deutschen Politik. Auch als nach Erscheinen der „Erinnerungen und Dokumente" 1926 das Deutsche Adelsblatt einen kritischen Artikel veröffentlichte, leistete Ernst auf Bestellung einen Freundschaftsdienst mit der Publizierung eines Gegentextes im Adelsblatt.

Max wollte sich mit seinen „Erinnerungen" verteidigen und bemühte sich bei vielen Freunden und Weggefährten um ihre Zustimmung, sie als Gewährsmänner anführen und zitieren zu dürfen. Dennoch fühlte sich mancher, den er vor seinen Karren gespannt hatte, hinterher vor den Kopf gestoßen. Auch Ernst sollte in seinem Werk auftreten und wurde vom Autor wegen der Verwendung eines Briefes vom 25. Oktober 1918 um Erlaubnis gefragt. Der Fürst hatte den Reichskanzler aus sicheren Kanälen mit Informationen versorgt, nach denen Wilhelm II. zum Thronverzicht gebracht werden musste, um die Monarchie zu retten. Tatsächlich waren sich die beiden Vettern schon lange vor 1918 einig darüber gewesen, dass ihr Verwandter auf dem Kaiserthron seiner Aufgabe leider *nicht gewachsen* sei und die falschen Leute um sich schare.[10] Die Gemeinsamkeiten in der Einschätzung der Lage gingen sogar so weit, dass Ernst von Max zeitweise als Mitglied seiner Regierung vorgesehen war.

Diese – aus kaisertreuer Sicht sicher problematische – Rolle Ernsts bei der Abdankung Wilhelms II. sollte

nun, mit Erscheinen der „Erinnerungen", für jeder-
mann offen zutage treten. Doch trotz einiger Bedenken
ließ der Fürst seinen alten Freund gewähren. Später
beglückwünschte er ihn zu seinem Werk und lobte
es über den grünen Klee. Hier zeigte sich ein weiteres
Mal der Grandseigneur, der über den Dingen stand
und loyal seine Pflicht erfüllte, wenn es um Ideale
wie Liebe, Freundschaft und Treue ging. Die Kehr-
seite der Medaille waren: Verbitterung über die
Deutschen, die sich als *politisch unfähig* erwiesen
hatten, und die rastlose Erwartung eines *diktatorischen
Genie*[s] *mit klarem Blick für das Wirkliche, eines
,king of men', um mit* [Thomas] *Carlyle zu reden,
ein*[es] *unerschrockene*[n] *Führer*[s]*, dem das Volk,
wenn auch widerstrebend, folge.*[11] Fürst Ernst starb,
nachdem er vier deutsche Staatsgründungen mit-
erlebt hatte, am 11.12.1950.

*Büste Fürst Ernst II. zu Hohenlohe, um 1920, Gips.
Privatbesitz, Schloss Langenburg*

Quellen- und Literaturauswahl

(vgl. das Literaturverzeichnis am Schluss des Bandes)

Korrespondenz Fürst Ernst II. zu Hohenlohe /
    Prinz Max von Baden im Nachlass Prinz Max von Baden,
    GLA FA-N 5771–5775, 5960 und im
Nachlass Fürst Ernst II. zu Hohenlohe-Langenburg, Hohenlohe-
    Zentralarchiv Neuenstein, La 142 Bü 239, 409, 736–739, 891

Prinz Max von Baden, Erinnerungen.- Ernst Fürst zu Hohenlohe-
Langenburg, Briefwechsel Cosima Wagner.- Urbach u.a., Prinz Max

Gollwitzer, Standesherren.- Kreutzer, Protestantische Adligkeit.-
Kreutzer, Ernst Fürst zu Hohenlohe-Langenburg.- Machtan, Prinz
Max.- Nicklas, Ernst II. Fürst zu Hohenlohe-Langenburg

1 GLA FA-N 5774 (23.2.1893, 13.7.1899) und 5960 (5.4.1919).
2 HZAN La 142 Bü 737 (13.4.1898); GLA FA-N 5771 (28.4.1887).
3 GLA FA-N 5774 (13.9.1894).
4 Ebd.
5 GLA FA-N 5771 (2.5.1886); HZAN La 142 Bü 736 (9.5.1886).
6 Machtan, Prinz Max, S. 89ff.
7 GLA FA-N 5771 (26.6.1887) und 5774 (10.10.1893).
8 Ebd. (21.8.1887).

9 GLA FA-N 5775 (27.2.1915).
10 Ebd. (16.5.1917).
11 Ebd. (18.2.1915) und 5960 (5.4.1919).

Cosima Wagner mit ihren Töchtern Isolde Beidler (l.) und Eva Chamberlain (r.) und Enkeln Franz Wilhelm Beidler und Guido Gravina, Ansichtskarte an Prinz Max, wohl Juli 1909. GLA FA-N 5764 # 48

Cosima Wagner an Prinz Max, 23.10.1910.
GLA Karlsruhe FA-N 5764 # 50

Irre ich nicht, so haben sie, theurer Prinz, auf Ihre Weise mit Ihren Prüfungen die Erkenntnis des Ueblen sich errungen und das Heil gewonnen. Mit unsäglicher Befriedigung bin ich Ihnen auf Ihrem inneren Wege gefolgt …

ich bin
Eurer Hoheit
treuanhängliche
ergebene
C. Wagner

Die hohe Frau

Cosima Wagner (1837–1930)

VON HANS-JOACHIM HINRICHSEN

Cosima Wagner, zu Zeiten des Prinzen Max die „Herrin von Bayreuth", war an der Seite Richard Wagners in diese Rolle hineingewachsen. Sie hatte die Probenarbeit am *Ring des Nibelungen* (uraufgeführt 1876) und an dem „Bühnenweihfestspiel" *Parsifal* (1882) unterstützt und die von Wagner erarbeiteten Aufführungs- und Regiekonzepte bis in Details verinnerlicht. Nach Wagners Tod (1883) verwaltete sie, offiziell ab 1886, diese verantwortungsvolle Erbschaft daher auch nicht als zukunftsoffenes „work in progress", sondern weit eher im Sinne einer Konservierung, ja Musealisierung. Anfangs war sie wesentlich an der weltanschaulichen Ausrichtung des post-Wagnerischen Bayreuth beteiligt; zu deren Medium wurden nicht nur die allmählich zu internationaler Bedeutung gelangenden Festspiele, sondern auch die noch von Wagner selbst gegründeten „Bayreuther Blätter". 1906 zog sie sich aus gesundheitlichen Gründen von der Festspielleitung zurück und übergab sie ihrem Sohn Siegfried. Die ideelle Unterstützung durch ihren Schwiegersohn Houston Stewart Chamberlain, der 1908 ihre Tochter Eva heiratete und dauerhaft nach Bayreuth übersiedelte, wurde zu einem wesentlichen Faktor der Ausstrahlung Bayreuths als Kulturinstitution des Kaiserreichs. Die Entscheidung der Reichsregierung, gegen Cosimas beharrliches Lobbyieren die 30-jährige Schutzfrist für den *Parsifal* 1913 nicht zu verlängern und damit Bayreuth die Exklusivität der Aufführungsrechte für dieses „Bühnenweihfestspiel" zu entziehen, empfand sie als persönliche Niederlage und kulturpolitische Katastrophe. Nachdem die durch den Krieg unterbrochenen Festspiele erst 1924 wieder aufgenommen worden waren, trat die nunmehr ganz zurückgezogen lebende Cosima Wagner bis zu ihrem Tod nicht mehr offiziell in Erscheinung.

Die Bekanntschaft mit Max von Baden, der sich zu einem eifrigen Besucher der Bayreuther Festspiele entwickelte, datiert wohl aus den frühen 1890er-Jahren; um diese Zeit schildert Cosima dessen Vetter, ihrem langjährigen Briefpartner Ernst zu Hohenlohe-Langenberg, nach einem persönlichen Zusammentreffen in Berlin ihren Eindruck des jungen Prinzen, *dessen ganzes Wesen in Einem die schönsten Hoffnungen weckt; zu der Anmuth der Erscheinung tritt hier der Ernst des Geistes und der Adel des Sinnes in wohlthuendster Weise hinzu. Eine selten harmonische Erscheinung, welcher die Heiterkeit noch einen besonderen Zauber verleiht* (8. April 1893). Es entwickelte sich rasch ein intensiver und vertraulicher Briefwechsel, sekundiert von regelmäßigen persönlichen Begegnungen, sei es in Bayreuth oder an Stationen von Cosimas Reisen. Eines der zentralen Themen bildet darin anfangs Cosimas schon seit 1895, also lange vor dem Ablaufen der Schutzfrist, betriebenes Vorhaben, sich der deutschen Fürsten zu versichern, um den *Parsifal* dauerhaft und exklusiv für Bayreuth zu reservieren; für dieses (im Ergebnis gescheiterte) Anliegen versuchte sie neben Ernst zu Hohenlohe selbstverständlich auch Max von Baden zu gewinnen.

Durch Cosima wurde Max von Baden auf Chamberlain aufmerksam gemacht; sie schenkte ihm zu

Weihnachten 1895 dessen Wagner-Biographie; die *Grundlagen des 19. Jahrhunderts* (1899) hatte der Prinz daraufhin gleich nach ihrem Erscheinen gelesen und die Lektüre nach der persönlichen Bekanntschaft mit Chamberlain (1909 in Bayreuth) erneuert. Umgekehrt verdankte Cosima dem Prinzen das Interesse für Johannes Müller, dessen persönliche Bekanntschaft sie 1914 am Beginn der letzten Festspiele vor dem Krieg machte.

Darüber hinaus wird in Cosimas Briefen an Max von Baden ein breites Spektrum weltanschaulicher, philosophischer und religiöser Fragen sichtbar, die,

anknüpfend an Berichte über die aktuelle Lektüre, in oft sehr ausführlicher Weise entwickelt werden. *Bei mir nimmt der Hang zur religiösen christlichen Betrachtung der Dinge immer zu*, schreibt sie, *und die Möglichkeiten der Entwickelung in unserer evangelischen Kirche gingen mir bei der häufigen Lectüre von Luther'schen Predigten auf* (4. Januar 1902). Bemerkenswert wenig Raum hingegen nimmt in ihren Briefen an Max von Baden ihr anderweitig häufig recht ostentativer Antisemitismus ein; lediglich ihre Begeisterung für den einschlägig bekannten Berliner Hofprediger Adolf Stoecker schlägt gelegentlich durch.

Bühnenmodell zur Schluss-Szene von Rheingold, um 1900, Nachbau ca. 1920. Nationalarchiv der Richard-Wagner-Stiftung Bayreuth

Ansonsten spielen aber politische Themen eine eher untergeordnete Rolle; auch auf Tagesereignisse wird so gut wie nie eingegangen. Durchgehend ist es die Rolle des Geistes und der Kunst, die Cosima als kultur- und sinnstiftend beschwört, allen voran selbstredend die deutsche Musik von Bach über Beethoven bis Wagner. So ist es das Hören eines Chores aus Bachs h-Moll-Messe, *welcher mich in jene Gralsheimath wieder trug, u. die Andacht erweckte, aus welcher alle Thaten des deutschen Geistes u. der deutschen Geschichte stammen* (3. Januar 1896). Aber nur deutsche Kultur und deutscher Geist werden als utopische Hoffnungsträger gerühmt; das Land selbst und gar seine zur Industrie-Metropole anwachsende Hauptstadt werden meist überaus negativ charakterisiert. Die Idee, die Cosima vor ihrem Korrespondenzpartner beharrlich ausbreitet, ist der Wunsch nach einer Führung des Landes durch eine Elite aus Geistesadel und gebürtiger Aristokratie.

Erst gegen Ende des Krieges, bei zunehmendem öffentlichem Hervortreten des Prinzen, werden Cosimas Bemerkungen zur politischen Dimension seines Handelns expliziter. So lobt sie 1917 in einem Brief an Max von Baden dessen pathetisch-aufrüttelnde Dezemberrede vor der Ersten Badischen Kammer und hebt deren Kontrast *gegenüber der hohlen Redekunst unserer Nachbarn* hervor (21. Dezember 1917), geht dann aber, für ihre Selbststilisierung als Künstlertochter und als Künstlerwitwe überaus bezeichnend, in einem ausführlichen Nachtrag vor allem nochmals auf die Form und den Stil der Rede ein: *Sie haben, gnädigster Herr, für die Gestalt ihrer Gedanken die vollkommen entsprechende Gewandung und diese Einheit bringt den Eindruck des Schönen hervor. Von Jugend her daraufhin erzogen, berührt mich dies besonders anmutend, ja künstlerisch und so fühlte ich mich genötigt, dieses P.S. nachzusenden* (22. Dezember 1917). Nach dem Rücktritt Max von Badens vom Reichskanzlerposten, dessen Übernahme sie als ein *grosses Opfer* für das Vaterland und dessen Ablegung

sie *als einen Akt der Treue gegen die Monarchie* empfand, gratuliert sie ihm dazu, *in schwerster Lage sich als der, welcher Sie sind, durch Geburt, Charakter und Geist bewährt zu haben* (19. November 1918).

Der (noch unpublizierte) Briefwechsel Cosima Wagners mit Prinz Max von Baden gehört sicherlich zu jenen Mosaiksteinen, die – wie etwa auch der jüngst edierte Briefwechsel mit ihrer Jugendfreundin, der Freifrau von Heldburg – für die Erarbeitung einer dringend fälligen aktuellen und umfassenden Biographie, die vor allem neue und tiefere Einblicke in die Persönlichkeit Cosimas erlaubte, Erhellendes beitragen würden.

Quellen- und Literaturauswahl
(vgl. das Literaturverzeichnis am Schluss des Bandes)

Korrespondenz Cosima Wagner / Prinz Max von Baden im Nationalarchiv der Richard-Wagner-Stiftung Bayreuth (III A 4 und 5 sowie Hs. 67, 200 und 201) und im GLA, Nachlass Prinz Max von Baden (in FA-N)

Cosima Wagner, Briefe.- [Cosima Wagner] Königin

Marek, Cosima Wagner.- Beidler, Cosima Wagner.-, Herrin

*Chamberlain in seiner Wiener Bibliothek,
wohl 1895.
Nationalarchiv der
Richard-Wagner-Stiftung Bayreuth*

*Chamberlain an Prinz Max, 19.10.1915.
GLA FA-N 5769 # 34*

Mit grosser Mühe habe ich nach
wochenlangem Warten mir die Erlaubnis erwirkt,
auf kurze Zeit das Weichbild der Stadt Bayreuth
verlassen zu dürfen. Ich darf nur nach Frankfurt,
direkt hin und direkt zurück – stehe vom Augenblick
des Zugbesteigens an unter polizeilicher Aufsicht,
darf den Restaurationswagen nicht betreten, nur um
____ dennoch erhoffe ich von dem Luftwechsel
und der dortigen ärztlichen Behandlung Vortheil.
Hätte ich nur weiter dringen können, um das
Glück zu haben. Eure Hoheit auch nur ½ Stunde zu sehen
und zu sprechen! Haus Wahnfried grüßt in Ehrerbietung.
Housten Stewart Chamberlain

Der Kulturdeutsche

Houston Stewart Chamberlain (1855–1927)

VON UDO BERMBACH

Von Houston Stewart Chamberlain, der in England geboren, in Frankreich aufgewachsen und zur Schule gegangen war und sich danach an die deutsche Kultur assimilierte, erschien, angeregt durch den Verleger Hugo Bruckmann, zur Jahrhundertwende 1899 eine dreibändige Studie über „Die Grundlagen des neunzehnten Jahrhunderts", die ein Weltbestseller wurde. Es war der Versuch, die Geschichte der europäischen Kultur seit der Antike unter dem Gesichtspunkt der Auseinandersetzung von Rassen zu schreiben und dabei die germanische Rasse als die eigentlich kulturhervorbringende auszuzeichnen. Wobei Chamberlain, vereinfacht gesprochen, von der These ausging, dass durch die Völkerwanderung die unterschiedlichen germanischen Stämme – unter die er auch Kelten und Slawen zählte – sich in ganz Europa ausgebreitet und in allen wichtigen Gebieten die herrschende Schicht gestellt hätten. Von Sizilien bis nach Skandinavien, von Spanien über Frankreich nach England, in Deutschland bis weit in den Osten mit seinen slawischen Bevölkerungsanteilen herrschten, so Chamberlain, nach dem Untergang des römischen Reiches germanische Eliten, und sie brachten ab 1200 jene abendländische Kultur hervor, die als eine europäisch-germanische bezeichnet werden konnte. Mit dieser These widersprach Chamberlain der vorherrschenden Auffassung der Geschichtswissenschaft, ordnete die Chronologie der europäischen Geschichte neu und schrieb den Germanen alle entscheidenden Kulturleistungen zu. Zugleich griff er auf biblische Zeiten zurück und suchte nachzuweisen, dass die Juden rassebedingt zu herausragenden Kulturleistungen unbegabt waren, als Assimilierte sich der europäischen Kultur zwar anpassten und sie vorzüglich zu repräsentieren wussten, selbst aber keine substantiellen Beiträge dazu zu leisten imstande waren – eine These, die bereits Wagner in seiner Schrift *Das Judenthum in der Musik* vertreten hatte. Die Polarisierung von Germanen und Juden dürfte ein Grund dafür gewesen sein, dass die „Grundlagen" sehr rasch hohe Auflagen erlebten, bis 1945 insgesamt neunundzwanzig.

Noch im Jahr des Erscheinens hatte der 32-jährige Prinz Max von Baden, die „Grundlagen" gelesen, wohl mit einiger Begeisterung und innerer Zustimmung. Auch wenn nicht sicher ist, was von dem Gelesenen bei ihm bekräftigend auf vorhandene Einstellungen wirkte oder diese mitprägte, kann doch vielleicht davon ausgegangen werden, dass die fundamentale Erklärungskategorie Rasse und, daraus folgend, der Antisemitismus, beides in großen Teilen des deutschen Bürgertums wie des Adels verbreitet, seine zustimmende Rezeption gefunden haben. Und darüber hinaus hat ihn wohl jener kulturalistische Ansatz der „Grundlagen" beeindruckt, der auf der in Bayreuth tief verwurzelten Ansicht Wagners beruhte, der Dichter bzw. die Kunst könne erst dann wieder vorhanden sein, wenn es keine Politik mehr gebe[1]. Dass die Kunst aller Politik überlegen sei und daher die eigentlich dominante Sphäre menschlicher Tätigkeit, war in Bayreuth ein Glaubenssatz, der von keinem Wahnfried-Anhänger in Zweifel gezogen wurde.

Chamberlain war zwar in diesem Punkt etwas realistischer als sein künstlerischer Abgott Wagner, maß der Politik eine stärkere Bedeutung zu, hielt aber doch an der Grundüberzeugung fest, nicht die Politik, sondern die Kunst sei der eigentliche Modus der Vergemeinschaftung.

Dieser *Bayreuther Gedanke* traf bei Max von Baden auf eine verwandte Seelenlage. Schon in früher Jugend wurde der Prinz von Kunst und Kultur angezogen. Er spielte Klavier, nahm Gesangsunterricht, liebte das Theater, beschäftigte sich mit Kunstgeschichte und stand früh im Banne Richard Wagners und Bayreuths. Wohingegen das Militär und die Politik ihn eher abstießen und er, obgleich er das politische Geschehen verfolgte, doch ein unpolitischer Mensch blieb – bis in die Zeit seiner Kanzlerschaft hinein. Seit 1888 gehörte er zu den regelmäßigen Besuchern der Bayreuther Festspiele und 1892 lernte er Cosima Wagner kennen, mit der er von diesem Zeitpunkt an korrespondierte. So ergab sich eine enge Beziehung zwischen beiden, der Prinz bewunderte die *Meisterin*, half auch bei der Finanzierung der Festspiele, die ihm ein *heiliges Gut der deutschen Nation* waren[2], und umgekehrt konnte Cosima ihrem Hang zum deutschen Adel einen weiteren Namen hinzufügen. Der Kontakt wurde so persönlich, dass die „Herrin des Hügels" gelegentlich als Lebensberaterin fungieren konnte. In zahlreichen Briefen teilte Max von Baden seine innersten Beweggründe mit, erklärte seinen Wunsch, eigentlich als Künstler leben zu wollen, was durch die Erwartung der Thronfolge allerdings zunichte gemacht würde. Cosima scheint den zur Depression neigenden Prinzen immer wieder aufgebaut zu haben und ihre Briefe empfand er als *heilendes Mittel*.[3]

Es gab also über Jahre einen vertrauten und kontinuierlichen Briefwechsel zwischen Wahnfried und Karlsruhe, lange bevor der Prinz anlässlich seines Festspielbesuches 1909 den Bayreuther Chefideologen Chamberlain selbst kennen lernte. Der Eindruck

von dessen Persönlichkeit aber war offenbar so stark, dass er die „Grundlagen" ein zweites Mal las, und nun *mit gespanntem Interesse und einem vollständig anderen Verständnis als vor 8 oder 9 Jahren.*[4] Auch umgekehrt hatte Max auf Chamberlain Eindruck gemacht, denn dieser schrieb ihm bereits am 29. August 1909, also kurz nach ihrem ersten persönlichen Treffen, aus der *Werkstatt Bayreuth*[5] einen langen Brief, legte ihm einen Programmtext seines Schwagers Siegfried Wagner bei, schilderte u. a. das Bayreuth nach den Festspielen als *himmlischen Aufenthalt* und berichtete von der Erschöpfung Cosimas durch Überanstrengung während der Festspiele.[6] Der Prinz bedankte sich für solche sehr privaten Hinweise einen Tag später mit ausführlichen Betrachtungen zu Chamberlains *Arischer Weltanschauung*, dessen Lektüre ihn *tief beeindruckt* habe, besonders mit den Überlegungen zur Religion, in denen er *nahverwandtes Denken und Empfinden* erlebt habe. Sein Brief schließt mit den Worten: *Darf ich noch, ehe ich schließe, der Freude Ausdruck geben Sie kennengelernt zu haben. Es thut wohl Männern zu begegnen, welche in der heutigen Zeit so überzeugt u. muthig für die idealen Güter der Menschheit eintreten. Das sagten mir schon Ihre Bücher, nun weiß ich es auch durch Ihre Persönlichkeit selbst. Darüber freue ich mich ganz besonders.*[7]

Offenbar hatten sich zwei Geistesverwandte gefunden, die in den folgenden Jahren ihren brieflichen Meinungsaustausch fortsetzten. Zu Weihnachten 1909 schickte Chamberlain dem badischen Prinzen sein Kant-Buch und fügte in einem Brief als Kompliment an, *dass man einer bedeutenden Persönlichkeit gegenüber steht, empfindet man bald.*[8] Der Prinz schickte eine Photographie von sich nach Wahnfried und Chamberlain dankte dafür, auch im Namen von Cosima, die sich daran erfreue. Solche gegenseitigen Sympathiebekundungen gab es in den folgenden Briefen vielfach.

Dass Prinz Max von Chamberlain fasziniert war, lässt sich durchaus nachvollziehen. Denn Chamberlain war ein auf seine Weise bemerkenswerter Mann. Er stammte aus einer hohen aristokratischen Familie Englands, deren Mitglieder zumeist Militärs waren. Sein Vater, Admiral der britischen Flotte, gab ihn nach dem Tod seiner Mutter, ein Jahr nach seiner Geburt, nach Versailles, wo er erzogen und unterrichtet wurde. Nach seinem französischen Abschluss, nach dem Unterricht eines Privatlehrers in deutscher Literatur und Philosophie, ging er nach Genf, um Biologie zu studieren. Von früh auf kränklich, zu vielen Kuraufenthalten gezwungen, wurde er in der Schweiz auf Richard Wagner aufmerksam und entdeckte in ihm *die Sonne meines Lebens*.[9] Obgleich begeisterter Naturforscher, wandte er sich mehr und mehr der deutschen Kultur zu, bewunderte die Weimarer Klassik, die deutsche Philosophie und Musik. Zwar schrieb er noch eine Dissertation in Biologie, die an der Universität Genf auch angenommen wurde, aber zugleich hatte er sich zuvor schon mit zwei Büchern über Wagner auf den Weg zum Kulturschriftsteller gemacht. „Das Drama Richard Wagner" (1892) und vor allem die große Werkbiographie „Richard Wagner" (1896) waren der Durchbruch zum führenden Wagner-Interpreten seiner Zeit. (Die große illustrierte Prachtausgabe dieser Biographie schenkte Cosima Wagner dem Prinzen zu Weihnachten 1896, der sie *mit größter Spannung und Ergriffenheit* las und deren Autor als einen *geistvollen Interpreten empfand*[10]). Chamberlain zeichnete hier das Bild eines Künstlers, der seine Idee des „Gesamtkunstwerks" um jeden Preis zu realisieren suchte und dafür die unterschiedlichsten Kompromisse einzugehen bereit war: von der revolutionären Beteiligung am Dresdner Aufstand 1849 bis zur völlig hypertrophen Freundschaft zu Ludwig II. von Bayern. Da entstand ein Wagnerbild, das über Jahrzehnte prägend werden sollte: der angeblich völlig unpolitische Wagner, dem es immer nur um seine Kunst ging, der als größter

nationaler Heros in den deutschen Kunsthimmel eingegangen war und zur eigentlichen Identifikationsfigur des deutschen Volkes in einem nationalvölkischen Sinne stilisiert wurde. Es war Chamberlain, der Wagners links-revolutionäre Vergangenheit aus dessen Biographie eliminierte, ihn entpolitisierte und aus seinen heterogenen Äußerungen ein scheinbar systematisches Kunst-Konzept destillierte, das den Komponisten zum Ideengeber des Bayreuther Gedankens machte; einer Weltanschauung, welche die Grundlage einer *ästhetischen Weltordnung*[11] abgeben sollte, die Chamberlain dann nationalistisch und rassistisch auflud.

Den immer wieder aufgelegten Wagner-Arbeiten folgten die schon erwähnten „Grundlagen des 19. Jahrhunderts", Werke über Kants Erkenntnistheorie und Goethes naturwissenschaftliche Schriften, die Chamberlain als Teil des Gesamtwerks neu verstehen und rehabilitieren wollte. In all seinen Büchern spielte die Religion eine wichtige bis zentrale Rolle, in „Mensch und Gott" (1921) wurde sie thematisch

um 1890.
Haus Baden

und zu einer *Bayreuther Theologie* ausgeformt.[12] Ein verschlankter Protestantismus rückte vor allem den *leidenden Christus* als Mittler zwischen Gott und den Menschen ins Zentrum. Antiklerikal in seiner Stoßrichtung, antidogmatisch in seinen Positionen, ist Chamberlains Protestantismus – der Ähnlichkeiten mit der Theologie Adolf von Harnacks hat – ein nach innen gewendeter, pietistisch anmutender und subjektiv gefärbter Glaube, in dem die eigene Haltung zu Christus alles entscheidet. Dieser Christus, jüdisch sozialisiert, von Herkunft aber vermutlich Arier, so Chamberlain, vollzieht einen radikalen Bruch mit dem jüdischen Alten Testament: Dass Christus gelitten hat, wo andere Götter Rache und Vergeltung fordern, macht, wie Chamberlain meint, die Einmaligkeit und Größe des christlichen Glaubens aus.

Schon die reine Aufzählung und Kurzcharakterisierung dieser Werke Chamberlains imponiert nicht nur durch die Breite seiner Interessen und seines Wissens; sie macht auch deutlich, welchen ästhetisch-moralischen und intellektuellen Anspruch das Bayreuth der Kaiserzeit in Deutschland erhob, in dessen Namen Chamberlain sprach, auch wenn er immer wieder seine Eigenständigkeit mit Nachdruck betonte. Bayreuth wollte bestimmendes Kulturzentrum des Deutschen Reiches sein, und Wagners ästhetische Theorie des Gesamtkunstwerks wie die Aufführungen im Festspielhaus wurden als missionarische Aufgabe betrachtet, die deutsche Kultur in die Welt zu tragen. Max von Baden teilte im Prinzip diese Auffassung, wenngleich nicht mit der offensiven Radikalität, wie sie von Bayreuth ausging.

Zwischen dem Prinzen und Chamberlain gab es bis zum Ausbruch des Ersten Weltkriegs nur sehr sporadische Kontakte. Im September 1914 setzte dann allerdings ein häufiger Austausch von Briefen ein, in denen die beiden Korrespondenzpartner sich ihrer politischen Haltung versicherten. Chamberlain selbst war, gemessen am kriegspatriotischen Ausbruch der meisten deutschen Publizisten und Gelehrten,

die den Krieg als gerechtfertigt und teilweise sogar als Akt der Reinigung verstanden, eher zurückhaltend. In seinem in den Bayreuther Blättern im September 1914 erschienenen Aufsatz „Deutsche Friedensliebe" bezeichnete er Deutschland als *einzigen Friedenshort in Europa*, weil jeder Deutsche wisse, *dass er bei seiner geographischen Lage von einem Krieg alles zu fürchten und wenig zu hoffen hat* […] *Wie sollte ein Volk,* so heißt es da, *bei welchem Industrie, Handel und Wissenschaft von Jahr zu Jahr immer höher blühen, wie dies in Deutschland in den letzten fünfundvierzig Jahren der Fall war, Krieg herbeizetteln wollen, der alle drei vernichtet?*[13] In seinen Kriegsaufsätzen, die bis 1918 in unaufhörlicher Folge erschienen, plädierte er aber dann für eine alle Mittel nutzende Verteidigung des Reiches, an dessen Ende ein Sieg stehen müsse, weil anders die Bewahrung und der Fortbestand der deutschen Kultur nicht sicher sein könnten. Der Sieg aber werde, so Chamberlain, die Ausbreitung der deutschen Kultur auch in den übrigen europäischen und außereuropäischen Ländern zur Folge haben. Chamberlain war gegen jegliche Annexionen, weil diese die betroffenen Länder zu Feinden machen würde und der deutschen Kultur schaden können.

Bereits am 17. September 1914 sandte Max von Baden einen längeren Brief an den englischen Bayreuther, um diesem seine Gedanken zur *tiefernste(n) Erhebung eines Volkes von Helden*[14] ausführlich darzulegen. Der Vorwurf der *Verlogenheit und Grausamkeit* bei den Franzosen, der Kulturlosigkeit bei den Russen, der Unmoral, des Lügengewebes, einer auf niedrige Motive und wirtschaftlichen Vorteil bedachten Gesinnung bei den Engländern, kurz *eine Welt der Lüge, des Hasses u. der Grausamkeit*[15] bei allen Alliierten grundierten seine Mitteilung und trafen auf eine verwandte Meinung in Bayreuth.

Obgleich Chamberlain in seiner Antwort bekannte: *über England rede ich nicht gern; wie Sie sich vorstellen können, bildet die jetzige Lage für mich einen crêvecoeur*[16], schob er in seinen verschiedenen Kriegsauf-

Kriegsartikel H. St. Chamberlains in der Täglichen Rundschau, 8. 12. 1915. GLA FA-N 5769 # 38

sätzen doch den Engländern die Hauptschuld am Ausbruch des Krieges zu. Konkurrenzneid gegenüber dem aufstrebenden und erfolgreichen Deutschland ebenso wie die Bedrohung seiner imperialen Stellung waren für ihn die Hauptmotive, weshalb England den Krieg führen wollte. Für Frankreich sah er die Hauptgründe im Wunsch nach Revanche für 1870/71 und in der Wiedergewinnung von Elsass-Lothringen, und auf Seiten Russlands meinte er, einen prinzipiellen Ausdehnungswillen zu erkennen. Dabei trennte er zwischen den jeweiligen Völkern und ihren, wie er meinte, durch und durch korrupten Führungen.

Volkswünsche! Ganze Arbeit nach dem Siege!

(Als Manuskript gedruckt *für Privatbriefe*)

1. Russland

a) Baltische Provinzen an Preussen *Kein Reichsland! Esthen heraus!*
b) Finnland: Personal-Union mit Schweden *Alle deutsch-russisch Ansiedler*
b) Kongress Polen: Königreich unter deutscher *hinein! Kein deutsche Provinz*
   Schutzherrschaft
   König aus dem Hause Wettin
d) Bessarabien an Rumänien
e) Ukraine selbständiges Zartum
f) Podolien und Wolhynien an Oesterreich
g) Kaukasus an die Türkei

2. Frankreich

a) Altdeutscher Besitz: Flandern,
   Hennegau, Lothringen und Burgund
   an Deutschland
b) Nizza, Savoyen, Korsika, Tunis an Italien
c) Sultanat Marokko unter türkisch-deutsche
   Schutzherrschaft

3. Belgien mit Kongo an Preussen *Kein Reichsland! Milit. Verw. bis Vlamen*
   mit französ. Küstengebiet *hoch. Wallonen heraus! Politik*
   der Bibel Moses d. Er

4. England

a) Irland selbständiges Königreich
b) Egypten und Cypern an Türkei *Aktien werdlos erklärt – Einnahmen für*
c) Suez-Kanal ~~internationalisiert~~ *Türkei, Deutschl. u. Oesterreich*
d) Gibraltar an Spanien
e) Malta an Italien
f) Afrikanische Kolonien an Deutschland

5. Serbien u. Montenegro an Oesterreich

6. Mazedonien an Bulgarien

Aufteilung der für Deutschland eroberten *Elsass Lothringen als Reichs-*
Länder an die Bundes-Staaten nach ihrer *land beseitigen*
Bevölkerungszal.

Bayern erhält Württemberg - Baden, gibt die *!*
   Pfalz an Hessen ab.
Württemberger Königshaus erhält das doppelt
   so grosse neue Königreich Burgund
die Zähringer erhalten das neue Königreich *!*
   Lothringen, doppelt so gross als Baden.
Braunschweig, zusammengelegt mit Lüneburg
   vergrössert, wird Königreich.
Andere Bundesstaaten: Zuwachs aus preuss.
   Gebiet oder Geldausgleich.

Einwohner der eroberten Gebiete behalten
Freiheit und Besitz, werden bei Ablehnung
der Eindeutschung (nach Muster der Huge-
notten) enteignet und abgeschoben.

Zur Kenntnis, für weitere Vorschläge ~~und~~ Rücksendung an:
ev

Alldeutsches Flugblatt zu Kriegszielen, von H. St. Chamberlain am 20.3.1915 mit spöttischem Briefkommentar an Prinz Max geschickt. Die Randnotizen sind von anderer Hand. GLA FA-N 5769 # 22

Der Krieg werde nicht, so seine These, gegen das englische, französische oder russische Volk geführt, sondern gegen deren politisch-militärische Führungen, die aus niederen Motiven das erstarkte und vor allem kulturell führende Deutschland ausschalten wollten, um die eigenen Interessen leichter und besser durchsetzen zu können.

Dieser allgemeinen Einschätzung, die Chamberlain in seinen *Kriegsschriften* immer wieder eingehend erläuterte und mit Argumentationsvarianten vortrug, stimmte der badische Prinz im Kern zu. *Man kann, so schrieb er nach Bayreuth, an der Menschheit verzweifeln, wenn man liest, was sie alle gegen uns sagen.*[17] Doch er war wie Chamberlain davon überzeugt, das Ende werde *der Sieg sein, damit es einmal wieder hell werde in der Welt.*

Vergleicht man die zwischen beiden ausgetauschten Briefe während der Kriegsjahre, so fällt eine Fülle von gemeinsamen Überzeugungen auf. Zusammengefasst handelt es sich darum, dass 1) die Alliierten, allen voran England, den Krieg bewusst herbeigeführt hatten, um das Deutsche Reich, rechtzeitig, d. h. bevor es noch stärker wurde, zu besiegen und zu schwächen; dass 2) das westliche, genauer: das parlamentarische Regierungsmodell für Deutschland nichts tauge, sondern die konstitutionelle Monarchie in ihrer spezifisch deutschen föderativen Ausprägung erhalten und verteidigt werden müsse; dass 3) Parteien, auf denen der Parlamentarismus aufruhte, ein Verhängnis seien; dass 4) eine Presse, die von Juden kontrolliert werde, den wahren deutschen Interessen zuwiderlaufe; dass 5) die westliche Zivilisation oberflächlich und daher dekadent sei; dass 6) die deutsche Kultur, insonderheit die deutsche Musik, allen anderen Kulturen überlegen sei und es daher im Krieg primär um deren Verteidigung gehe; weshalb der Krieg unter allen Umständen gewonnen werden müsse, weil im Falle einer Niederlage die deutsche Kultur, auch die weltweit führende deutsche Wissenschaft, einen massiven Rückschlag, vielleicht sogar die Vernichtung erleben würden.

Solche prinzipiellen Einstellungen teilten beide. Nach Kriegsausbruch schickte Chamberlain alle seine Kriegsaufsätze an Max von Baden, gelegentlich mit der Bitte, dieser möge ihm raten, ob er seine Schriften auch an hochgestellte Politiker, Militärs oder auch den Reichskanzler selbst schicken solle.[18] Aber gelegentlich gab es auch Meinungsunterschiede in praktisch-politischen Fragen. Das zeigte sich etwa in der Beurteilung von Bethmann Hollweg, der von 1909 bis 1917 Reichskanzler war. Bethmann Hollweg war ein vergleichsweise liberal und fortschrittlich gesinnter Mann, der zwischen den Reichstagsparteien und den politischen Fronten zu vermitteln suchte, der vor allem den Frieden mit England wahren wollte und sich während des Krieges gemäßigt immer wieder um Möglichkeiten friedlicher Verständigung bemühte. Für die Konservativen ein schwacher und unentschlossener, zögerlicher Kanzler, für die militärische Führung ein zu bekämpfender Gegner, fand er im Reichstag bei den Liberalen, dem Zentrum bis hinein in die SPD Anerkennung und Zustimmung. Max von Baden schrieb über ihn an Chamberlain: *Von einem hohen u. edlen Sinn des Reichskanzlers habe ich in längeren Gesprächen einen tiefen u. erfreuenden Eindruck gewonnen. Er ist ein Deutscher schönsten Schlags. Ob er die schöpferische Gestaltungskraft besitzt, die die ungeheure Aufgabe eines Friedensschlusses, wie wir ihn brauchen, u. die Neugestaltung Deutschlands nach einem solchen zu lösen vermag, darüber maße ich mir heute noch kein Urtheil zu. Wie er ist, ist er gerade jetzt recht, denn er ist ein Mensch reinen Sinnes u. dieser ist mir heute lieber als der diplomatischer Verschlagenheit. Er vermag deutsche Art besser zu vertreten gegenüber der Lügenhaftigkeit u. Niedertracht unserer Gegner.*[19] An diesem Urteil hielt der Prinz sehr lange fest, wobei die Charakterisierung des Kanzlers in Teilen auch eine Selbstcharakterisierung war. Zwei Jahre später, nach dem Einbringen der Friedensresolution vom 19. Juli 1916 im Reichstag durch die damalige Mehrheit aus Nationalliberalen,

Zentrum und SPD, schrieb Chamberlain über Bethmann Hollweg an Max von Baden, die Deutschen seien hinsichtlich eines Nachfolgers nicht *auf die Dienste eines halben Juden und halben Negers angewiesen [...], dazu eines durchaus untergeordneten, völlig ungenialen, beschränkten, willensschwachen, fast domestikenhaften second-rate Mannes.*[20]

Die Korrespondenz zwischen beiden drehte sich während der Kriegsjahre naturgemäß hauptsächlich um den Krieg und die deutschen Siegesaussichten. Chamberlain teilte dem Prinzen überdies stets private Geschehnisse mit, berichtete über seine fortschreitende Parkinson-Krankheit und die damit verbundenen körperlichen Einschränkungen. Auf die Nachricht über seine erfolgte Einbürgerung schrieb Prinz Max, er drücke ihm *mit freudiger Ergriffenheit* die Hand als Landsmann und fügte an: *Was Sie Deutschland geworden sind, wissen die Besten unseres Volkes, die sie mit offenen Armen in unserer Gemeinschaft aufnehmen. [...] Seien Sie uns willkommen, der Sie in den Tagen der deutschen Noth sich in unsere Reihen gestellt haben, der Sie die Gefahr des Nibelungen-Goldes kennen und das Geheimnis von Siegfrieds siegender Kraft. [...] Gegen Verrath und Betörung richtet sich Ihr Kampf, mögen Sie dazu beitragen, die deutsche Siegfriednatur zu retten u. zum Siege zu führen.*"[21]

Für Chamberlain war es eindeutig, das belegen die Briefe, die er mit Max von Baden gewechselt hat – übrigens einer der intensivsten Briefwechsel, die er überhaupt geführt hat –, dass dieser ihm nicht nur weltanschaulich nahestand, sondern auch in manchen konkreten Fragen der Kriegsführung, etwa des unbeschränkten U-Boot-Krieges, der ab 1916 geführt wurde. Chamberlain hatte die zunächst zögerliche Haltung des Reichskanzlers moniert, Prinz Max diesen aber verteidigt, weil er selbst die Radikalisierung des U-Boot-Krieges bedenklich fand. Später jedoch waren beide sich über die Notwendigkeit dieser Kriegsführung einig. Ähnlich stimmten beide über Hindenburg überein, den Chamberlain als Heros verehrte und

von dem Prinz Max meinte, dessen *späte Ernennung zum Oberstkommandierenden Ost* lasse daran denken, dass *Geister an der Arbeit* seien, die Deutschland schädigen wollten.[22] Das war, wenn auch verdeckt formuliert, durchaus antisemitisch gemeint. Chamberlain hatte in seinen Briefen immer wieder auf den seiner Meinung nach verhängnisvollen Einfluss von Juden und der jüdischen Presse auf die deutsche Politik gesprochen: *Daß Judesein heute Trumpf ist, halte ich für ein äußerst bedenkliches Symptom*[23], und auch hier ging der Prinz auf dessen Position positiv ein: *Auch die Gefahr der Verjudung*, so schrieb er im September 1916 nach Bayreuth, *ist mir gegenwärtig. Sie werden lachen, wenn Sie hören, daß ich nicht nur mit dem Kanzler darüber gesprochen habe, sondern auch eingehend mit Helfferich, den ich [...] für einen braven Pfälzer hielt [...]. Nun soll der auch Judenblut haben. Wohin sich wenden, u. wohin sich retten?*[24] Die Frage schien umso dringlicher, als Max von Baden glaubte, der Krieg sei auch die Folge einer jüdischen Weltverschwörung, *eine Geldspekulation größten Stils.*[25]

Im Kanzlerprojekt des Prinzen Max – das wesentlich von der Unterstützung der Mehrheitsparteien im Reichstag abhing – glaubte Chamberlain zu wissen, wie der Prinz ‚stand'. Er empfand ihn als Gesinnungsverbündeten gegen den westlichen Parlamentarismus, gegen Parteienherrschaft und allgemeines Wahlrecht und für eine starke, kulturell geprägte deutsche Monarchie, die auf einer Föderation deutscher Einzelstaaten aufruhen sollte. Schon 1915 hatte er in seiner Schrift *Politische Ideale* eine Reform der Monarchie entworfen, durch die einerseits eine klare Abgrenzung zu westlichen Staatsmodellen garantiert werden sollte, die andererseits aber eine Änderung der Verfassung des Kaiserreiches implizierte. Es handelte sich dabei, kurz gesagt, um ein technokratisches Modell, in dem Fachleute der verschiedensten Sachgebiete Entscheidungen auf ‚wissenschaftlicher Grundlage' vorbereiten und diese dann in jeweils ad hoc gebildeten Aus schüssen, unter Beteiligung der Bevölkerung, endgültig gefällt werden sollten. Der Form nach monarchisch, mit einem Kaiser als Repräsentant der Nation an der Spitze, dem Inhalt nach dem Stand der Wissenschaften verpflichtet, aufgrund der spezifischen deutschen Tradition föderativ gegliedert, sollten die lebenswichtigen Entscheidungen jenseits politischer Aushandlungsprozesse stattfinden: *Politik im heutigen Sinne soll es im neuen Deutschland nicht geben; an ihre Stelle tritt die Staatskunst.*[26] Prinz Max, der die regelmäßig zugesandten Kriegsaufsätze seines Bayreuther Freundes zumeist euphorisch beurteilte – *hochbedeutsam; hat mich beglückt; ganz aus meinem Herzen heraus geschrieben; wieder habe ich Ihnen für eine ganze Reihe werthvoller Schriften u. Dokumente zu danken usw.*[27] –, schien auch politisch ganz auf seiner Seite zu stehen. Immer wieder versicherte er Chamberlain, dass dessen Schriften und Briefe ihn tief beeindruckten, dass er ihm zustimmen könne, dass die Politik sich in seinem Sinne grundlegend ändern müsse usw. Chamberlain erschien er als ein überzeugter Monarchist.

Nachdem Max von Baden am 3. Oktober 1918 zum Reichskanzler ernannt worden war und, gezwungen durch die ihn tragenden Parteien, die ersten Maßnahmen zur Umwandlung der konstitutionellen Monarchie in eine parlamentarische ergriff, verstand Chamberlain seinen Freund nicht mehr. Er stand, wie er an den Vizeadmiral a.D. von Seckendorff am 24. Dezember 1918 schrieb, *vor einem mir unlösbaren Rätsel.*[28] Dennoch blieb eine lockere Verbindung zwischen beiden weit über die Tage der Revolution von 1918/19 hinaus bestehen. Längst kein Reichskanzler mehr, dankte der Prinz in einem Brief vom 17. Mai 1919 Chamberlain für ein übersandtes Buch und schloss mit den Worten: *Gedenke Ihrer und dem Haus Wahnfried in alter Treue – in tiefstem Leid – Prinz Max.*[29]

Quellen- und Literaturauswahl
(vgl. das Literaturverzeichnis am Schluss des Bandes)

Korrespondenz H. St. Chamberlain / Prinz Max von Baden im Nationalarchiv Bayreuth, Nachlass Chamberlain, und im Generallandesarchiv Karlsruhe (GLA), Nachlass Prinz Max von Baden (in FA-N)

Chamberlain, Weltanschauung.- Ders., Lebenswege.- Ders., Mensch und Gott.- Ders., Kriegsaufsätze.- Ders., Ideale.- Ders., Briefe.- Wagner, Heldenthum.- Ders., Judenthum.- Ders., Oper

Bermbach, Chamberlain.- Ders., Vorformen.- Machtan, Prinz Max.- Urbach/Buchner, Prinz Max

1 Vgl. Wagner, Oper, S. 53.
2 Zit. nach Machtan, Prinz Max, S. 132.
3 Ebd. S. 133.
4 Ebd. S. 210.
5 So die Unterschrift unter dem Datum dieses Briefes; dieser Begriff stammt also nicht, wie gemeinhin geglaubt, von Wieland und Wolfgang Wagner, sondern von Chamberlain, was die Brüder Wagner allerdings nicht wissen konnten, da der Brief nicht veröffentlicht war.
6 29. 8. 1909, GLA FA-N 5769. Druck der beigelegten Ansprache Siegfried Wagners an das Orchester und den Chor vom 18. 8. 1909: Bayreuther Blätter 1909, S. 248 ff.
7 Zit nach Urbach/Buchner, Prinz Max, S. 137ff.
8 22. 12. 1909, GLA FA-N 5769.
9 Lebenswege, S. 160.
10 Zit. nach Machtan, Prinz Max, S. 134.
11 Wagner, Heldenthum, S. 284.
12 Ebd. S. 484 ff.
13 Kriegsaufsätze I, S. 9ff.
14 Zit. nach Urbach/Buchner, Prinz Max, S. 139 (17. 9. 1914).
15 Ebd., S. 140.
16 Ebd., S. 142 (22. 9. 1914).
17 Ebd., S. 143 (24. 9. 1914). Hier auch das folgende Zitat.
18 Vgl. 27. 2. 1915, GLA FA-N 5769.
19 Zit. nach Urbach/Buchner, Prinz Max, S. 145 (3. 12. 1914).
20 Ebd., S. 164 (11. 12. 1916).
21 Ebd., S. 159 (19. 8. 1916).
22 Ebd., S. 160 (4. 9. 1916).
23 Ebd., S. 148 (19. 3. 1915).
24 Ebd., S. 160 (4. 9. 1916). Karl Theodor Helfferich war zu dieser Zeit Staatssekretär des Reichsamtes des Innern.
25 Ebd., S. 167 (22. 1. 1917).
26 Ideale, S. 111.
27 Zit. nach Urbach/Buchner, Prinz Max, S. 149, 158, 161, 165.
28 Briefe, Bd. II S. 61.
29 Zit. nach Urbach/Buchner, Prinz Max, S. 177.

Müller an Prinz Max, 30.1.1919.
GLA FA-N 5963 # 21

[Zum politischen Rückzug
des Prinzen nach der Revolution:]
In einer unserer ersten Unterhaltungen
vor 20 Jahren sagten Sie mir, am
liebsten würden Sie wie einige Erz-
herzöge bürgerlich werden, aber Sie
müssten die Aufgabe Ihrer Stellung
erfüllen, so schwer es würde. Dasselbe
gilt jetzt nach der anderen Seite. Sie
müssen in der Richtung weiter, in die
Sie geführt wurden, und an dem Werke
bleiben, zu dem Sie berufen wurden.
Wäre das alles nicht geschehen,
wären Sie nicht zu dieser „Laufbahn"
gedrängt worden, dann könnte ich
verstehen, wenn Sie sagten: Für mich
als Fürst und Thronfolger ist jetzt kein
Platz in der führenden Mitarbeit am
Volksstaat. Dann ist das wahrscheinlich
ebenso richtig wie für unsere führenden
Annexionisten kein Platz im Völker-
bundrat ist. Aber es liegt ja ganz anders,
es ist gerade umgekehrt.

Nun lassen Sie die Dinge ruhig gehen
und warten Sie, was wird. Anders
ausgedrückt: Legen Sie es in Gottes
Hand, dann werden sie in tiefer Ruhe
und Gewissheit den Schritt tun, der
sich ergibt, den Sie geführt werden.
So oder so, es wird jedenfalls recht
sein. Es ist immer wundervoll, wenn
man sich nicht zu entscheiden, sondern
nur zu gehorchen braucht.
Seien Sie herzlichst gegrüsst von
Ihrem
getreuen
Johannes Müller

wohl auf Schloss Mainberg,
um 1900. Privatbesitz

Der Seelenarzt

Johannes Müller (1864–1949)

VON HARALD HAURY

Der sächsische Theologe Johannes Müller zählt zu den markantesten Vertretern des „freien", kirchlich ungebundenen Protestantismus, einer Strömung, die in Deutschland seit den 1890er Jahren von sich reden machte. Johannes Müllers Anziehungskraft verrät viel über die Sehnsüchte, Ängste und religiösen Stimmungslagen der „besseren Gesellschaft" seiner Zeit – vom späten Kaiserreich bis in die Jahre der NS-Diktatur. Seit dem Jahreswechsel 1908/1909 verband ihn ein Vertrauensverhältnis mit Max von Baden. Er war fast 20 Jahre lang Seelenführer, Lebensberater und Freund des Erbprinzen.

Vom künftigen Erfolg wurde Johannes Müller nicht an der Wiege gesungen. Am Anfang seiner Karriere standen Glaubenszweifel und die Entdeckung eines ungewöhnlichen Predigttalentes. Johannes Müller kam am 19. April 1864 in Riesa als Sohn eines Volksschullehrers zur Welt. Wie viele seiner akademisch gebildeten Altersgenossen entfremdete er sich am Gymnasium und während des Studiums dem pietistischen Kirchenglauben seiner Elterngeneration, den er als angstbesetzt, lebensfeindlich und gefühlskalt empfand. 1890 erwarb er in Leipzig zunächst den Doktortitel in Philosophie – ein unter akademisch ambitionierten Theologen nicht unüblicher Schritt –, scheiterte aber anschließend mit dem Versuch, in Theologie promoviert zu werden: Die Leipziger Professoren verweigerten die Annahme seiner höchst eigenwilligen Licentiatsarbeit. Als danach Bewerbungen auf sächsische Pfarrstellen fruchtlos blieben, machte er sich 1893 als freiberuflicher Vortragsreisender

selbständig. Das nötige Talent hatte er zuvor in Diensten des „Evangelisch-Lutherischen Centralvereins zur Mission unter Israel" entdeckt, eines in Leipzig ansässigen Zweigvereins der Judenmission, der im Deutschen Reich, aber auch an der russischen Schwarzmeerküste aktiv war.

Christliche-fromme Erweckungspredigten hatte Johannes Müller als Kind und Jugendlicher oft genug über sich ergehen lassen müssen. Später konnte er sich im „Centralverein" selbst an dem Genre erproben. So fiel es ihm leicht, daraus 1893 ein Werkzeug in eigener Sache zu schmieden. Seine „moderne" Erweckungspredigt richtete sich ebenso gegen das orthodoxe Christentum der Kirchen wie gegen die bürgerlichen Ideale neuhumanistischer Geisteszucht und ethisch-moralischer Selbstdisziplinierung. Die Fixierung der Christen auf den Dreischritt von Erbsünde, Kreuzestod und Buße sei eine völlige Verkehrung der ursprünglich befreienden Botschaft Jesu und Ausdruck des religiösen Wahns, dass sich Erlösung durch Arbeit an sich selbst machen und erzwingen lasse. Dieser Wahn habe seine Fortsetzung in der modernen *Bewußtseinskultur* mit ihrem enervierenden Zwang zur Dauerreflexion und autoerotischen Selbstbeobachtung gefunden. Ergebnis sei in beiden Fällen eine rastlose, affektierte Drehe um das eigene Ich, das in Wahrheit nur eine Suggestion aus Reizen, Zumutungen und Zwängen sei, mit der die Umwelt die Seelen der Menschen betäube. In Wahrheit stehe jedem Menschen eine *Wesenskultur persönlichen und gemeinschaftlichen Lebens* offen, die nach Jesu Vorbild durch das innerliche Erleben der *Wahrheit Gottes* erschlossen werden könne. Jeder Mensch habe um sich das Wirken Gottes in der Natur und in sich mit seiner Seele das Organ, um dieses Wirken aufzunehmen. Wer alles bewusste Bewirken- und Machenwollen fahren lasse und sich willenlos den *göttlichen Lebensschwingungen* hingebe, dem springe die Seele wieder ins Leben. Er werde Teil einer naturgesetzlich voranschreitenden Schöpfungsbewegung. Sie führe die versprengten Einzelseelen harmonisch zusammen und treibe so das Reich Gottes hervor. In ihm würden sich die Menschen zwanglos in die ihnen bestimmten Gemeinschaftsformen von Ehe, Familie und Volk einfügen.

Johannes Müllers Botschaft war religiöse „bricolage", eine Bastelarbeit also: Sie kombinierte naturmystische Traditionen einer prozesshaften Selbstoffenbarung Gottes mit Einsichten der „modernen", historisch-kritischen Theologie des 19. Jahrhunderts, verhieß individuell befreiende seelische Erfüllung ebenso wie die gemeinschaftliche Lösung der „sozialen Frage". Was aber selbst Kenner der Materie wie den hellwachen Heidelberger Religions- und Zeitanalytiker Ernst Troeltsch faszinierte, war der Gestus von genialischer Tiefenschau und Vollmacht, mit dem Johannes Müller zu sprechen verstand. Das machte sein Charisma aus. So traf er einen Nerv bürgerlicher Sinnsuche, die an den kirchlichen Angeboten keinen rechten Halt mehr fand, an zivilisationskritischem Ekel vor der entstehenden Massenkultur litt und vom Gefühl seelisch-nervlicher Überlastung angesichts der hektischen Beschleunigung von Beruf und Leben in den rasant wachsenden Großstädten gequält wurde. Vor allem hier, im Wuppertal und in den Großstädten des protestantischen Deutschland, Berlin, Hamburg, Hannover, Nürnberg und Stuttgart, sowie nicht zuletzt in Karlsruhe, füllte Johannes Müller die Säle. Wo es die Kapazität hergab, kamen trotz gesalzener Kartenpreise Abend für Abend mehr als 1.000 Hörerinnen und Hörer.

Der Erfolg ermöglichte 1897 die Gründung einer eigenen Zeitschrift, der „Blätter zur Pflege des persönlichen Lebens", die als „Grüne Blätter" bekannt wurden. Dazu kamen Bücher und Broschüren – insgesamt über 40. Sie brachte seit der Jahrhundertwende der renommierte Münchener Verlag C.H. Beck heraus. Alexander Erbslöh, ein Aluminiumfabrikant aus Barmen, ermöglichte Johannes Müller 1903, auf Schloss Mainberg bei Schweinfurt eine erste *Pflegestätte persönlichen und gemeinschaftlichen Lebens* zu eröffnen. Als der Renaissancebau am Main zu eng und unkomfortabel wurde – mangels moderner Heizung war ein Betrieb nur zur warmen Jahreszeit möglich –, wechselte man ins Hochtal der Elmau, wo Johannes Müller im Mai 1913 mit den Bauarbeiten an einer neuen, 1916 als „Schloss Elmau" eröffneten Anlage beginnen ließ. Die Finanzierung übernahm Elsa von Michael, geborene Haniel, eine Erbin aus der Ruhrindustrie.

Trotz aller Eignung für Sommerfrische und Winterzauber waren Johannes Müllers Gemeinschaftsstätten nie bloße Beherbergungsbetriebe. Sie dienten zum praktischen Einleben in das Gottesreich, das *Jenseits im Diesseits*, von dem ihr Schöpfer kündete. Die Herzen sollten sich für den *unbekannten Gott* im *Heiligtum der Seelu* und füreinander öffnen. Umgangsformen, die auf Distinktion, Standes- und Klassenschranken setzten, waren verpönt. Gegessen wurde in wechselnden Tischgemeinschaften, bei denen der Professor oder die Gräfin neben einem Handwerker oder einer Lehrerin zu sitzen kamen. Die hauswirtschaftliche Bedienung übernahmen keine bezahlten Angestellten, sondern aus den Familien der Gäste kommende *Helferinnen*. Mehr als eine der jungen Frauen, die meist für ein Jahr im Schloss lernten und arbeiteten, lernte hier ihren künftigen Ehemann kennen. Gottesdienste oder Andachten hatte Johannes Müller bereits in Mainberg abgeschafft. Dafür hielt er Vorträge und bot seelsorgerische Einzelgespräche an. Als Lebensberater kultivierte er einen

Stil ruppig-rustikaler Empathie. Das half im Umgang mit hypersensiblen Hypochondern beiderlei Geschlechts. Der Inszenierung naturfrommen Gemeinschaftserlebens dienten Naturkost und allfällige Reformkleidung, vor allem aber der gemeinsame Tanz. Getanzt wurden ausschließlich Ländler, Walzer und Quadrillen, schweigend und in rustikaler Garderobe. Tänzerinnen und Tänzer sollten ganz im Fluss von Musik und Bewegung untergehen, dazu in der Kultur urwüchsig-*gesunden* deutschen Volkstums. Erst auf der Elmau kamen Kammerkonzerte ins Programm, ausnahmslos Repertoire der Klassik. Beifall war unerwünscht, um nicht den seelischen Nachhall der Musik zu beeinträchtigen.

Ein großes Thema waren Erotik und Sexualität. Für protestantisch-fromm sozialisierte Zeitgenossen hatte der Umgang der Geschlechter auf Johannes Müllers Seelenheimen etwas verstörend Freizügiges. Johannes Müller, selbst drei Mal verheiratet und Vater von elf Kindern, pries die *plastische Kraft des Geschlechtstriebes* als genialisch-schöpferische Macht, die den einzelnen körperlich und geistig über seine Ichbezogenheit hinausführe. Allerdings sollte man ob solcher Aussagen nicht an eine Kommune wie den Monte Verita bei Ascona denken. Johannes Müller mochte die *Gymnastik erotischen Erlebens* kultivieren. Doch blieb die Sexualität für ihn immer *heilige Pflicht* ehelicher Fortpflanzung. Naturbelassen würde sie die jungen Menschen wie von selbst als Gliedwesen in die Gemeinschaft ihres Volkes treten lassen.

Die *Seelenheime* gaben Johannes Müllers Unternehmen das Merkmal der Alleinstellung. Der Ruf esoterisch-freier Spiritualität, von Erotik und der Erprobung einer sozialen Utopie weckte Neugierde. Dazu kam die Schönheit von Bauten und Landschaft: das Panorama der Elmau sucht ja tatsächlich seinesgleichen. Unter Johannes Müllers angestammtes Publikum – er zog seit jeher überproportional Frauen und zumal Lehrerinnen an – mischten sich nun Bohemiens und Schwarmgeister aller Art. Es kamen

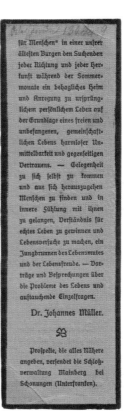

Lesezeichen mit Werbetext für Schloss Mainberg, um 1910. Privatbesitz

an der Last ihrer Standespflichten leidende Angehörige der Aristokratie ebenso wie arrivierte Schriftsteller, Künstler und Gelehrte. Dafür stehen Namen wie Ricarda Huch, Gabriele Münter, Elly Ney, der berühmte Berliner Dogmenhistoriker und Wissenschaftspolitiker Adolf von Harnack oder eben Max von Baden.

Den künftigen Erbprinzen war Johannes Müller bereits vor der Jahrhundertwende ein Begriff. Doch stand sein Interesse lange hinter dem an Bayreuth und Cosima Wagner zurück. Johannes Müllers eigent-

Schloss Mainberg. um 1910. Privatbesitz

liches Karlsruher Mündel war Max von Badens junger Vetter, Graf Friedrich Rhena. Erst ein tragisches Ereignis – Rhena nahm sich am 20. November 1908 vermutlich das Leben – ließ den Prinzen, dem sein Vetter sehr nahe gestanden hatte, mit Johannes Müller persönlich Fühlung nehmen. Noch im November setzte eine dichte Korrespondenz ein, die bis ins Jahr 1928 reicht. Erhalten ist eine Abschrift in Johannes Müllers Elmauer Nachlass, die allein für die Zeit bis zum Ersten Weltkrieg 63 Schreiben Max von Badens überliefert und an die 300 Schreibmaschinenseiten zählt. Dazu kommen, im März 1914 einsetzend, 91 von Johannes Müller stammende Briefe, Postkarten und Telegramme im Nachlass des Prinzen.

In der Korrespondenz lässt sich verfolgen, wie schnell die Beziehung der beiden enger wurde. Bereits ins Jahr 1909 fallen Treffen in Karlsruhe und Besuche Max von Badens in Mainberg. Der Prinz gehörte zu den Paten des Müller-Sohnes Dietrich und stellte Johannes Müller sein „Haus Waldrast" für lange Winteraufenthalte mit der Familie zur Verfügung.

Johannes Müller revanchierte sich unter anderem mit Leseempfehlungen. So angeleitet arbeitete sich der Prinz durch Bücher zur Eugenik und Houston Stewart Chamberlains „Die Grundlagen des 19. Jahrhunderts". Häufiger Gegenstand ihrer Korrespondenz war der Komplex Bayreuth. Hier stand der Vergleich mit Mainberg immer im Raum.

Bemerkenswerter als der intellektuelle Austausch ist aber etwas anderes. Max von Baden sprach Johannes Müller ganz ohne jene devote Scheu an, die andere Bewunderer an den Tag legten. Schon am 30. Januar 1909 kündigte er Johannes Müller an, er wolle ihm sein *Thun*, da man nun einmal [...] *in's Briefeschreiben geraten* [...] *sei, künftig* [–] *wie zur Prüfung vorlegen. Freilich ohne den Wunsch, von Ihnen eine Zensur zu bekommen – nur so zu meiner eigenen Befriedigung.* Der saloppe Ton täuscht über die Nöte des Prinzen hinweg. Er hoffte auf Hilfe gegen sein Empfinden seelischer Isolation. Privatim – so schrieb er Johannes Müller am 16. Mai 1909 – falle es ihm leicht, eine *seelische Berührung* zu suchen, da er alle, mit denen sich eine solche ergeben hätte, *lieb gehabt* habe. Doch sehe man in ihm gemeinhin nur den Fürsten, was eine menschliche Fühlungnahme verhindere. Bei offiziellen Anlässen und im Angesicht der Menge werde er regelmäßig von Ängsten überfallen, die ihn beklommen und verschlossen machten. Viele Briefe des Prinzen handeln von Versuchen, die quälende Unerreichbarkeit zu durchbrechen, bald aber auch von Erfolgen, die sich dank Johannes Müllers Einwirkung einstellten. Am 15. Oktober 1910 berichtete er gen Mainberg von *Größere Ruhe, Überlegenheit* und *Konzentrationsfähigkeit.* Sogar das Rauchen habe von selbst abgenommen. Er werde unbefangener im Umgang mit seiner Stellung.

Leiden und Hoffen des Prinzen waren religiös grundiert. Johannes Müller bekannte er in einer am 28. August 1911 verfassten Betrachtung zum Thema Bayreuth und Mainberg, *schon als recht junger Mensch* habe er sich *die Liebe und die Kunst* vorgestellt *als zwei Strahlen, die aus Gottes Augen ausgingen, als er voll Mitleid in der Fülle seiner Gnade die leidende Menschheit anschaute.* Die Passage spiegelt eine Religiosität wider, die sich ihres Ausdruckes und Verhältnisses zur Welt unsicher war. Max von Baden hatte sich zunächst Bayreuth und seiner Verheißung einer Erlösung durch die Kunst verschrieben, bis er herausfand, dass ihm Johannes Müller einen Weg wies, der im Alltag heilkräftig wirkte. Seine zwischenmenschlichen Begegnungen erlebte er nun als Offenbarung einer Hinterwelt – Johannes Müller hätte vom *Jenseits im Diesseits* gesprochen –, die dem Leben Sinn gab und Hoffnung auf ein in mitmenschlicher Unmittelbarkeit gründendes Zusammenleben machte. Es sei ihm – wie er Johannes Müller am 13. August 1912 schrieb –, mittlerweile zumute, *als öffneten sich überall Thüren und Fenster und freundliche Gesichter [...] winken mir zu. Und wenn man dann folgt, so findet man, dass die Herzen auch [...] bereit sind, uns aufzunehmen. Dann entstehen kleine Ecken des Reiches Gottes, wenn ich mich kindlich ausdrücken soll, und man ahnt, wie es sein könnte, wenn es nicht allein bei den Ecken bliebe.*

Johannes Müllers Botschaft besaß einen chiliastischen Zug. Seine Kritik am hergebrachten Kirchenglauben und der „Bewußtseinskultur" verband sich mit der Ansage eines neuen Zeitalters, in dem das Widereinander der Geschlechter, Klassen und Völker aufgehoben sein würde. 1914 und 1933 konnte das nahtlos in den enthusiastischen, aber auch grimmigen Aufruf übergehen, sich besinnungslos der Gottesbewegung zu überlassen, die in Johannes Müllers Augen in reinigender Härte durch die Zeit schritt, um die angesagte Volksgemeinschaft ins Leben zu rufen. Im August 1914 las er aus dem Eindruck eines begeisterten gemeinschaftlichen Aufbruchs in den Krieg den Anbruch der Zeitenwende und verkündete den Weltkrieg als Heilkrise, die der Menschheit den Bankrott ihrer Zivilisation vor Augen stelle und sie aus ihrer Wesenlosigkeit erwecke. Dass die Deutschen

Johannes Müller, um 1925. Privatbesitz

mit einer gerechten Sache und in überlegenem Gemeingeist allein gegen die ganze Welt zusammenstünden, zeigte in seinen Augen ihre Sendung als Gottes bevorzugtes Werkzeug, das im Sieg auch die Kriegsgegner erlösen werde. Das Zerbrechen der inneren Einheit, die deutsche Niederlage und der neuerliche Triumph der „Wesenlosigkeit" in der Weimarer Republik war ihm nur ein neuer Beweis dieser messianischen Sendung: Der Messias müsse erniedrigt werden, um desto wunderbarer auferstehen zu können. 1933 glaubte Johannes Müller die Erfüllung seiner Erwartung in Adolf Hitler aufgehen zu sehen, obwohl er den Antisemitismus der NSDAP anfangs noch öffentlich ablehnte und das Schloss alten jüdischen Gästen und Freunden vergleichsweise

Schloss Elmau, Künstlerpostkarte um 1920. Privatbesitz

lange offen hielt. Was Hitlers Einschätzung anbelangte, räumte Johannes Müller nach 1945 seinen Irrtum ein. Er starb am 4. Januar 1949, nachdem er in einem Spruchkammerverfahren aufgrund seiner hymnischen Verherrlichung „des Führers" in die Kategorie eines „Hauptschuldigen" des Nationalsozialismus eingestuft und enteignet worden war. Seine Familie erstritt sich das Schloss in einem Nachlassverfahren zurück. Eröffnen konnte sie es wieder 1951.

Politik und Zeitgeschehen spielten in der Korrespondenz zwischen Max von Baden und Johannes Müller schon vor dem Ersten Weltkrieg eine Rolle. Aufgrund seines Erfolges als Therapeut und Seelsorger wurde „mein lieber Doktor Müller" ein allzu-

ständiger Berater des Prinzen. Dabei ging es nicht zuletzt um Max von Badens Agieren in der Ersten Kammer der badischen Landstände und um seine Hoffnung, als Kammerpräsident Brücken oder zumindest Stege zur Sozialdemokratie schlagen zu können – trotz seiner antisemitisch motivierten Antipathie gegen Ludwig Frank, den führenden Kopf der Partei in Baden. Hilfreich war, dass zum Kreis von Johannes Müllers Bewunderern zwei bekannte badische Sozialdemokraten gehörten, Anton Fendrich und Wilhelm Kolb, der Vorsitzende der SPD-Fraktion in der zweiten Kammer des badischen Landtags. Mit beiden traf Max von Baden in Mainberg zusammen. Dort verkehrten zudem der badische Kultus-

minister Franz Böhm, der großherzogliche Landes-
statistiker Moritz Hecht – er war mit dem Mainberger
Schlossherrn seit der gemeinsamen Studienzeit
befreundet – und der berühmte Karlsruher Maler
Hans Thoma. Johannes Müller als gemeinsamen
Bezugspunkt zu haben, eröffnete dem Prinzen einen
Austausch über politische und soziale Barrieren
hinweg, der in ähnlich vertrauter Form sonst nicht
möglich gewesen wäre.

Zu Beginn des Ersten Weltkrieges wurden die Briefe
zwischen Johannes Müller und Max von Baden rarer.
Schon 1915 verdichtete sich ihr Austausch aber
wieder. Die Themen lagen nahe: die Fronteindrücke
des Prinzen, das Für und Wider seiner Kanzlerschaft,
das Auf und Ab der militärisch-politischen Lage.
Erörtert wurden Max von Badens Agieren in der
Reichskanzlei im Herbst 1918 und im Frühjahr 1919
die Frage, ob er für das Amt des Reichspräsidenten
kandidieren solle. Staunen macht, wie selbstbewusst
Johannes Müller von seinem abgelegenen Alpenschloss
aus politische Ratschläge erteilte. En passant kommt
weniger Bekanntes in den Blick, so die Affäre um
Hans Georg von Beerfelde. Beerfelde, ein nach Berlin
abkommandierter Frontoffizier und glühender
Bewunderer Johannes Müllers, trat im Sommer 1917
mit der Forderung nach einer energischen Bekräfti-
gung der Osterbotschaft und bald darauf – zum
Entsetzen seines geistigen Mentors – nach einem
sofortigen Frieden ohne Annexionen an die Öffentlichkeit. Für dieses Ziel versuchte er, seine Mainberger
Bekanntschaft mit Max von Baden ebenso zu nutzen
wie Johannes Müllers Verbindung zu Ernst Troeltsch.
Ein durchgängiges Thema der Korrespondenz ist
Johannes Müllers chiliastische Geschichtsprophetie.
Einer Reihe seiner Briefe liegen Exzerpte und Kopien
Elmauer Reden bei, während Max von Baden immer
wieder auf Johannes Müllers Deutungen des Krieges
in den „Grünen Blättern" zu sprechen kam und zu-
sagte, sich an geeigneter Stelle für deren offiziöse
Verbreitung in Heer und Heimat einzusetzen.

Erörtert wurde aber auch Familiäres, so 1925 eine
Erziehung von Johannes Müllers Tochter Gudrun in
Salem. Der Plan scheiterte am großen Heimweh des
Mädchens. Am wichtigsten war Johannes Müller
nach dem 9. November 1918 aber, Max von Baden
seelisch beizustehen, der nicht nur aus Adelskreisen
als angeblicher Verräter der Hohenzollernmonarchie
bitter angefeindet wurde. Aus Protest gegen die
Attacken auf den Freund kündigte Johannes Müller
1919 seine Mitgliedschaft im ultra-nationalistischen
Alldeutschen Verband. Der Prinz dankte solche Treue
mit einem Bekenntnis der existentiellen Bedeutung,
die Johannes Müller für ihn besitze – zu Papier
gebracht am 8. April 1924 im Vorgriff auf Johannes
Müllers 60. Geburtstag: *Mein lieber Doktor Müller,
[…] Wenn ich zurückblicke auf die langen Jahre
unserer Bekanntschaft so wird es mir wieder so recht
klar, was ich Ihnen alles zu danken habe. Vor allen
Dingen weiss ich das eine, dass ich die schweren Jahre
seit 1918 nicht hätte bestehen können, ohne innerlich
Schiffbruch zu erleiden, wenn ich durch Sie nicht das
Wesen des Glaubens u. die Macht verstehender Liebe
kennen gelernt hätte. So verdanke ich es letzten Endes
Ihnen, wenn ich ohne Schaden an meiner Seele zu
nehmen – u. ich glaube, dass ich dies behaupten darf –
durch diese furchtbare Zeit hindurchgekommen bin.*

Quellen- und Literaturauswahl

(vgl. das Literaturverzeichnis am Schluss des Bandes)

Korrespondenz Prinz Max von Baden / Johannes Müller im
    Schlossarchiv Elmau und im Generallandesarchiv Karlsruhe,
    Nachlass Prinz Max von Baden (FA-N 5793, 5963)

Müller, Geheimnis.- Ders., Blätter

Haury, Elmau

im Engadin, 1913. Haus Baden

Paulcke an Prinz Max, 12.8.1917.
GLA FA-N 5817

[Nach Sieg in Russland:]
Nun hoffe ich, dass man endlich bei mir
daheim mit den dauernden Friedensreden
aufhört, damit der Gegner nicht immer und
immer wieder glauben gemacht wird, wir
könnten nicht mehr! Denn das ist doch der
einzige Schluss, den besonders England aus
den Friedensdebatten bei uns zieht.
Wie geht es gesundheitlich, wie geht es in
Salem? Von Herzen alles Gute und die
innigsten Wünsche und Grüße an Alle.
In steter Treue
MW *[Signet Max / Wilhelm]*

Der Begeisterte

Wilhelm Paulcke (1873–1949)

VON KONRAD KRIMM

Zum engsten Kreis um den Prinzen gehörte Wilhelm Paulcke sicher nicht. In die Entscheidungen von 1917/18 war er nicht einbezogen, zur Politik fehlte ihm ohnehin der Kontakt, in den Erinnerungen des Prinzen wird er nicht erwähnt. Ein gemeinsamer Freund war allenfalls der badische Minister des Kultus und des Unterrichts, Franz Böhm (1861–1915, Minister 1911– 1915); vor dem Krieg engagierte Böhm sich stark für den Badischen Pfadfinderbund, dessen Protektorat Prinz Max übernahm, und 1914 für eine badische Jugendwehr. Auf diesem Terrain scheinen sich die Interessen – lange vor der Salemer Schulgründung – auch mit denen Wilhelm Paulckes getroffen zu haben: Paulcke war Erzieher durch und durch. Das Thema sollte nach dem Krieg in die Mitte seiner Berufstätigkeit rücken. Zunächst aber war erst einmal der Prinz selbst zu erziehen: Paulcke begeisterte ihn für Skifahren und alpine Hochtouren. Prinz Max war zwar keinesfalls unsportlich; 1907 hatte er mit Richard Schlögler schon 3000er-Touren in den Dolomiten gemacht. Als der Prinz bei einer Wintersportausstellung in Triberg 1909 Paulcke kennenlernte, war der aber bereits berühmter Sportpionier; er hatte 20 Jahre früher die Anfänge des Skilaufens im Südschwarzwald erlebt und geprägt, hatte als erster im Winter das Berner Oberland durchquert, hatte Sportvereine gegründet und hatte vor allem das Skifahren auch in die preußische Armee eingeführt, gegen das erhebliche Misstrauen der alten Generalität. Als der Krieg dann ausbrach und so rasch nicht wieder aufhörte, konnte er Ludendorff vom Nutzen

eigener Skibataillone im Winterkrieg überzeugen.

Seine Herkunft gab Paulcke wohl das Selbstvertrauen, das für solche Karrieren und Erfolge nötig war. Als Sohn eines Pharmaindustriellen war er in München und Davos aufgewachsen, nach dem Tod seiner Eltern im reichen Baden-Badener Bürgertum. Der Umgang mit der gesellschaftlichen Elite fiel ihm leicht, so gab es auch zum Prinzen keine Hürden der Konvention zu überwinden. Der Prinz bewunderte und liebte ihn; die Fotos der Engadiner Wanderungen und Hüttenaufenthalte mit dem Ehepaar Paulcke von 1912/13 lassen glauben, man sehe Bilder aus der Jugendbewegung (Prinz Max war 45, Paulcke fast 40). In der Korrespondenz erhielt diese Engadiner Bergwelt später eine Dimension der Verklärung, die erst durch die Folie von Krieg und Zusammenbruch richtig zu verstehen ist. Aber die Sehnsucht nach den *lichten Höhen*, nach dem Entkommen aus der verschatteten Gegenwart gehörte durchaus auch schon zur Atmosphäre der Vorkriegsjahre. Wenn es Paulcke (der Geologe war, aber Maler hatte werden wollen) in einem seiner Bergpanoramen später gelang, dieses entrückte Firnlicht mit der dunklen Tälerwelt zu kontrastieren, dann traf er einen Wunschton. Die Suche nach Befreiung und Heilung hatte den Prinzen ja auch zu den Vorträgen von Johannes Müller gebracht. Paulcke hatte mit solchen Weltträumen wohl weniger im Sinn, aber Sehnsucht und Licht waren auch zentrale Motive im „Tristan", den Prinz Max dem Ehepaar Paulcke im Engadin vorlas (und noch die Gedichtzeilen *Lead, kindly Light* von John Henry

Wilhelm Paulcke, wohl Graubündner Landschaft, 1930, Öl auf Leinwand. Privatbesitz

Newman, die der Prinz offenbar bis zum seinem Tod bei sich trug, beschworen diese Suche nach dem Licht als Erfüllung des Lebens).

Die Freundschaft mit Prinz Max erfuhr auch Belastungen. Paulcke reiste 1913 für seine geologische Forschung längere Zeit durch Amerika, das traf den Prinzen. Im Krieg schienen sich die Wege vollends zu trennen. Paulcke ging im Militärdienst auf, organisierte Schneeschuhtruppen für die Ostfront und wurde an den türkischen Verbündeten ausgeliehen, um an der armenisch-russischen Grenze Soldaten für den Winterkrieg auszubilden (so gelangten 1500 Ski von Freiburg in den Kaukasus). In den hochalpinen Stellungskämpfen gegen Italien formulierte er eine Instruktion für den Gebirgskrieg, die an militärischer Härte nichts zu wünschen übrig ließ. Für die caritas inter arma, die Prinz Max zu seiner Berufung gemacht hatte, fehlte ihm das Verständnis und er scheint dies auch so formuliert zu haben. In der Kriegsgesellschaft vertrat er den Typ des Soldaten, der bedingungslos und mit all seinen Fähigkeiten kämpft – auch über das Ende hinaus. Trotz einer

schweren Verwundung organisierte er in Karlsruhe
nach dem Zusammenbruch eine Studentenwehr; sie
spielte in den Auseinandersetzungen von Räten und
Volkswehr zwar keine Rolle, signalisierte aber den
Willen, auch gegen den „inneren Feind" militärisch
präsent zu sein. Als erster Rektor der Karlsruher
Technischen Hochschule nach dem Krieg verstand er
sein Amt in diesem Sinn als Aufgabe, die studentische
Jugend, die den Krieg nicht kennengelernt hatte, vor
der *Erschlaffung, der Verweichlichung* zu bewahren
und sie für die künftigen großen nationalen Aufgaben
zu erziehen. Mit Verhandlungsgeschick führte er
Schießübungen für Studenten ein und verankerte
gegen den Willen der badischen Regierung den Pflicht-
sport nach und nach im Alltag der Hochschule – so
wirksam, dass es für die Nationalsozialisten dann ein
Leichtes war, daraus den allgemein verbindlichen
Wehrsport zu machen.

Und Prinz Max? Es scheint keine Quellen aus der
Nachkriegszeit zu geben, die über die Auseinander-
setzung mit Wilhelm Paulcke und dessen Vorstellung
nationaler Erziehung Auskunft geben könnten.
Diese Auseinandersetzung muss aber stattgefunden
haben; wie schon vor dem Krieg war das Ehepaar
Paulcke auch jetzt wieder in Salem, war in das
Familienleben mit einbezogen und machte regelmäßig
Ferien in Kirchberg (das belegen nicht zuletzt Boden-
see-Ölskizzen Paulckes von Kirchberg aus, auch
Porträt-Fotos des Prinzen auf der Kirchberger
Terrasse stammen von Wilhelm Paulcke). Undenkbar,
dass die Erziehungskonzepte der Salemer Schul-
gründung nicht zur Sprache kamen. Der national-
konservative Grundgedanke war auch aus dem Salemer
Programm nicht wegzudenken. In Salem mischte er
sich freilich mit ganz anderen Erziehungstraditionen.
Dem ausgeprägten Sozialdarwinismus bei Wilhelm
Paulcke standen Postulate des Mitleids und der
Fürsorge für Schwächere entgegen; der Beitrag von
Eveline Dargel führt in unserem Band in diese
Problematik ein. Paulcke vertrat eine allein von der

*Marie Paulcke und Prinz Max, wohl im Engadin, 1912,
Aufn. Wilhelm Paulcke. GLA N Paulcke 274*

*Prinz Max, Marie und Wilhelm Paulcke in der Sciorahütte, 1912.
GLA N Paulcke 274*

*Wilhelm Paulcke, Immenstaad von Schloss Kirchberg aus,
um 1912, Öl auf Karton. GLA N Paulcke 142*

militärischen Tradition geformte Position. Auch er
war Freund des Prinzen, sein Denken stand für eine
Möglichkeit des Diskurses, dem der Prinz begegnete.
Beider Erfahrungen deckten sich ein Stück weit – in
anderen waren sie sich fremd.

Quellen- und Literaturauswahl
(vgl. das Literaturverzeichnis am Schluss des Bandes)

Nachlass Wilhelm Paulcke: Generallandesarchiv Karlsruhe,
N Paulcke

Krimm, Ertüchtigung

*Wilhelm Paulcke beim Malen der Ansicht von Immenstaad,
Prinz Max und Prinz Berthold in Kirchberg, um 1912.
GLA N Paulcke 273*

*Marie Paulcke, Prinz Max und Unbekannter,
wohl im Engadin 1912, Aufn. Wilhelm Paulcke.
GLA N Paulcke 274*

*Schneeschuhe des Prinzen Max, um 1912.
Haus Baden*

Die Welt
im Krieg

Deutsche Kriegsgefangene im Lager La Pallia,
September 1916, Randvermerk von Karl Bohny:
die Verhältnisse haben sich seitdem wesentlich
verbessert.
GLA FA-N 5478 # 25

Großherzogin Luise an Prinz Max, 1.11.1916.
GLA FA-N 5803 # 21,3

[Diktat:]
Wie wertvoll waren deine Mittheilungen über die
Stimmungen, die dich umgeben und denen Du
begegnest. In Vielem heißt es: Warum so spät?
Gott gebe, daß es nicht zu heißen brauche: <u>zu</u> spät.
Aber da steht ja unsere unerschütterliche Zuversicht
in glaubensstarkem Gottvertrauen.

[eigenhändig:]
Gott befohlen Deine treue alte Tante Luise

Ferdinand Keller,
Großherzogin Luise
im Lazarett, 1917,
Öl auf Leinwand.
GLA, 69 Badische
Schwesternschaft 569

Die Unermüdliche

Großherzogin Luise von Baden (1838–1923)

VON ILONA SCHEIDLE

Zu Weihnachten 1918 erschien der traditionelle Geschenkdruck der Badischen Schwesternschaft vom Roten Kreuz. Es war eine letzte Verlautbarung an die Heimatfront seitens des Vereins und eine Zueignung der Großherzogin Luise von Baden an die Bevölkerung. Knapp sechs Wochen nach Waffenstillstand verteilten die Luisenschwestern die Weihnachtsbotschaft der ehemaligen Landesfürstin; sie reagierten damit auf den Aufbruch in die erste deutsche Demokratie. Die Sprüche *Ehre sei Gott in der Höhe, und Friede auf Erden, und den Menschen ein Wohlgefallen! (Lk 2,14)* sowie *Nun aber bleibet Glaube, Liebe, Hoffnung, diese drei. Aber die Liebe ist die größte unter ihnen. (1. Kor. 13,13)* waren die zentralen Aussagen des Einblattdruckes.[1] Als religiöse Schrift fügte sich das Blatt in die geistliche Erbauungsliteratur der Landesfürstin, die sie in Kriegszeiten veröffentlichte, wie „Ich weiß, daß mein Erlöser lebt. Glaubensworte für Tage der Prüfung" oder „In den ernsten Tagen des Jahres 1917".

Der Druck von 1918 war typografisch aufwendig gestaltet, er betonte durch Majuskeln und Farbführung den Imperativ *Ehre Gott* und die Botschaft *Friede auf Erden* und *Glaube, Liebe, Hoffnung*. Der weiße, hell aufscheinende Grund hob die Botschaft der Bibelsprüche im Zentrum hervor, während weihnachtliche Accessoires wie Tannenzweige, brennende Kerzen und Hexagramme mit Strahlenkranz in den vier Ecken sowie seitlich platzierte Wortmarken auf getöntem Grund die Botschaft farblich abrundeten. Linksseitig war *Gott mit uns!*, das Vereinsmotto des Badischen Frauenvereines, positioniert, während

rechtsseitig die Affirmation *Seid getrost und unverzagt!* zu lesen war.

Als offizielle Verlautbarung des Badischen Frauenvereins brachte der Druck die Leitlinie der weiblichen Führungselite zum Kriegsende an die Öffentlichkeit. In der Tradition herrschaftlicher Emblematik gestaltet, arbeitete er wie schon seit Kriegsbeginn mit Wahlsprüchen, um Frauen und Mädchen für den Kriegsdienst zu mobilisieren. Zahlreich und vielfältig war das weibliche Geschlecht in den fünf Kriegsjahren zum weiblichen Dienst am Vaterland aufgerufen worden; konkret wurde um das Opfer von so genannten Liebesgaben geworben. Gemeint waren damit freiwillig erbrachte Leistungen, die besonders im Rahmen des Nationalen Frauendienstes geleistet wurden und zur Mobilmachung von Frauen für die Kriegswirtschaft dienten. Sie ermöglichten die kriegsnotwendige Organisation der Heimatfront. Es entstanden Sammelstellen und Einkochküchen für Obst und Gemüse, Produktlisten für die Kriegswirtschaft, Empfehlungen über konservierungsgeeignete Naturalien, Kochkisten und deren Verbreitung, Organisationsnetze für Eierversandkisten in Schulen oder Sammelwägen für Gemüse auf Wochenmärkten. Das Badische Kriegskochbuch wurde als praktisches Handbuch für die häusliche Wirtschaft jeden Standes vertrieben oder Socken, Winterdecken und dergleichen mehr eingeholt und versandt. Unzählige Sammlungen wurden durchgeführt wie die von ausgegangenen Frauenhaaren oder ganzen Zöpfen. Sie dienten der Kriegsfinanzierung, bekannt wurde das Motto *Gold*

Geschenkdruck der Badischen Schwesternschaft vom Roten Kreuz,
Weihnachten 1918. GLA 69 Badische Schwesternschaft 913

gab ich für Eisen, und sie versuchten, der Verrohung
des Lebens im Krieg mit Spenden etwa für die
Schützengrabenbücherei zu begegnen.

Spenden für Kriegswahrzeichen wie das *Kreuz in
Eisen* der Stadt Heidelberg dienten der Identitäts-
stiftung als nationale Volksgemeinschaft unter Waffen
und wurden als symbolischer Staatsakt inszeniert.
Bei Anwesenheit der großherzoglichen Familie wurden
solche Akte mit vollem Protokoll eröffnet, durchgeführt und abgeschlossen. Seite an Seite mit staatstragenden Organisationen stand dann Luise von
Baden in ihrem schwarzen Witwenornat allen voran
neben den Akteurinnen des Badischen Frauenvereins.

1918 beschloss das Kriegsende mehr als die Ära des
Kaiserreiches. Mit der Abdankung von Kaiser und
Fürsten endete das Gottesgnadentum in Deutschland und seine seit vielhundert Jahren gültige Werte-
ordnung. Die Rot Kreuz Schwesternschaft veröffentlichte in ihrem Schwesternbrief nun das Diktum der

einstigen Landesherrin als Devise. Es galt, den Umbau
von der Kriegs- zur Friedensarbeit zu organisieren
und die allgemeine Demobilmachung der Heimatfront wie auch den friedlichen Umbau in eine post-
monarchische Gesellschaftsordnung zu ermöglichen
– mit dem Segen der alten Landesmutter.

Diesen Titel hatte sich Luise durch ihren unermüd-
lichen Einsatz für Land und Leute erarbeitet, während
sie zweiundsechzig Jahre lang steuernde Akteurin
der regierenden Fürstenfamilie gewesen war. Zahl-
reiche Nachrufe von 1923 würdigten ihre herausragenden Leistungen, seitdem die Prinzessin von
Preußen 1856 als siebzehnjährige Königliche Hoheit
nach Baden gekommen war. Die Geburten von Erbprinz Friedrich II. (1857), Prinzessin Victoria (1862)
und Prinz Ludwig Wilhelm (1865) machten die
Tochter des ersten Kaiserpaares zur leiblichen und
dynastischen Mutter von Baden. Zur Landesmutter
im politischen Sinne wurde die Hohenzollerin durch
ihr Lebenswerk, den Badischen Frauenverein, dem
die Badische Schwesternschaft vom Roten Kreuz,
die Luisenschwestern, als Abteilung III angehörte.

1859 hatte die einundzwanzigjährige Fürstin den
Verein wegen Kriegsdrohung gegründet und dauerhaft
sowohl mit Kriegs- als auch mit Friedensaufgaben
ausgestattet. Zur Förderung der Erwerbsarbeit, der
Bildung, der Armen- und Krankenpflege baute sie ein
eigenes „Reich der Frauen" auf mit der operationalen
Struktur des "von und für Frauen und Mädchen".
Den umfangreichen Gremiensitzungen wohnte die
Landesfürstin in der Regel persönlich bei und ent-
schuldigte sich für etwaige Verhinderung. Unter be-
ratender und finanzieller Mitwirkung der staatlichen
Verwaltung und von männlichen Beiräten wurde ein
nahezu flächendeckendes badisches Netzwerk etabliert.
Die staatlich anerkannte Frauengemeinschaft war
wertekonservativ ausgerichtet, platzierte Führungs-
ansprüche und behauptete sie. So auch während des
Ersten Weltkrieges, als Rot Kreuz Schwestern mit
Weisungen von nicht autorisierten Rot Kreuz Männern

konfrontiert wurden. Doch Entscheidungen, die für die Frauenwelt der Rot Kreuz Schwestern als relevant galten, waren allein von der Generaloberin Mathilde von Horn und ihren Oberinnen zu treffen, gemäß ihrem Status als eigenständige Mitgliedsorganisation der Genfer Konvention.

Infolge von Krieg und Revolution verlor nun die renommierte Massenorganisation der Frauenwelt die direkte Protektion und vorrangige Behandlung durch das Fürstenhaus. Doch bis zum Tode der

„fürstlichen Arbeiterin" blieb die alte Großherzogin der lenkende Geist des Vereins und Sympathieträgerin für eine monarchische Restauration.

Den disziplinierten und leibhaftigen Einsatz der Landesfürstin mittels eines ihrer unzähligen Lazarettbesuche in Karlsruhe, Heidelberg, Freiburg, Pforzheim, Mannheim oder anderswo zeigt das große Gemälde *Großherzogin Luise von Baden am Bett eines Kranken* von Ferdinand Keller. Dargestellt ist der persönliche Einsatz der Fürstin im Jahr 1917. Großformatig im

Deutsche Austauschgefangene in der Karlsruher Festhalle mit Großherzogin Luise und Prinzessin Marie Louise von Baden, 3. 3. 1915. Unterschriften wohl als Widmung für das Ehepaar Bohny. Privatbesitz

Großherzogin Luise von Baden mit ihrer Tochter,
Kronprinzessin Victoria von Schweden, nach 1907.
GLA 69 Baden, Sammlung 1995 F I Nr. 1363

vierten Kriegsjahr gefertigt, stellte das Werk im Sinne patriotischer Propaganda die Fürsorge der Fürstin für die leidende Bevölkerung dar: In schwarzer Witwentracht beugt sich die Fürstin mit dem roten Kreuz auf weißer Binde am Arm, dem Emblem der Luisenschwestern, als greise Landesmutter zum kranken Soldaten hinunter. Im direkten Blickkontakt und ins Gespräch vertieft, empfängt er von ihr einen Strauß Schlüsselblumen.

Die Blätter der Badischen Schwesternschaft vom Roten Kreuz lieferten die dazugehörige Erzählung: *Königliche Hoheit – was soll aus mir und meinen Kindern werden?* Mit diesen Worten habe sich ein beidseitig beinamputierter Soldat, dessen Frau gestorben war, Hilfe suchend an die Landesfürstin gewandt. Die in Schwarz-Weiß-Rot, den heraldischen Farben des Kaiserreiches gekleidete Fürstin ergriff die existentielle Not des Kriegsinvaliden, sie spendete durch ihren persönlichen Zuspruch nicht nur Trost, sondern charakteristischerweise auch Hoffnung auf eine Linderung seiner prekären Lage, indem sie ihm entgegnete: *Keine Sorge, die alte Großherzogin lebt immer noch!*[2] Bild- und Texterzählung bildeten Stereotype des öffentliches Auftritts ab. Es wäre aber falsch, die Tätigkeit der Großherzogin auf solche affirmativen Akte zu verkürzen. Tatsächlich bemühte sie sich auch in zahllosen Einzelfällen um wirkliche Hilfe – und gerade hier gingen ihr Wirkungskreis und der des Prinzen Max ineinander über. Sie verstand es erstaunlich geschickt, die vielen verwandtschaftlichen und freundschaftlichen Kontakte der Vorkriegszeit nach England, Frankreich und Russland auch während des Kriegs aufrecht zu erhalten, meist durch Korrespondenz über die Schweiz, etwa über die Prinzessin Leonille von Sayn-Wittgenstein in Ouchy. Auf diesen Wegen erreichten sie Vermittlungsbitten für Kriegsgefangene in deutschen Lagern aus ganz Europa, die sie regelmäßig an Prinz Max weiterleitete. Freilich waren und blieben es Einzelfälle, den Kriegsverlauf änderte das nicht. Es waren aber zugleich Zeichen der Menschlichkeit, die auch den Krieg überdauerten.

Erst 1923 starb mit ihr das Konzept einer durch Landesmutterschaft weiblich legitimierten Herrschaft. Wie niemand im deutschen Hochadel verkörperte die „alt' Luis'" als Kaisertochter, Ehefrau des Kaiserproklamators und Tante des letzten Kaisers und des letzten Reichskanzlers das Prinzip eines verantwortungsvollen, aufgeklärten Fürstenstaates.

Auch ihr Handschreiben, das sie nach ihrer Flucht aus der Residenz auf Schloss Zwingenberg am 16. November 1918 an die Generaloberin Mathilde von Horn richtete, zeigt die für sie charakteristische Mischung aus staatsmännischer Analyse und weiblicher Raison: *Die Unermesslichkeit der Prüfungen, die, wie über unser ganzes deutsches Vaterland, so insbesondere über unsere liebe treue Badische Heimat gekommen sind [...] haben auch für mich schwer zu überwindende Folgen. Ich schweige über alles [...]. Zu den vielen Opfern, die mir auferlegt sind, und die ich still zu tragen suche, durch Gottes Gnade gestärkt und gestützt, gehört ein ganz besonders schweres, es ist dasjenige Karlsruhe fern bleiben zu müssen und genötigt zu sein, auf die mir fast unentbehrliche Arbeit zu verzichten, die ein ganz besonderer Segen für mein ganzes Leben gewesen ist und bleiben wird. Arbeit in unserem teuren Badische Frauenverein, für unsere teure Badische Heimat, mit Ihnen allen, die Sie so unermüdlich Ihre Kraft und Zeit den Aufgaben widmen, die in immer wachsendem Maße entstanden sind [...], aber ich bin der festen Zuversicht, dass bessere Zeiten kommen werden und mein Vertrauen ist nicht zu erschüttern. Es ist vor allem Gottvertrauen und dieses Gottvertrauen vereint uns alle, ich weiß es. [...] Wir bleiben vereint und blicken empor zu Demjenigen, der uns durch dunkle Zeiten zu lichtern Höhen führen wird, Gott mit uns!*.[3]

Im heißen Sommer 1914 war die verwitwete Großherzogin mit ihrer Tochter, Königin Victoria von Schweden, in der Sommerfrische auf der Familieninsel Mainau gewesen und hatte von dort aus mit größtem Interesse die Konstanzer Gespräche kirchlicher Vertreter aus England und Deutschland zur Erhaltung des Friedens verfolgt. Bei Kriegsausbruch eilten beide nach Karlsruhe, damit die Großherzogin in der Landeshauptstadt bei der Mobilmachung ihre caritativen Aufgaben erfüllen konnte. Im Chaos des Kriegsendes stand Victoria ihrer Mutter wiederum zur Seite, diesmal, um das Ende der Landesherrschaft geordnet zu ertragen und als Teil der Lebensaufgabe „Pflichterfüllung" zu verstehen. Für beide Frauen war die „Pflicht" seit langem zum Kernbegriff geworden (vgl. den Beitrag Jarlert über Königin Victoria), für Großherzogin Luise spätestens seit den familiären Katastrophen des Jahres 1888. Dass auch das schicksalsergebene Ertragen der humanitären Katastrophen des Weltkriegs, des millionenfachen Todes von Menschen zu dieser immer wieder betonten Pflichterfüllung zählten, gehört zu den tragischen, letztlich unbegreiflichen Merkmalen einer Zeit.

Quellen- und Literaturauswahl
(vgl. das Literaturverzeichnis am Schluss des Bandes)

Archiv der Badischen Schwesternschaft vom Roten Kreuz (Luisenschwestern), Generallandesarchiv Karlsruhe 69 Badische Schwesternschaft
Archiv des Badischen Frauenvereins vom Roten Kreuz, Generallandesarchiv Karlsruhe 443
Nachlass der Großherzogin Luise (im Großherzoglichen Familienarchiv), Generallandesarchiv Karlsruhe FA-N

Lutzer, Frauenverein

---

1 GLA 69 Badische Schwesternschaft Nr. 913.
2 Ebd., Nr. 1361 (14).
3 Ebd., Nr. 1064.

Carl und Mary Bohny, Prinz Max von Baden,
Bahnhof Konstanz, Juli 1915.
Privatbesitz

hierüber etwas ausführlicher auszulassen. Am ersten
Mai beginnt der Transport der in der Schweiz zu inter-
nierenden Franzosen je nach der raschen Arbeit der
Commission werde ich täglich oder jeden zweiten Tag
einen Zug mit 500 Mann befördern können.
Der Transport dürfte zwischen 10-15 Mai beendet
sein. Unmittelbar anschliessend erfolgt der Austausch
der Schwerverwundeten Konstanz – Lyon – Konstanz.

Carl Bohny an Prinz Max, 22.4.1916. GLA FA-N 5747

[Diktat, Mary Bohny:]
Am ersten Mai beginnt der Transport der in der Schweiz zu inter-
nierenden Franzosen, je nach der raschen Arbeit der Commission
werde ich täglich oder jeden zweiten Tag einen Zug mit 500 Mann
befördern können. Der Transport dürfte zwischen 10-15 Mai
beendet sein. Unmittelbar anschließend erfolgt der Austausch der
Schwerverwundeten Konstanz – Lyon – Konstanz. …

[eigenhändig:]
In Erwartung Eurer Hoheit Befehle
bin ich mit ehrerbietigsten Grussen
Eurer Hoheit ergebenster
Oberst Bohny

In Erwartung Eur. Hoheit Befehle
bin ich mit ehrerbietigsten Grussen
Eur. Hoheit ergebenster
Oberst Bohny

Die Neutralen

Carl und Mary Bohny (1856–1928 / 1864–1950)

VON ENRICO VALSANGIACOMO

Carl Bohny kam in Basel am 4. April 1856 zur Welt. Seine Jugend- und Bildungsjahre sind durch außergewöhnliche Auslandserfahrungen charakterisiert. Schon während des Medizinstudiums wollte er sich möglichst vielseitig ausbilden; so ging er nach den ersten Semestern nach Kiel, wo Friedrich von Esmarch Chirurgie lehrte (er gründete 1882 den Deutschen Samariter Verein), und dann nach Heidelberg zu einem anderen berühmten Chirurgen, Vincenz Czerny. Nach dem Staatsexamen in Basel fuhr er wieder ins Ausland, zunächst nach Dresden als Assistent des Gynäkologen Franz von Winkel, dann nach Wien zu den damals bedeutendsten österreichischen Chirurgen, Theodor Billroth; schließlich ging Bohny nach Paris und London, hauptsächlich um seine Sprachkenntnisse zu erweitern. Als Bohny zurück in die Schweiz kam, wurde er als Kurarzt in Davos engagiert, wo er über ein Jahr wirkte. Bei seiner Rückkehr nach Basel 1883 erhielt Bohny die Anfrage einer belgischen Adligen, als ihr Leibarzt tätig zu werden. Während einiger Jahre lebte Bohny in einem Schloss in der Nähe von Brüssel – eine einzigartige Erfahrung, die ihm später nützlich sein sollte. 1887 eröffnete er in Basel eine eigene Praxis; während mehr als 25 Jahren – bis zum Kriegsausbruch – war er als Arzt und Geburtshelfer tätig.

Neben seinem Beruf war Carl Bohny vor allem zugunsten der Armeesanität und des Schweizerischen Roten Kreuzes aktiv: Die Erfahrung bei Friedrich Esmarch hatte bei ihm den Nährboden dafür gelegt. Dank seiner organisatorischen Fähigkeiten machte

Bohny im Militär eine schnelle Karriere. 1889 wurde er zum Major und Brigadearzt und zehn Jahre später zum Oberstleutnant und Divisionsarzt ernannt. 1905 ordnete ihn der schweizerische Bundesrat in die Direktion des Schweizerischen Roten Kreuzes ab. 1906 zum Oberst ernannt, nahm er 1907 als Mitglied der Schweizer Delegation an der Internationalen Konferenz der Rotkreuzvereine in London teil. Infolge der neuen schweizerischen Militärorganisation hatte in diesen Jahren auch die freiwillige Sanitätshilfe eine neue Gliederung erhalten. Damit sie im Ernstfall einen effizienteren Einsatz gewährleisten könnte, sollte sie unter der ausschließlichen Befehlsgewalt einer einzigen Person stehen. Dafür schuf man die Position des Rotkreuzchefarztes; am 31. Dezember 1910 betraute der Bundesrat Oberst Carl Bohny mit dieser Funktion.

Das Schweizeriche Rote Kreuz (SRK): Mobilmachung und Verwundetentransporte

Unmittelbar nach der Kriegserklärung Österreichs an Serbien versammelte sich die SRK-Direktion am 2. August 1914; statutengemäß übernahm der Rotkreuzchefarzt die Leitung. Die wichtigste Aufgabe des SRK war die Unterstützung des Sanitätsdienstes der Armee: durch Beschaffung von Finanzmitteln (Geldsammlung), den Gabenaufruf von Material (für Bekleidung, Ernährung, Erfrischung, Reinlichkeitspflege usw.), durch die Errichtung von Rotkreuz-

Lazarettwaggon eines Austauschzugs des Schweizer Roten Kreuzes, Aufn. aus: Der Winter 1914/15 an der Grenze, Basel 1915

Depots mit Sanitätsmaterial in allen Kantonen, die Einrichtung von Rotkreuz-Kolonnen (für den Transport verwundeter Soldaten), endlich durch die Führung der Rotkreuz-Detachemente (weibliches Pflegepersonal, das jede Schwesternschule im Kriegsfall dem SRK zur Verfügung zu stellen hatte). Gleich nach Beginn der Mobilisation konnte das SRK auf 24 Detachemente zu je 40 Pflegerinnen zählen. Freilich entwickelten sich die Dinge anders: Die Schweiz wurde vom Krieg verschont und das SRK konnte seine Ressourcen für andere Aufgaben verwenden, die sich wenige Monate nach Kriegsbeginn als notwendig erwiesen, wie etwa die Beförderung verwundeter Soldaten der beiden feindlichen Seiten.

Wenige Monate nach Kriegsbeginn war die Zahl der Verwundeten sehr hoch und die beidseitigen Gefangenenlager überfüllt. Früh stellte sich die Frage der Rückkehr in die Heimat für schwerverletzte Soldaten, die auf Dauer kampfunfähig waren. Eine solche Lösung vertraten z.B. das Internationale Rotkreuzkomitee in Genf und Papst Benedikt XV. Kaiser Wilhelm II., Zar Niklaus II. und die britische Regierung stimmten prompt zu. Frankreich war zunächst gegen den Austausch von Offizieren: Ein verwundeter Offizier könne immer noch intellektuelle Dienste leisten, meinte Kriegsminister Millerand. Trotzdem war Anfang 1915 auch Paris mit dieser Initiative einverstanden. Die schweizerische Regierung hatte die

Ausladen Austauschgefangener im Bahnhof Lyon, wohl 1915. Privatbesitz

Entwicklung dieser Frage sehr nahe verfolgt und am 9. Januar 1915 beschlossen, sich als neutrale Partei für diese humanitäre Dienstleistung zu engagieren. In Februar 1915 fragte der Chef des Politischen Departementes (heute Dep. für Auswärtige Angelegenheiten), Bundesrat Arthur Hoffmann, den Rotkreuzchefarzt, ob das SRK den Transport der schwerverwundeten französischen und deutschen Gefangenen übernehmen wolle. Damit begann die wichtigste Tätigkeit des SRK während des Krieges, deren Dreh- und Angelpunkt Carl Bohny und seine aus Frankfurt stammende Frau Mary waren. Oberst Bohny übernahm dabei die „politische" Verantwortung, fuhr als Kommandant bei Transporten mit, beseitigte Hürden und besaß ein derartiges *Ansehen im Auslande* [...], *dass man gar nicht wagte, ihm entgegenzutreten oder zu widersprechen*, schreibt Mary Bohny in ihren Erinnerungen[1]. Die Leitung über das weibliche Personal, den Küchen- und Verpflegungsdienst in den Zügen und die Instandsetzung lag bei der Ehefrau. Ärzte, Mannschaften der Rotkreuzkolonnen und manchmal auch Sanitätssoldaten der Armee be-

Austauschgefangene im Bahnhof Lyon, wohl 1915. Privatbesitz

gleiteten die Züge, Schwestern aus den Rotkreuz-detachementen und Samariterinnen. Austausch-stationen waren Konstanz und Lyon; die Züge sollten die Schweiz bei Nacht durchfahren. Nachdem Italien in den Krieg eingetreten war, organisierte das SRK ab 1916 Züge zwischen Feldkirch und Monza. Als Ansprechpartner für Deutschland hatten Carl und Mary Bohny Prinz Max von Baden – *der stets zugegen war*[2] – und für Frankreich sehr oft den Bürgermeister von Lyon, Edouard Herriot. [Paul] *Deschanel, der spätere Präsident von Frankreich, war auch bei einem Empfange zugegen* […] Aber in Frankreich *wechselten die Persönlichkeiten, die von Paris zum Empfange der Ausgetauschten gesandt wurden, fast immer, und man kam deshalb mit den Prominenten nicht so in Kontakt wie mit den badischen Herrschaften in Konstanz*[3].

Am 3. März 1915 fuhren die ersten Züge, das Jahr über acht Transporte: der zweite im Juli, dann Ende September und Anfang Dezember. Ab Februar 1916 wurden Austausch und Internierung in der Schweiz kombiniert, um Kriegsgefangene pflegen zu können. Etwa 70.000 Kriegs- und Zivilgefangene beider Kriegs-parteien wurden in der Schweiz interniert[4]. Insge-samt betrug die Zahl der Transportierten 80.377 Invaliden und Verwundete (davon 16.780 Deutsche, 29.223 Franzosen und Belgier, 13.675 Österreicher und Ungarn, 17.479 Italiener) in 301 Transporten[5].

Anfangs betrachtete Carl Bohny diese Transporte auch als Werbung für das Rote Kreuz und als Gelegenheit für das Sanitätspersonal, Erfahrungen in Kriegsmedizin zu machen; im Rückblick wollte er damit auch *einer grossen Anzahl Schweizern den Gräuel des Krieges vor Augen zu führen*[6]. Manchmal konnte es passieren, dass der Rotkreuzchefarzt Erklärungen zwischen den Kriegsparteien zu unangenehmen Fällen abzugeben hatte. So beklagte sich die Kaiserliche Deutsche Gesandtschaft in Bern in ihrem Brief vom 12. Juli 1918 über schlechte Behandlung der etwa 250 deutschen schwerverwundeten Kriegsgefangenen, die von Lyon bis Genf in einem unsauberen Zug transportiert worden seien: Bei der Abfahrt in Lyon habe es keine Reinigung der Abteile und der Aborte gegeben, keinen Wechsel der Bettwäsche, Handtücher usw. und auch keine Verpflegung. *Diesen Umständen dürfte es zuzuschreiben sein, dass ein deutscher Soldat noch vor Ankunft des Zuges in Genf gestorben ist.* Dazu hatte der Rotkreuzchefarzt seine Stellungnahme abzugeben. Am 18. Juli antwortete er, dass diese peinlichen Umstände durch die französische Behörde verursacht worden seien; sie habe dem schweizerischen Rotkreuzpersonal verboten, den Zug mit französischen Verwundeten von Genf bis Lyon zu begleiten, und auch Oberst Bohny selbst habe nicht im Zug bleiben dürfen. Solche u. a. Probleme wurden ab 1916 in Bern von den Kriegsparteien diskutiert und diese Zusammenkünfte waren für Bohny einer der besten Beiträge der Schweiz und des SRK an das leidende Europa: *An den Konferenzen in Bern, wo Deutsche, Franzosen, Italiener, Oesterreicher über Austausch und Internierungsfragen verhandelten, nahm der Rotkreuz-Chefarzt als Sachverständiger teil, nachdem schon früher einzelne Verhandlungen ganz direkter Art, von Rot Kreuz zu Rot Kreuz, durch seine Vermittlung in seinem Bureau stattgefunden hatten. Er hatte*

die Genugtuung, zum ersten Male im Kriege feindliche Vertreter zur friedlichen Besprechung zu vereinen[7].

Prinz Max von Baden und das Ehepaar Bohny

Die ersten Kontakte zwischen Prinz Max und dem Ehepaar Bohny fanden vermutlich im März 1915 in Konstanz anlässlich des ersten Invalidenaustauschs statt. Prinz Max widmete sich als Ehrenpräsident des Badischen Roten Kreuzes seit Herbst 1914 der Kriegsgefangenenfürsorge. Aus diesen Kriegsjahren haben sich mehrere Briefe von Mary Bohny an Prinz Max von Baden im Original erhalten sowie publizierte Abschnitte aus Briefen des Prinzen an Mary Bohny. Der Briefwechsel ist in zweifacher Hinsicht interessant: Wir sehen die Zusammenarbeit der kriegführenden Parteien bei der Lösung konkreter Fälle; zugleich ermöglicht er einen Blick auf das Wesen, die Hoffnungen und die innersten Überzeugungen zweier herausragender Akteure dieser tragischen Periode.

Hinsichtlich des ersten Aspekts ist besonders die Vermittlungsrolle von Mary Bohny zwischen Deutschland, Frankreich und England hervorzuheben. Beim ersten Verwundetentransport von Konstanz nach Lyon benutzte sie z. B. das Treffen mit französischen Militärs, um sich über das Los deutscher Offiziere zu informieren und in diesem Sinn auch Anfragen aus Frankreich an Prinz Max weiterzuleiten; auch konnte sie weitere Vermittler wie Suzanne von Montenach, Ehefrau eines adligen Schweizers und Tochter eines Pariser Bankiers, in Verbindung zu Prinz Max bringen.

Für den zweiten Aspekt ist der Geist bemerkenswert, in dem Max von Baden und Mary Bohny die schmerzenden Momente des Krieges erlebten. Selbstverständlich waren die Ausgangslagen verschieden: hochadlig der eine, gut erzogen, aus einer bürgerlichen Familie die andere; wirklich interessant ist aber die vergleichbare Sensibilität der beiden, die über die

Bedingtheiten ihrer Stellung in der Gesellschaft hinaus weist. Einmal abgesehen von den notwendigen Höflichkeitsformalitäten, könnten die Bewunderung und das Bedürfnis des Dankens von Mary Bohny gegenüber Prinz Max freilich übertrieben scheinen; aber die Überfülle der Formeln in diesen Briefen ersetzt keineswegs Aufrichtigkeit und ausstrahlende Menschlichkeit. Der erste, sehr formelle Brief von Mary Bohny an Max von Baden ist vom 15. März 1915 datiert, gerade nach ihrer Rückkehr aus Konstanz. Als ein Vermittlungsversuch für weitere deutsche Gefangene dabei gescheitert war, formulierte sie enttäuscht: *In Frankreich fanden wir eben keine Persönlichkeit wie Hoheit mit solchem Gerechtigkeitssinn und so warmem Herzen. Wenngleich man in den höheren Kreisen mit Hochachtung von seiner Majestät spricht, so herrscht doch ein erbitterter Hass gegen Deutschland, der mich ungemein schmerzlich berührte und der jede bessere Einsicht im Keime erstickt* (1. April 1915). Kurz danach, zwischen April und Mai 1915, reiste sie nach Karlsruhe, und das Gespräch mit Prinz Max bestätigte ihre ersten Eindrücke: *Es ist ja so wundervoll, wenn der Mensch zum Menschen reden darf, wie es mir in gnädigster Weise gestattet wurde, und wenn das warmfühlende Herz, das in diesen blutigen Kriegstagen zu seinem Rechte kommen darf, seine Gefühle nicht in den Schraubstock hergebrachter Sätze einengen muss, die der Schweizerin so schwer fallen* (12. Mai 1915).

Ein Jahr später waren Oberst Bohny und seine Frau Opfer von Beleidigungen, die einen bemerkenswerten Kontext besaßen: Im Januar 1916 war die sogenannte Oberstenaffäre ausgebrochen. Zwei Offiziere der schweizerischen Armee, Friedrich Moritz von Wattenwyl und Karl Egli, waren angeklagt, dem deutschen Generalstab militärische Informationen über die Entente bekannt gegeben zu haben. Die Affäre wirkte sich weniger durch die Fakten als durch die Reaktion der Öffentlichkeit aus. Seit Kriegsbeginn war die Schweiz gespalten: die welsche Schweiz er- griff Partei für Frankreich, die Deutschschweizer für Deutschland und seit 1915 das Tessin für Italien. Mit der Affäre vom Januar 1916 wuchsen die Spannungen, und als die Obersten Ende Februar vom Gericht freigesprochen wurden, löste dies wütende Proteste in der Westschweiz gegen die deutsche Schweiz aus, insbesondere gegen deutschsprachige Mitglieder der Schweizer Armee. Auch das Ehepaar Bohny blieb nicht verschont. Aber wenn der Ehemann die Verbitterung scheinbar schnell überwand, galt dies nicht für Mary Bohny; sie teilte ihre Erschütterung dem Prinzen mit: *Seit unserer Rückkehr haben wir schon Schmähungen in Gestalt von anonymen Briefen erhalten, in denen man uns mit „sales boches" titulierte und mein Mann musste erfahren, dass welsche Zeitungen kränkende Kritik wegen seiner Rede in Berlin an ihm geübt hatten. […] Aber wer bleibt bei diesem Hasse, der die Welt erfüllt, verschont. Ich sollte mich über solche Sachen hinwegsetzen können, aber etwas in meinem Inneren hindert mich daran, ein gewisses Wehgefühl steigt in mir auf und hemmt mich in meiner Arbeit, die ich doch mit ganzer Seele ausführen möchte, ich werde irre an mir selbst* (23. März 1916). Der Schlag war hart, und Max von Baden war sich dessen bewusst, als er am 28. März 1916 antwortete: *Am meisten betrübt mich aus Ihren Mittheilungen die Angriffe zu entnehmen, denen Sie u. Ihr Mann offen u. versteckt ausgesetzt sind. „Sales boches", für uns Deutsche ist dies Wort ja ein Ehrentitel geworden, für Neutrale ist das anders. Sein Gebrauch Ihnen gegenüber spricht nicht für die Tiefe der Dankbarkeit, die Frankreich Ihnen zollen sollte wie Deutschland. […] Dass Sie über diese Dinge ein „wehes Gefühl" haben ist wohl zu verstehen. Es ist das wehe Gefühl über das Sterben des Edlen u. Guten in einer Fluth von Hass und Gift. Wohl jeder Höherstehende kennt heute dies Gefühl. Diesem Zusammenbruch gegenüber bleibt nur das eine zu thun übrig, seinem Gewissen zu folgen u. die Fahne der Menschlichkeit hochzuhalten. Dass das Gute sich irgendwie endlich durchsetzen wird, davon bin ich überzeugt* [8].

Aus dem Dank für Verständnis und Trostworte des
Prinzen entwickelte sich eine sehr persönliche Korrespondenz, in der Mary Bohny auch die Prinzipien
der strikten Neutralität ihrer Tätigkeit, der Neutralität
des Roten Kreuzes überhaupt zu definieren versuchte.
Ihr und ihrem Mann war von Anfang an bewusst, dass
für den Erfolg der Verwundetentransporte neutrale
Haltung fundamental sein würde. Selbstverständlich
konnten die Akteure verschieden aufeinander reagieren;
gleiche Sprache und Kultur und die regelmäßige
Anwesenheit des Prinzen in Konstanz erleichterten
sicher den Kontakt zu Prinz Max. Neutralität setzte
aber Gleichbehandlung der Verwundeten voraus.
Als die französische Botschaft in Bern sich am 12. Juli
1917 bei dem Politischen Departement beklagte,
dass französische Verwundete in Konstanz brutal
behandelt würden, wehrte sich Oberst Bohny, der in
Konstanz anwesend gewesen war und das ganze
Vorgehen verantwortet hatte: *Je proteste contre ces
allégations qui sont un reproche direct envers moi.* Den
Vorwurf der Neutralitätsverletzung konnte er nicht
hinnehmen[9]. Neutralität bedeutete auch absolute
Vertraulichkeit. In ihrem Tagebuch erzählt Mary
Bohny von Zusammenkünften in Deutschland und
Frankreich mit Generälen, Politikern und auch mit
der griechischen Königin, die von ihr strategische
Informationen über den Feind erhalten wollten:
Nie kam darüber ein Wort über meine Lippen […].
Ihre neutrale Haltung begründete sie so: *Man hat
mich oft gefragt, ob ich in meiner Tätigkeit wirklich
neutral eingestellt wäre und nicht doch mehr Sympathie
für die eine oder andere Nation hätte. Mit gutem
Gewissen und aufrichtigem Herzen konnte ich stets
erwidern, dass ich vollständig neutral sei und dies mir
in keiner Weise schwer fiele.*[10]

Karl Bohny, um 1915. Privatbesitz

Eine Freundschaft über den Krieg

Das freundschaftliche Verhältnis zwischen Max von Baden und dem Ehepaar Bohny blieb auch nach dem Krieg unangetastet. Aus Salem schrieb er an Mary Bohny am 16. Juli 1920: *Zu dem Schönen u. Guten, das mir gegeben wurde, wird jedenfalls immer meine Begegnung mit Ihnen u. mit Ihrem von mir so hochverehrten Mann gehören. Die grosse Liebe, die Sie meinen leidenden Landsleuten schenkten u. die unvergleichliche Hingabe, mit der Sie die grosse Aufgabe der Heimführung durchführten, sichern Ihnen beiden meinen Dank u. meine bewundernde Verehrung so lange ich lebe*[11]; und wieder zwei Jahre später, am 14. Juli 1922: *Mit diesen Zeiten sind Sie mir beide fest verknüpft. Es ist ein Unglück für die Welt, dass der Krieg so hässlich zu Ende ging. Wie viel Schönes hätte aus dem, was in Konstanz geschah für eine bessere Ordnung der Dinge unter Menschen die guten Willens gewesen wären, erstehen können. Das ist nun alles verschüttet u. eine Gewaltpolitik ohne gleichen hat den Hass verewigt u. den Krieg in Permanenz erklärt*[12].

Als Max von Baden 1927 seine „Erinnerungen" redigierte, erinnerte er sich an das Wesentliche: oberhalb der humanitären Tätigkeit gab es etwas für ihn wichtigeres, nämlich die Möglichkeit, mit dem Feind dank dem Vertrauen gegenüber dem Vermittler zu kommunizieren: *Schweizer Menschenfreunde wurden mir eine grosse Hilfe. Sie waren unermüdlich tätig, deutsche Wünsche nach Frankreich und französische nach Deutschland zu vermitteln*[13]. Und ein paar Seiten vorher: *Heute, wenn ich von meinem Wohnsitz Salem in das begnadete Nachbarland hinüberschaue, überwiegen für mich die schönen Erinnerungen. Gern gedenke ich einer besonderen Wohltat, die ich meiner Berührung mit Persönlichkeiten wie Dr. Bohny und Frau, Dr. Schwytzer und Ney*[14] *verdanke: man wurde widerstandsfähiger gegen den Kriegstaumel und seinen Anspruch, gesunden Sinn, Menschlichkeit und Gerechtigkeit ausser Kraft zu setzen*[15]. Dem entsprach die

Erinnerung von Mary Bohny: *In Deutschland war es Prinz Max von Baden, der stets zugegen war und uns durch seine grosse Vaterlandsliebe, seine Liebenswürdigkeit, sein menschliches Empfinden und seine ansprechende Leutseligkeit, auch im Verkehr mit den Einfachsten aus dem Volke, einen tiefen und bleibenden Eindruck hinterliess*[16].

Ein letztes Problem für Oberst Bohny: Rotkreuzliga und Zentralmächte

Am 5. Mai 1919, auf Initiative und unter Teilnahme des amerikanischen Rotkreuzvereins, gründeten England, Frankreich, Italien und Japan in Paris die Rotkreuz-Liga, um die Friedensziele für die Rotkreuzorganisationen der Welt zu beraten. Auch die Rotkreuzvereine der neutralen Länder wurden zum Beitritt eingeladen; ausgeschlossen waren dagegen die Rotkreuzvereine Deutschlands und Österreichs, da Frankreich und England nicht wünschten, mit den bisherigen Feinden zusammenzutreffen. Für das SRK war dies problematisch. Die Delegiertenversammlung vom 20. Juli 1919, die erste nach Kriegsende, hatte Oberst Bohny zum Präsidenten des SRK gewählt; in seiner Rede bedauerte er, dass das Wesen dieser neu eingerichteten Rotkreuzliga *unserer demokratischen Anschauungsweise und dem neutralen Gedanken des Roten Kreuzes nicht völlig entspricht*[17]. Insbesondere beschäftigten ihn die Möglichkeiten, Liga und ehemalige Feinde wieder anzunähern: *Der Ausschluss unserer Nachbarn von Norden und Osten* [wird] *unangenehm empfunden und wo sollten sich die Gegner nicht zuerst wieder zusammenfinden als unter der Fahne des Roten Kreuzes, das ja nur humanitären Zwecken dient?*[18] Sollte also das SRK eine Teilnahme ablehnen? Einige Delegierten waren dafür; diejenigen der Westschweiz hatten dagegen für Frankreich und England volles Verständnis, da *die schaurigen Verwüstungen auf dem Kriegsschau-*

platz das Brückenschlagen zwischen den hassenden Völkern zurzeit noch verunmöglichen[19]. Der neue SRK-Zentralsekretär, Carl Ischer, war mit dem Liga-Entscheid nicht zufrieden: *Das Aufgeben des Internationalitätsprinzip* [hat] *entschieden etwas besonders* [Ab]*Stossendes. Vor den Werken echter Humanität sollten keine geographischen oder politischen Grenzen bestehen können – auch am Anfang nicht*[20]. Weiter wurde argumentiert, dass die Schweiz als Ligamitglied eher zur Einbeziehung der noch außenstehenden Zentralmächte beitragen könne[21]. Die außerordentliche Delegiertenversammlung vom 2. November 1919 nahm schließlich unter der Leitung von Carl Bohny den Beitritt mit dem ausdrücklichen Wunsch an, dass die Liga in kürzester Frist alle Staaten einbeziehen solle, damit der Bund wirklich international besetzt sei[22]. Von den Staaten Europas, kriegsführenden und neutralen, war die Schweiz die einzige, die sich im Herbst 1919 noch nicht zum Beitritt entschließen konnte. Entscheidungsschwäche? Absolut nicht; laut Carl Jscher: *Dass wir bei dieser Gelegenheit unsere spezifisch schweizerische Auffassung von Demokratie und Neutralität zum Ausdruck brachten, soll uns nicht gereuen*[23].

Carl Bohny widmete sich dem Roten Kreuz bis zum Ende. 1926 präsidierte er die Internationale Konferenz der Rotkreuzvereine in Bern. Anfangs März 1928 nahm er zum letzten Mal an der Sitzung des Zentralkomitees des SRK teil. Er starb noch im selben Monat, seine Frau 1950.

Quellen- und Literaturauswahl

(vgl. das Literaturverzeichnis am Schluss des Bandes)

Schweizerisches Bundesarchiv, Bern (BAR), Fonds Eidg. Politisches Departement, Durchtransporte, Austausch von Militär …, E 27#1000/721#14044-1
BAR, Fonds Schweizerisches Rotes Kreuz SRK, Direktionsprotokolle, J2.15-02#1969/7#31;
BAR, Fonds SRK, Korrespondenzen, J2.15-02#1969

Briefe von Mary Bohny an Prinz Max von Baden im Nachlass des Prinzen, Generallandesarchiv Karlsruhe, FA-N 5747 und Privatarchiv Nachkommen Carl und Mary Bohny-Pertsch

Jahresberichte Schweizerisches Rotes Kreuz.- Schweizerisches Rotes Kreuz.- Rotes Kreuz.- Prinz Max von Baden, Erinnerungen.- Bohny, Nächstenliebe

Bohny, Oberst Carl Bohny.- Moser, Verwundetenaustausch.- de Weck, Service

1 Nächstenliebe, S. 17.
2 Ebd., S. 7.
3 Ebd., S. 8. *Seine* [Herriots] *hübsche liebenswürdige Frau* [...] *hat mir viele Geselligkeiten erwiesen und durch diskrete Vermittlungen konnten wir durch sie vielen ihrer gefangenen Landsleute Erleichterungen verschaffen.*
4 Moser, Verwundetenaustausch, S. 211 und 218.
5 Das schweizerische Rote Kreuz, S. 77.
6 Ebd., S. 69.
7 Das schweizerische Rote Kreuz, S. 75–76.
8 Erinnerungen, S. 646.
9 Schweizerisches Bundesarchiv, Fonds Eidg. Politisches Departement, Durchtransporte, Austausch von Militär. Ebd. die folgenden Zitate
10 Nächstenliebe, S. 26 und 37.
11 Erinnerungen, S. 647.
12 Ebd., S. 648. Die Lesung *hässlich* ist auch im Original (Archiv Bohny) unsicher.
13 Ebd., S. 76.
14 Alfred Ney, Neutraler Delegierter des Berner Hilfsbüros für Kriegsgefangene in Pfullingen; Fritz Schwytzer, Schweizerisch-deutsche Hilfskommission für notleidende deutsche Kinder.
15 Ebd., S. 79.
16 Nächstenliebe, S. 7.
17 Das Rote Kreuz, N. 15, 1.8.1919, S. 166.
18 Das Rote Kreuz, N. 16, 15.8.1919, S. 179.
19 Das Rote Kreuz, N. 22, 15.11.1919, S. 246.
20 Das Rote Kreuz, N. 19, 1.10.1919, S. 220.
21 Das Rote Kreuz, N. 19, 1.10.1919, S. 221.
22 Das Rote Kreuz, N. 20, 15.10.1919, S. 226 und N. 22, 15.11.1919, S. 246.
23 Das Rote Kreuz, N. 22, 15. 11.1919, S. 247. Österreich wurde in die Liga am 20. April 1921 und Deutschland am 15. Juli 1922 aufgenommen.

Drottning Victoria

P.H. 2169

nach 1907, Ansichtskarte. WGM Rastatt

Königin Victoria an Prinz Max, 10.1.1916.
GLA FA-N 5889

[Nach dem Scheitern der Pläne zum schwedischen Kriegseintritt:]
Gustaf ist wieder ganz in den Händen der beiden Excellenzen
*[Ministerpräsidenten Hjalmar Hammarskiöld und Außen-
minister Knut Wallenberg]* und kümmert sich um nichts.
God bless you dear old boy. God's blessing and help for
the new year, which looks dark enough. Love to all your
dear ones.
A kiss and our sign from loving old
Tory

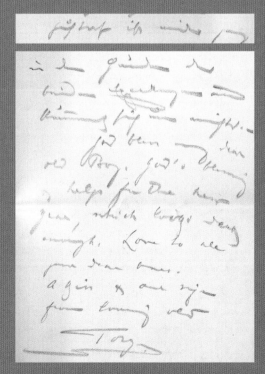

Die nicht ganz Neutrale

Königin Victoria von Schweden (1862–1930)

VON ANDERS JARLERT

Königin Victoria von Schweden (1862–1930) war ein Kind von 1871. Ihr ganzes Leben war von den Ereignissen geprägt, die das Deutsche Reich neu geschaffen und ihren Großvater zum deutschen Kaiser gemacht hatten. Die Kinder von 1871 waren stark beeinflusst durch ihre kombinierte Erfahrung der Schrecken des Krieges und der Euphorie der Reichsgründung. Kaiser Wilhelm I. hatte zwei Enkelkinder, die seit ihren frühen Jahren um seine Gunst wetteiferten: den späteren Kaiser Wilhelm II. und die spätere Königin Victoria. Im Zusammenhang mit der Hochzeit der letzteren hat er gesagt: *Ich liebe das Kind sehr, sie ist sehr einfach erzogen und wird zu den Schweden gut passen.* Victoria war die intellektuell, kulturell und auch theologisch Überlegene der beiden Geschwisterkinder. Sie war auch sehr sensibel. Im November 1893 schreibt sie über ihre Mutter, die Großherzogin Luise: *Well I wonder how it will be with the ‚bread of kindness' instead of the ‚stones of Pflicht'!*. In Anspielung auf das Jesuswort aus Matth. 7,9 beschreibt sie ihre komplizierte Beziehung zur Mutter. Die englische Sprache war ihre familiäre Sprache. Mit ihren Söhnen hat sie englische „nursery rhymes" gesungen und gern englisch gesprochen. Kulturelle oder theologische Verbindungen nach England hatten mit ihrer Einstellung zur englischen Politik nichts zu tun. Das schwere Wort „Pflicht" hat sie jedoch nicht übersetzt, was wohl auch nicht möglich gewesen wäre. Die Spannung zwischen Pflicht und Gnade hat Victoria lebenslang verfolgt.

Bereits 1887 besucht Prinz Max zusammen mit Victorias Bruder Ludwig die damalige Kronprinzessin Victoria in Schweden. Im Sommer 1891 kommt Prinz Max erneut zum Schloss Tullgarn, wo Victoria mit ihrem Gatten, dem Kronprinzen Gustaf, den Sommer verbringt. In den 1890er Jahren beschleunigt sich Victorias Krankheit. Im Herbst 1898 beschreibt Max den Zustand Victorias an ihren Leibarzt Dr. Munthe als *the old story ever again!: Poor thing, she suffers most of all, but I pity you also, it must be horribly near her others are perishing from mortal illness.*

Im Dezember 1907 wird Victoria nach dem Tod ihres Schwiegervaters, König Oscar II., Königin von Schweden. Damit bessert sich ihre lange, „neurasthenische" Krankheit nach und nach, obwohl sie physisch auch weiterhin sehr schwach bleibt. Als Kronprinzessin ist sie in Auswärtigen Relationen ihrem Schwiegervater, in Hofsachen ihrer Schwiegermutter und in Erziehungsfragen ihrem Gatten unterstellt. Als Königin erhält sie ihren eigenen Hof und hat ganz andere Möglichkeiten zu eigenen Initiativen. Sie erhält eine höhere Rangstellung als ihre Mutter. Mit den neuen Pflichten folgen neue Möglichkeiten, nicht nur Beschränkungen.

Dass Schweden im ersten Weltkrieg neutral war, sich das Deutsche Reich aber im Krieg befand, hat die Königin vor einen Konflikt in Bezug auf ihre Loyalität gestellt, einen Konflikt, den es in ihrer Welt nicht geben konnte oder durfte. Nach einer Schilderung des Grafen Ludvig Douglas (schwedischer Reichsmarschall und Sohn der Gräfin Louise Katharine von

Prinz Max mit dem Kronprinzenpaar von Schweden, Victoria und Gustav, Schloss Tullgarn 1890. Wikimedia

Langenstein und Gondelsheim) hielt König Gustaf V., wenn alles seinen gewohnten Gang ging, die Königin von der Politik fern und stützte sich auf die Regierung. Bei Auftreten von Schwierigkeiten suchte er jedoch bei ihr Hilfe und Unterstützung. Da sie die Entwicklung nicht verfolgen durfte, hatte sie Schwierigkeiten, die wirkliche Lage zu beurteilen.

Im Juli 1915 stellt die schwedische Regierung fest, dass die deutschen Aktivitäten, Schweden zu einer aktiveren Außenpolitik zu bewegen, intensiviert wurden. Prinz Max von Baden, der Cousin der Königin, schreibt an den König, und der deutsche Bankier Max Warburg stattet dem Außenminister K.A. Wallenberg einen Besuch ab. Als die Königin Ende Juni aus Deutschland nach Schweden zurückgekehrt war, befürchtet man in Stockholm, dass der König sich in prodeutscher Richtung beeinflussen lassen würde. In einem Schreiben vom 10. Juli an den Reichskanzler erweist sich Prinz Max als Sprecher für schwedische Aktivisten. Dem Prinzen zufolge habe der deutsche Gesandte Hellmuth Lucius von Stoedten die schwedische Lage allzu pessimistisch beurteilt. Gleichzeitig wird der Versuch unternommen, durch Briefe der Großherzogin Luise und des Großherzogs Ernst von Hessen den Zaren davon zu überzeugen, dass er keineswegs die Achtung der anderen Fürsten verlieren würde, wenn er sein Versprechen an die Entente, keinen Separatfrieden zu schließen, brechen würde.

Aus einem Brief der Königin Victoria an Prinz Max vom 1. Juli 1915 geht deutlich hervor, wie die außenpolitischen Aktivitäten in einer sehr familiären Weise behandelt wurden: *Darling Boy, ich habe Mama versprochen, dir Einiges über meine berliner Eindrücke u.s.w. zu schreiben, damit Du es ihr vorlesen kannst.* Die für sie typische Verbindung deutscher mit schwedischen Interessen kommt hier deutlich zum Ausdruck: *Soll Schweden einer großen Zukunft entgegen gehen, muss man sich eilen.* An Max schreibt sie sehr offen, dagegen ist sie *sehr vorsichtig in dem, was ich Gustaf sage.* Immer noch war die Großherzogin Luise eine zentrale Gestalt: *Bitte erzähle Mama, dass ich mir den Muth nahm, mit der Kaiserin über die Sache Falkenhain-Hindenburg etc. zu sprechen. Sie nahm es sehr freundlich auf, sagte, es sei sehr schwierig und sehr bedauerlich, und dass der Kaiser sehr darunter gelitten habe.* Nachdem Victoria in Berlin mit einem Studentenfackelzug geehrt worden war, hatte man sich in Schweden *von socialistischer Seite [...] grün geärgert und seine Wuth und seinen Hass* über sie ergossen, was sie *total unberührt* lässt. Typisch ist hier auch, dass die Königin „sozialistisch" statt mit „z" mit „c", wie auf Schwedisch, schreibt. Für die Sozialisten hat sie nichts übrig: *Es kann einem nur zur Ehre gereichen, von dieser Bande angegriffen zu werden.* Typisch ist auch das englische Ende des deutschen Briefes: *God bless you, darling Boy. With love & our sign your old Tory.*

Am 26. Juli schreibt die Königin über *unsere armen Gefangenen:* Sie hatte einen Brief von *Alix Kaiserin* aus Russland bekommen, mit schlechten Nachrichten. *Es wird alles beim Alten bleiben. Es ist wirklich jammervoll. Offenbar führt man Alix ganz hinter's Licht.* Informationsfilterung war nach Victorias Ansicht oft der Grund, warum die eine oder andere Person etwas Schlechtes getan oder sich in schlechter Weise geäußert hatte. Über ihren Gatten schrieb sie an den schwedischen Entdeckungsreisenden Sven Hedin, dass es sehr traurig sei, dass ihr Gatte keine Möglichkeit gehabt hätte, mit *unseren wunderbaren jüngeren Generalstabsoffizieren zu reden.* Dass auch die Informationen von diesen „wunderbaren" Männern sehr gefiltert waren, schien sie nicht verstanden zu haben. Ihr Enkel, Prinz Lennart, der spätere Graf Lennart Bernadotte zu Mainau, hat 1996 in seinen Erinnerungen über Desorientierung oder Verschleierung von Tatsachen in der Umgebung der Königin geschrieben.

Am 30. Juli heißt es weiter, dass der König *die öffentliche Meinung* fürchte, *er glaubt, er würde ‚sein Volk' nicht hinter sich haben. Er ist mit einem Wort in falschen Auffassungen befangen, die nur nach und nach, mit großer Vorsicht und viel Geduld ihm ausgeredet werden können.* Dass sie selbst in solchen falschen Auffassungen befangen sein könnte, hat sie wohl niemals ausgesprochen, obgleich sie es möglicherweise geahnt hat.

Es ist schwer genug, nur so wenig für das geliebte Vaterland ausrichten zu können, schreibt die Königin an Prinz Max weiter. Jedoch ist die Frage bezüglich ihres Vaterlandes nicht leicht zu beantworten. Es war Teil ihrer fürstlichen Identität, dass sie ein neues Land bekommen würde. Zwei Länder hat sie bekommen,

König Gustav und Königin Victoria von Schweden, Schloss Tullgarn, Postkarte, wohl 1907. WGM Rastatt

Königin Victoria von Schweden als Chef des Preußischen Füsilierregiments Nr. 34, mit Prinz Adalbert von Preußen, Stettin 1909. WGM Rastatt. Rangverleihungen dieser Art waren unter dem europäischen Hochadel üblich, spielten für Victoria als Enkelin Wilhelms I. aber ein besondere Rolle.

von denen das eine, das „demokratische" Norwegen, ihr schon 1905 durch eine friedliche Revolution „abhanden" kam. Für die schwedische Geschichte und Natur hegte sie warme Gefühle. Jedoch war ihre Heimat nicht dort. Es schien, als sei sie sehr deutsch, wenn sie in Schweden weilte, während sie in Deutschland häufig die schwedische Perspektive vertrat.

Am 26. Juli beklagt sich Victoria aufs Neue, dass *Gustaf* [...] *wieder das willige Werkzeug der Herrn Minister* geworden sei. Die Vorstellung, dass ihr Gatte im Rahmen einer konstitutionellen Monarchie verfassungstreu gehandelt hat, scheint in ihrer politischen Welt keinen Platz gehabt zu haben. Deshalb hat sie

sich, wie sie schreibt, wieder in ihr Schneckenhaus verkrochen. Gegenüber einzelnen Feinden (hier den Russen) kann sie sich jedoch eher wohlwollend geben: *sie können ja doch nichts dafür, dass sie in den Krieg getrieben wurden, und auch ihnen* [...] *gönnt man von Herzen, dass sie wieder nach Hause kommen dürfen.*

Am 26. August schreibt König Gustaf an den Prinzen Max, dass er *sehr warme Sympathien für Deutschland* habe, und ferner, dass Schweden, *wenn es in den jetzigen furchtbaren Weltkrieg verwickelt werden sollte, einzig und allein mit Deutschland gehen könnte, denn alle Interessen des Landes, jetzt und für alle Zukunft, liegen auf deutscher Seite.* Jedoch findet er zugleich, dass e*in Offensiv- oder gar Eroberungskrieg* [...] *dem schwedischen Volk so zuwider* [ist], *dass ich nicht im Stande wäre, einen solchen zu beginnen.*

Dass die Königin die schwedische Position verstanden, zugleich aber selbst aus deutscher Sicht gedacht hat, wird in einem Brief an Prinz Max vom 8. September deutlich. Sie schreibt, dass man *immer wieder die strenge Neutralität betont hat,* jedoch auch, dass sie fürchte, es gebe Indizien, dass der Außenminister Wallenberg *auf eigene Faust Russland Versprechungen gemacht hat.* Der gleiche Brief endet mit dem Satz: *I have not time to speak about all the glorious deeds of our beloved troops. God bless them. How proud I am to be German!!!!!.* In englischer Sprache wirkt dieser Satz heute fremdartig und bemerkenswert. Er ist jedoch für Victorias Mentalität typisch.

Am 6. November, kurz vor dem Besuch des Prinzen, heißt es: *It is blissful to think that you are soon coming, darling Boy, and I only pray to God that nothing may come in between to frustrate our joy!* Am bemerkenswertesten war, dass der schwedische Gesandte Arvid Taube in Berlin entgegen der Politik der schwedischen Regierung und allen Anweisungen des Außenministeriums die deutsche Regierung zu überreden versuchte, Schweden in den Krieg zu treiben. Gleichzeitig erkannte er, dass Schweden erst in einer Zwangslage seine passive Position aufgeben würde. Weil man im Auswärtigen Amt auf eine eher langfristige Überredungstaktik setzte, drängten die schwedischen Aktivisten auf stärkere Maßnahmen. Ende Oktober 1915 teilt die Königin Prinz Max mit, dass der Weg für politische sowie militärische Überlegungen bei einem Besuch in Stockholm offen stehe. Nach außen hin könnten solche Gespräche mit den deutsch-russischen Verhandlungen motiviert werden. Während der ersten Tage seines Besuchs (am 15. und 16. November) spricht sich der Prinz mit dem Königspaar für eine Militärkonvention aus. Königin Victoria ist von der Idee eines deutsch-schwedischen Feldzuges nach Petrograd begeistert. König Gustaf tritt vorsichtiger

und abwägender auf. Er warnt vor dem Risiko englischer Flottenangriffe auf die schwedische Westküste sowie dem Mangel von Möglichkeiten, die Armee nach Finnland zu überführen. Prinz Max wird auf Verhandlungen mit dem Ministerpräsidenten Hjalmar Hammarskiöld und Außenminister Wallenberg verwiesen. Der König muss sich streng an die Regierungsform halten und die Frage über Krieg oder Frieden seinen Ratgebern überlassen. Die deutsche Delegation gewinnt nicht mehr als wohlwollendes Interesse. Am 20. November erhält der Prinz von König Gustaf eine endgültig negative Antwort: es wäre unmöglich, das schwedische Volk in einen Krieg gegen Russland zu führen ohne einen triftigen Grund, mit dem das ganze Volk unter einer Fahne versammelt werden könnte.

Königin Victoria muss sich damit abfinden, dass das für sie selbstverständliche Gleichheitszeichen zwischen deutschen und schwedischen Interessen nicht gesetzt wurde: nicht vom König und nicht von der konservativen schwedischen Regierung oder der politischen Rechten. Keiner von diesen war bereit, die Einigkeit bezüglich der schwedische Neutralität zu gefährden. Der Interessenkonflikt, den es in der Vorstellungswelt der Königin nicht geben durfte, war vorhanden. Nach dem Ersten Weltkrieg war *ihr* Deutschland dagegen nicht mehr vorhanden. Danach ist auch ihr persönlicher Konflikt Teil ihrer inneren, persönlichen Geschichte geblieben.

Quellen- und Literaturauswahl
(vgl. das Literaturverzeichnis am Schluss des Bandes)

Briefe Königin Victorias an Prinz Max von Baden im Nachlass Prinz Max von Baden, Generallandesarchiv Karlsruhe (in FA-N)
Bernadotteska Familjearkivet, Stockholm, Drottning Victorias samling

Bernadotte, Gute Nacht.- Carlgren, Neutralität.- Jarlert, Drottning Victoria.- Lagerberg, Stormän.- Westman, Politiska anteckningar

August Rumm (?),
Porträt Anton Fendrich, 1915,
Öl auf Leinwand.
Privatbesitz

Fendrich an Prinz Max, 1.10.1918.
GLA FA-N 6003

Wir wissen alle nicht, was uns die
nächsten Monate bringen. Ich bin voll guter Hoffnung, besonders weil ich sehe, daß
man sich entschlossen hat, in erster Reihe
der Kaiser, die Schleußen der Volkskraft
zu öffnen. Die Wasser werden im Land
der Denker und Dichter und Schaffer nicht über
die Ufer laufen.
In Ehrerbietung
Eurer Hoheit treu ergebener
A. Fendrich

Der einsame Patrouillengänger

Anton Fendrich (1868–1949)

VON MARTIN STINGL

Was ich durch meine Schriften dazu beigetragen habe, die Glut des Krieges zu steigern, wenn ich ihn auch nie anders denn als Verteidigungskrieg empfand, das werden andere an den Dokumenten einmal besser fest-stellen können als ich. Dass ich aber durch wortloses Dulden von viel Schrecklichem im ersten Weltkrieg dem Menschen von Braunau, wenn auch nur den Schatten eines guten Gewissens für seine Mordjahre habe mit verschaffen helfen, das ist mir gewiss.

Mit diesem selbstkritischen Rückblick auf sein literarisches Schaffen während des Ersten Weltkriegs lässt Anton Fendrich seine im Jahr 1953 posthum erschienene literarische Autobiographie *Hundert Jahre Tränen* enden. Als er diese Worte niederschrieb, hatte er die Monarchie, die gescheiterte Republik von Weimar, die Diktatur und die ersten Schritte zu einer neuen parlamentarischen Demokratie in Deutschland erlebt, eine Zeitspanne des extremen Auf und Nieder, geprägt durch zwei Weltkriege, Revolution, Inflation, Zerstörungen, Mangel und Hunger, aber auch durch imperialen Glanz, Wohlstand, industrielle Kraft, technische Innovationen, gesellschaftlichen Wandel und kulturellen Aufbruch – Erfahrungen einer Generation von Menschen, die die Katastrophe des „Dritten Reichs" sowohl mit herbei geführt hatten als auch unter ihr zu leiden hatten, und von denen wohl eher nur Wenige am Ende ihres Lebens in der Lage und bereit waren, ihre eigene Rolle in diesem Geschehen öffentlich kritisch zu reflektieren.

Am 8. April 1868 in Offenburg geboren, fand Fendrich in jungen Jahren Anschluss an die Sozial-demokratie, in einer Zeit, als die Sozialistengesetze noch in Kraft waren. Führende Köpfe der Arbeiter-bewegung wie Oskar Geck, mit dem er in Freundschaft verbunden war, sowie August Bebel, Wilhelm Lieb-knecht und Friedrich Engels zählten zu den Menschen, denen er in seinen jungen Jahren begegnete. Ab 1890 war er als Redakteur für verschiedene sozialdemo-kratische Zeitungen tätig, insbesondere des badischen Regionalorgans „Volksfreund", dessen damaligen Charakter als *Sprachrohr des Revisionismus* [1] Fendrich entscheidend mitprägte. Die parteiinterne Kritik, der Fendrich deswegen im Zuge der Revisionismus-debatte ausgesetzt war, mag neben gesundheitlichen Einschränkungen dazu beigetragen haben, dass er sich aus der Parteipolitik zurück zog, nachdem er noch von 1899 bis 1903 den 37. Wahlbezirk (Durlach) in der Zweiten Kammer des Badischen Landtags ver-treten hatte. Fortan wirkte Fendrich als Herausgeber der Feuilletonkorrespondenz *Schauinsland* 1902–1912 und als Autor von Natur- und Wanderbüchern. Fendrich bekannte sich in seinen Schriften trotz dieser Entfremdung von seiner Partei weiterhin zur Sozial-demokratie. Nach Beginn des Ersten Weltkriegs ließ er sich in seinem Bestreben, Sozialdemokratie und Monarchie zu versöhnen und dadurch politische Reformen zu erzielen, zum Verfassen von Kriegslite-ratur herbei – eine Rolle, auf die er Jahrzehnte später kritisch zurück blicken sollte, und das, aus heutiger Sicht betrachtet, durchaus nicht zu Unrecht. Mit Bildern wie dem von England als dem *Erwürger zahl-loser kleiner Nationen,* das mit *giftgeschwollene[m]*

Neid auf den wirtschaftlichen Aufstieg Deutschlands blicke, weil es sich in seinem *Auserwähltseinglauben* in Frage gestellt sah, oder von Frankreich als einer ruhm- und rachesüchtigen, verblendeten Nation mit einer *faulen Kultur*, kontrastiert mit dem Bild Deutschlands als dem *frische[n] Jugendreich des werdenden Volksstaats*, stand Fendrich der Kriegspropaganda der gegnerischen Seite in nichts nach.[2]

Das Kriegsende 1918 bedeutete für Fendrichs Leben eine Zäsur. Zu weit hatte er sich mit seinen Kriegsschriften aus dem Fenster gelehnt. *So angesehen wie er bis dahin war, so sehr war er nun verfemt und ausgestoßen; denn die Rechte wollte von ihm nichts mehr wissen, weil sein Widerstand gegen die drohende Revolution vergeblich gewesen war, und die Linke ebenso wenig, weil er hier als Kaiser-Sozialdemokrat galt.*[3] Zwar setzte er seine Tätigkeit als regional beachteter Schriftsteller und politischer Publizist fort, scheint aber damit wirtschaftlich nicht sehr erfolgreich gewesen zu sein. Auch gesundheitlich war er angeschlagen, verfiel in eine Depression und musste sich im Frühjahr 1920 in stationäre Behandlung in die Heil- und Pflegeanstalt Illenau begeben.[4] Im „Dritten Reich" hatte Fendrich nach eigenen Angaben Schwierigkeiten, seine schriftstellerische Tätigkeit weiter auszuüben, geschweige denn nach dem Einbruch des Jahres 1918 zu neuen Höhen zu führen. In einer Ausgabe der Freiburger NS-Zeitung *Der Alemanne* vom April 1933 wurde Fendrich als *Judengünstling, Marxisten-Dichterling* und *unwürdiger Schmarotzer* verfemt.[5] Ein Grund dafür dürfte gewesen sei, dass Fendrich sehr früh die Gefahr des heraufziehenden Antisemitismus erkannt und mit seiner Schrift *Der Judenhass und der Sozialismus* deutlich dagegen Stellung genommen hatte. Wirtschaftlich über Wasser halten konnte er sich, indem er Sprachunterricht an Engländer und Franzosen an seinem Wohnort Freiburg erteilte. *Ich habe keinerlei irdischen Besitz ausser dem zur Zeit toten, vielleicht aber wieder einmal lebendig werdenden und neue Einkünfte bringenden Kapital*

meiner Werke – so leitete er sein Testament vom 7. August 1938 ein.[6]

Gleichwohl konnte er im Jahr 1941 mit *Land meiner Seele* doch noch einmal eine viel gelesene Publikation vorlegen, eine Hommage an seine badische Heimat. Das Buch war nicht nach dem Geschmack des Abteilungsleiters im Badischen Kultusministerium, Karl Asal. Es mochte mit seiner badischen Ausrichtung nicht so recht zu der neuen Zeit passen, die Asal heraufziehen sah: *Das uns so eng vertraute gelb-rot-gelbe Ländchen von Napoleons Gnaden […] steht nunmehr im Begriff, einen Übergang zu vollziehen, der sein Wesen stark verändern wird. […] Jetzt werden mit der Angliederung des Elsass (oder soll man umgekehrt sagen?) sich doch grundsätzlich andersgeartete Einflüsse geltend machen, und zwar auf der Grundlage der Stammesgleichheit um so leichter. Schon die künftige Hauptstadt [d.i. Straßburg, M.S.] wird dem Lande den Stempel ihres vom rein Badischen erheblich abweichenden Wesens aufdrücken. Und so wird mit dem alten badischen Ländle, so wie wirs gekannt haben, endgültig Schluss gemacht werden.*[7] Gleichwohl genoss Fendrich weiterhin Ansehen als heimatverbundener Schriftsteller.

Alles in Allem ist es nicht einfach, Fendrichs Stellung zum Nationalsozialismus eindeutig zu beschreiben. Er diente dem System nicht aktiv, konnte sich aber auch Opposition oder völligen Rückzug nicht leisten. Er war auf die Unterstützung des Kultusministeriums und wohlwollender Gönner angewiesen und auf die Einnahmen aus seiner Tätigkeit als Sprachlehrer. Um sich völlig neue wirtschaftliche Perspektiven zu eröffnen, geschweige denn erneut politisch Stellung zu beziehen, war er schon zu alt und nach den Nackenschlägen seit 1918 gesundheitlich zu angeschlagen. All das mag ein gewisses Lavieren in ihm ausgelöst haben, das aus den überlieferten zeitgenössischen amtlichen Unterlagen spricht.

Mit der Verleihung des Johann-Peter-Hebel-Preises 1946, wenige Jahre vor seinem Tod am 6. Januar 1949 in Freiburg, wurde ihm eine späte Ehrung zuteil. Es war die erste Preisverleihung nach dem Zweiten Weltkrieg. Warum die Wahl ausgerechnet auf Fendrich fiel, kann nur vermutet werden. Die Preisvergabe an ihn kann wohl kaum für einen Neuanfang in der Geschichte dieses Preises stehen, der in der Zeit des Nationalsozialismus im Zeichen einer aggressiven Zwecken dienenden badisch-elsässischen Volkstums-politik gestiftet worden war. Fendrichs schlechte wirt-schaftliche Lage war allgemein bekannt. Man mag daher in der Preisverleihung eine Art öffentliche Unterstützung für den seit 1918 viel Kritisierten sehen, einen sozialen Akt für einen weit herum ge-kommenen, gleichwohl heimatverbundenen, wegen seiner Kriegspublizistik im Ersten Weltkrieg nicht unumstrittenen, im „Dritten Reich" politisch nicht offen hervorgetretenen, der Sozialdemokratie nahe-stehenden badischen Schriftsteller.

Das Thema „Erster Weltkrieg" beschäftigte Fendrich über 1918 hinaus. Davon zeugt nicht nur sein Lebens-rückblick *Hundert Jahre Tränen,* sondern bereits seine frühe Nachkriegspublikation *Die Kluft.* Mit ihr ver-teidigte er vor allem seine publizistische Tätigkeit während des Krieges, die ihm noch viele Jahre später heftige Kritik aus seiner eigenen Partei eintrug. Ihn persönlich habe die Entwicklung des Sommers 1914 fortgerissen. Bis dahin habe er für eine Politik des Gewaltverzichts plädiert, nun aber habe er erkennen müssen: *Die Wirklichkeit war anders als meine Jahr-zehnte langen Gedanken. Mit der Sorge um die Sicher-heit und Ruhe meiner Berge und Dörfer wachte auch die Angst um die Erfüllung meiner Jünglingsträume auf. […] Ich hatte über ein Jahrzehnt alle Parteipolitik hinter mir gelassen und sah deshalb unvoreingenom-mener als die andern die große Gefahr. Nur dann würden wir den Krieg nicht verlieren, wenn das Volk innerlich und äußerlich zu einem Block zusammen-wuchs. Dazu mußten Sozialdemokratie und Bürgertum, Regierung und Arbeiterschaft einander ehrlich die Hand reichen. Die Kluft mußte verschwinden […].*[8]

Aus eigenem Antrieb habe er seine erste Kriegsschrift *Der Krieg und die Sozialdemokratie* verfasst, die beim Kaiser wohlwollend aufgenommen wurde. *Jetzt zeigte sich, was ein Kerl war,* so fasste Fendrich darin die Entscheidungssituation in seiner Partei im Sommer 1914 bei Kriegsbeginn zusammen: die „echten Kerle" *standen kerzengerade auf mit leuchtenden Augen, weil sie eine größere Zeit kommen sahen,* und bewilligten im Reichstag die Kriegskredite. Nur die Minderheit habe in einer Mischung aus Sentimentalität und Philistertum an ihren Prinzipien festgehalten. Die Theorie des historischen Materialismus und die Parole *Proletarier aller Länder vereinigt euch* hätten der Wirklichkeit nicht standgehalten.[9] Die Schrift öffnete Fendrich die Türen zu Reichskanzler Bethmann Hollweg, in dem Fendrich einen verständigungsbe-reiten Gesprächspartner für sozial- und wirtschafts-

um 1910.
Haus Baden

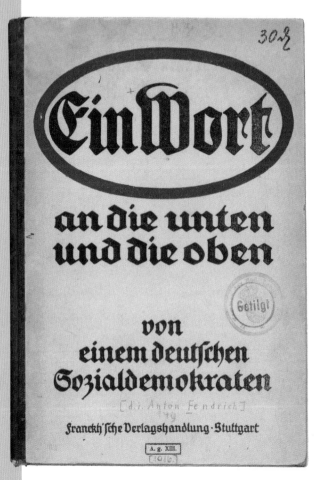

*Anton Fendrich, eine der Denkschriften
zur Versöhnung zwischen Arbeiterschaft und Staat,
Stuttgart 1916*

politische Neuerungen im Reich sehen zu können
meinte, zu den Kommandostäben des Heeres an den
Fronten im Westen, Norden und Osten, zu Hindenburg, dem er 1917 sogar eine eigene Schrift widmete,
und zum Kaiser selbst. Früchte dieser Begegnungen
und Fahrten waren die folgenden Kriegspublikationen
Fendrichs. Er handelte dabei ohne das Mandat der

SPD und hatte nicht nur mit der amtlichen Zensur,
sondern auch mit seiner Partei zu kämpfen: *Nur
ganz wenige Einsichtige haben meine erste Frontreise
als das aufgefasst, was sie war, als selbständigen Vorstoß
eines einsamen Patrouillengängers in die bisher feindlichen inneren Linien zu Erkundigungs- und Verstän-
digungszwecken in den Tagen der schweren Not.*[10]

Fendrichs Anliegen im Ersten Weltkrieg kommen
sehr gut in dem Briefwechsel mit Prinz Max von
Baden zum Ausdruck. Die beiden Männer hatten
sich im Umkreis von Johannes Müller auf Schloss
Mainberg kennengelernt. Fendrich glaubte im Prinzen
Max bei allen Unterschieden in den politischen
Überzeugungen und im sozialen Herkommen einen
offenen, dialogfähigen, einsichtigen und konsensfähigen
Fürsten und Gesprächspartner für einen Weg der
Versöhnung zwischen Arbeiterschaft und Staat sehen
zu können. Die Verbindung zwischen den beiden
Männern blieb bestehen, als Fendrichs Verhältnis zu
den herrschenden politischen Kreisen 1916/17 in eine
Krise geriet. Die Kriegsbegeisterung von 1914 war
geschwunden. Die zunehmende Unterordnung des
gesellschaftlichen und wirtschaftlichen Lebens unter
die Bedürfnisse der Kriegsmaschinerie und die Ent-
täuschung über ausgebliebene politische Reformen
im Reich fachten die Polarisierung neu an, an deren
Überwindung Fendrich nach seinem Bekunden mit-
wirken zu können gehofft hatte. Im Sommer 1917
waren für Fendrich *die Fäden zerrissen zwischen
Heeresleitung und Volk.*[11] In dieser Lage blieb Prinz
Max von Baden für Fendrich bis zuletzt ein Hoffnungsträger, um politische und soziale Gräben doch noch
zu überwinden, Deutschland zu einen und gemeinsame Werte über politische Zweckrationalität zu setzen.
Auf ein Ende der Monarchie arbeitete Fendrich
nicht hin, er erstrebte politische Reformen in ihr,
insbesondere die gleichberechtigte politische Partizi-
pation der Arbeiterschaft als notwendiger Folge der
Massenmobilisierung für den Krieg: *Es bleibt also nur
eines übrig, nämlich den Staatsbürger ohne Ansehung*

Wilhelm II. und Anton Fendrich, wohl in Doorn, um 1925. Privatbesitz

der Klasse, des Besitzes, der Bildung, seiner civilen
Stellung als verheirateter oder unverheirateter Mann
als einmaliges grosses Aequivalent für die gleiche Pflicht
der Verteidigung des Vaterlandes und des Sterbenmüssens
für die Sicherheit der Heimat ein gleiches Recht der
Wirkungsmöglichkeit der Staatsbürger zu gewähren.[12]
Fendrich war überzeugt, dass die gleichberechtigte
Teilhabe aller Staatsbürger in Anbetracht der militärischen Lage eine Überlebensnotwendigkeit des
Reiches war und dass man sie durch Kooperation erreichen müsse, nicht durch die offene Konfrontation
der politischen Lager.

Ganz ohne Wirkung auf Max von Baden blieb Fendrich damit nicht, aber diese Wirkung war begrenzt.
In einem Brief an den Kaiser vom 15. August 1918
gab Max von Baden Fendrich einerseits *Recht, wenn
er sagt, dass die Machenschaften der Unabhängigen
Sozialisten Sache der Polizei sind; die Lösung der Fragen
des Sozialismus an sich ist Sache der Staatskunst u.
nicht der Gewalt.*[13] Andererseits darf man die Frage
stellen, ob die beiden Männer wirklich das gleiche
meinten, wenn sie von nationaler Einigung durch
politische Reformen sprachen. Fendrich ging es
wohl kaum darum, die – um die Worte von Prinz
Max aufzugreifen – *Fragen des Sozialismus* zu lösen,
denn das heißt ja wohl: diese Weltanschauung zu
überwinden; es ging Fendrich um Integration. Und
dass Fendrich jemals dazu aufgerufen hätte, die
USPD mit Gewalt zu bekämpfen, ist nicht belegt.
Im September 1918 drängte Fendrich auf ein Treffen
des Prinzen Max mit Friedrich Ebert, ohne von diesem
oder seiner Partei beauftragt worden zu sein: *Eine
solche Zusammenkunft hätte [...] eine gewaltige
Bedeutung, wenn zwischen Ihnen beiden Männern
symbolisch ein Zusammenstehen auf Leben und Tod
zwischen Fürsten und Volk* [zu ergänzen vermutlich:
sich] *als natürlicher und durch den Gedankenaus-
tausch erhärteter Ausdruck der Wahrheit und Wirklichkeit Deutschlands dokumentieren könnte, aller
Welt sichtbar, den Feinden aber als warnendes Zeichen.*

Ob das Treffen zustande gekommen ist, lässt sich nicht
sicher klären.[14] Jedenfalls begrüßte Fendrich die
Berufung des Prinzen Max zum Reichskanzler, die
wenig später am 3. Oktober 1918 erfolgte, euphorisch
als *den Anfang der Menschwerdung in der Politik.*[15]
Das Menschsein verbinde den Fürsten und das einfache Volk, und dieses Bewusstsein gelte es zu wecken.

Man darf sich fragen, welche Staatsform Fendrich
sich eigentlich wünschte. In einem Brief an Max von
Baden vom 9. August 1918 bezeichnete er sich einmal
als Monarchist, der die Revolution ablehne, weil sie
das Chaos bedeute. Gleichzeitig beschwerte er sich
über die anti-sozialdemokratische Agitation der
konservativen Hohenzollern-Anhänger. Noch ein-
deutig-uneindeutiger ist ein leider nicht datiertes
Schreiben Fendrichs an Max von Baden, das sich als
Konzept in seinem Nachlass findet: Die herrschenden
Fürsten und allen voran der Kaiser müssten Ernst
machen mit dem *Schutz der Arbeiter gegen das Kapital,*
denn diese hätten in dem nun zu Ende gehenden
Krieg große Opfer auch für diejenigen erbracht, die
eigentlich ihre politischen Gegner sind. *Nur der Krieg
und die allgemeine Bedrohung von außen hat hier
Annäherungen zu Stande gebracht, die sonst unmöglich
gewesen wären, und in der Arbeiterklasse auch Verständnis geweckt für die Notwendigkeit einer straffen
zentralen Regierung. Alle Demokratien haben versagt,
das sehen unsere Leute jetzt. Aber andererseits haben
auch alle Staaten versagt, in denen nicht wie in
Deutschland die Arbeiterschaft den Segen der Zucht
einer gewaltigen Organisation durch Jahrzehnte ge-
nossen hat, so auch wider ihren Willen. Die deutsche
Arbeiter seien vorbereiteter gewesen zu einem Riesen-
krieg wie die nur auf individuellem Egoismus erzogenen
englischen oder von Freiheitsphrasen benebelten französischen Arbeiter, nicht zu reden von den willenlosen
Menschenknäueln in Russland.*[16] Fendrich schwebte
offenbar ein harmonischer Volkskörper vor, in dem
alle individuellen Interessen zurückstehen, in dem
alle Achtung voreinander haben und niemand den

anderen übervorteilen will, in dem Zucht und straffe Organisation genauso herrschen wie Teilhabe aller an den gleichen Lebenschancen und gegenseitiger Respekt. Konnte es ein solches politisches System überhaupt geben?

Die Novemberrevolution 1918 und die nicht aufzuhaltende militärische Niederlage des Deutschen Reichs markierten das Scheitern von Fendrichs Kurs: *Ich hatte den Krieg nie gewünscht, nie für möglich gehalten und wohl keinen Strohhalm zu dem Feuerbrand der Welt getragen; aber als er kam, da riss es mich mit. Ich habe ein Menschenalter lang auf eine Erhöhung des Lebens durch den Sozialismus gehofft [...]; aber als die Revolution ausbrach, da riss sie mich nicht mit. [...] Die Staatsformen waren mir vor Fragen des inneren Lebens längst ziemlich gleichgültig geworden. Ich habe die Monarchie ertragen, so wie ich jetzt die Demokratie ertrage und auch einmal die Diktatur des Proletariats ertragen werde.*[17] Resignation klingt aus diesen Worten. Fendrichs Ausflug in die große Politik war gescheitert: *Alles rückt von mir, dem Rufer zur Einigkeit, ab.*[18] Gleichgültig und uninteressiert wurde er aber nicht, im Gegenteil: leidenschaftlich appellierte er im Jahr des Friedensschlusses von Versailles an sein Volk, jedem Gedanken an Rache für die Niederlage im Krieg abzuschwören: *Es muss dem alten Erdball in seinem Lauf einen Ruck geben und ein neues Geistesklima über die Wohnstätten der Menschen hin verbreiten, wenn zum ersten Mal in der Weltgeschichte ein großes, durch zehnfache Übermacht nach ruhmreichen Kämpfen niedergeworfenes Volk sagt: Keine Rache!*[19] Auch wenn viel Pathos diese Worte prägt, kann man sie aus heutiger Sicht im Wissen um die neuerliche Katastrophe von 1945 nur als weitblickend bezeichnen. Vielleicht hätte Anton Fendrich, der selbst ernannte *einsame Patrouillengänger*, der nicht so recht in irgend eine Schublade passen will, der eher durch die Zeitläufe getrieben wurde als dass er sie seinen Ansprüchen gemäß hätte mitgestalten können, der ein Rätsel bleibt und sich einer eindeutigen historischen Wertung entzieht, in seinem eingangs zitierten autobiografischen Rückblick *Hundert Jahre Tränen* doch nicht gar so streng mit sich selber umgehen müssen.

Quellen- und Literaturauswahl
(vgl. das Literaturverzeichnis am Schluss des Bandes)

Nachlass Anton Fendrich im Stadtarchiv Freiburg (StadtAF, K 1/105)
Korrespondenz Anton Fendrich / Prinz Max von Baden im Nachlass Prinz Max von Baden, Generallandesarchiv Karlsruhe (GLA) (in FA-N)

Fendrich, Krieg.- Ders., Frankreich.- Ders., Auto.- Ders., Ein Wort.- Ders., Hindenburgbuch.- Ders., Judenhass.- Ders., Kluft.- Ders., Mainberg.- Ders., Land meiner Seele.- Ders., Tränen.- Prinz Max von Baden, Erinnerungen

Bosch, Fendrich.- Ders., Johann-Peter-Hebel-Preis.- Elsässer, Sozialdemokratie.- Machtan, Prinz Max.- Stingl, Kulturpolitik.- Ders., Dokumente.- Schadt, Sozialdemokratische Partei

1 Schadt, Sozialdemokratische Partei, S. 146.
2 Fendrich, Wort, S. 10 und S. 13; Fendrich, Frankreich, S. 12, S. 148 und S. 150; Fendrich, Auto, S. 123.
3 Johannes Müller an Prinz Max 1928 o.D., GLA FA-N 6003.
4 Staatsarchiv Freiburg (StAF) B 821/2 Nr. 6384 (Patientenakte der Illenau).
5 Ein Auszug aus dieser Zeitung liegt Fendrichs Wiedergutmachungsakte bei (StAF F 196/1 Nr. 9956).
6 StadtAF K 1/105 Nr. 57.
7 An Fendrich, 20.12.1941, GLA 235 Nr. 6968.
8 Fendrich, Kluft, S. 7.
9 Fendrich, Sozialdemokratie, S. 7-9.
10 Fendrich, Kluft, S. 13.
11 Ebd., S. 23.
12 Fendrich an Prinz Max, 10.7.1917, GLA FA-N 6003. Vgl. Fendrich, Sozialdemokratie, S. 28–30.
13 Konzept, GLA FA-N 5820 # 37. Vgl. Prinz Max, Erinnerungen, S. 291–292.
14 19.9.1918, GLA FA-N 6003 und StadtAF K 1/105 Nr. 26 und Nr. 31; vgl. Prinz Max, Erinnerungen, S. 318 f.; Machtan, Prinz Max, S. 372–373.
15 An Prinz Max, 7.10.1918, GLA FA-N 6003.
16 StadtAF K 1/105 Nr. 31 und Nr. 48 (daraus das Zitat).
17 Fendrich, Kluft, S. 27.
18 An Prinz Max, 25.5.1919, GLA FA-N 6003.
19 Fendrich, Kluft, S. 29.

treffen werden. Da die hauptsächlichsten Richtlinien unserer Politik seit Jahrzehnten festlagen, bedurften auch die Kanzler und Staatssecretäre nur eines geringen Masses von Einbildungskraft, das über den nächsten Tag nicht hinaussah.
Betragen: sehr gut, Leistungen: ungenügend, wird das Endergebnis der Politik der
Wilhelminischen Aera sein, ein Ergebnis, das zwar nicht sehr schmeichelhaft ist,
aber der Theorie des Straffriedens ins Gesicht schlägt. Mit herzlichem Gruß
Ihr Lepsius

um 1910.
Lepsius-Archiv,
Potsdam

Lepsius an Kurt Hahn, 18.9.1920. GLA FA-N 6227

Da die hauptsächlichsten Richtlinien unserer Politik seit Jahrzehnten festlagen, bedurften auch die Kanzler und
Staatssecretäre nur eines geringen Masses von Einbildungskraft, das über den nächsten Tag nicht hinaussah.
Betragen: sehr gut, Leistungen: ungenügend, wird das Endergebnis der Politik der Wilhelminischen Aera sein,
ein Ergebnis, das zwar nicht sehr schmeichelhaft ist, aber der Theorie des Straffriedens ins Gesicht schlägt.
Mit herzlichem Gruß
Ihr Lepsius

Der Warner

Johannes Lepsius (1858–1926)

VON ROLF HOSFELD

Der Historiker George Peabody Gooch bezeichnete ihn 1927, ein Jahr nach seinem Tod, als „berühmten Armenophilen" mit substantiellem Urteilsvermögen.[1] Über 30 Jahre lang stand das menschenrechtliche und humanitäre Engagement für die verfolgten Armenier des osmanischen Reichs im Zentrum der Aktivitäten von Johannes Lepsius. Es war, so Max von Baden, seine *Lebensaufgabe*.[2] Der Ende 1858 geborene Theologe, Philosoph und Orientalist war auf diesem Gebiet seit Ende des 19. Jahrhunderts eine der bekanntesten Persönlichkeiten des europäischen öffentlichen Lebens. Prinz Max von Baden lernte ihn 1916 über Kurt Hahn kennen, der ihn schon als Kind bewunderte. In seinen „Erinnerungen" schildert der Prinz Lepsius als einen bedeutenden Gelehrten mit der Seele eines Künstlers und dem Willen eines Missionars.[3] Am 14. Juni 1916 war Lepsius in Berlin der „Vereinigung Gleichgesinnter" beigetreten, die sich in der Nachfolge des kurz zuvor verbotenen pazifistischen „Bundes Neues Vaterland" verstand.[4] Dieses Netzwerk versammelte Intellektuelle, die mit unterschiedlichen Akzenten gegen deutsche Annexionspläne und für eine innere Demokratisierung des Reichs eintraten. Im Mai 1916 hatte Lepsius zusammen mit Kurt Hahn in Den Haag Sondierungsgespräche über die Chancen einer deutsch-britischen Annäherung geführt[5] und kam so in Verbindung mit dem Kreis um Prinz Max.

Nie hatte ein Krieg weniger mit Religion zu tun als der gegenwärtige Ausbruch nationaler Gehässigkeit, schrieb er Anfang 1915.[6] Er war, wie Max von Baden

schreibt, ein entschiedener Kritiker der offiziellen protestantischen Staatstheologie und ihrer Kriegsverherrlichung und vertrat die Ansicht, dass die Lehren der Bergpredigt auch im Krieg Geltung behalten sollten.[7] Aber auch Lepsius betrachtete den Ausbruch der Feindseligkeiten als unvermeidlich, wenn das Volk Martin Luthers nicht untergehen wollte.

Er musste jedoch erleben, wie die im Weltkrieg begangenen Verbrechen des osmanischen Kriegsverbündeten an den Armeniern zunehmend in Widerspruch gerieten zu seinen christlichen Grundüberzeugungen. Im Frühjahr 1916 veröffentlichte er an der Zensur vorbei über 20.000 Exemplare eines dreihundertseitigen „Berichts über die Lage des armenischen Volkes in der Türkei" und ließ ihn heimlich im Reich verteilen. Aus prinzipiellen ethischen Gründen lehnte er eine kriegsbedingte *Pflicht des Schweigens, die mir zugemutet wurde,* ab[8] und kündigte so in einer für ihn zentralen Frage den nationalen Burgfrieden. Der „Bericht" war laut „New York Tribune" vom 27. Juli 1919[9] die machtvollste Anklage gegen die türkischen Verbrechen überhaupt, die während des Weltkriegs erhoben wurde, und er blieb nach Ulrich Trumpener auch für Historiker über Jahrzehnte „das beste synthetische Werk über diesen Gegenstand".[10]

Im Juli 1916 übersiedelte Lepsius, durch seinen „Bericht" inzwischen zur persona non grata geworden, in die neutralen Niederlande, und finanzierte sich dort hauptsächlich durch seine Arbeit als freier Mitarbeiter der „Zentralstelle für Auslandsdienst". Kurt

Rainer Lepsius,
Porträt seines Bruders Johannes, um 1880,
Bleistiftzeichnung. Privatbesitz

Hahn hatte in Den Haag eine „Auslandshilfsstelle"
eingerichtet und ihn dafür rekrutiert mit der Aufgabe,
die internationale Presse systematisch auf die politische
Stimmung und die Friedensbereitschaft in England
hin zu analysieren. Prinz Max (*Marie,* wie er ihn
unter Decknamen nannte) wies er in dieser Zeit immer
wieder auf die Notwendigkeit innerer Reformen hin,
um Deutschlands internationale Glaubwürdigkeit
wieder herzustellen, auf die Notwendigkeit ehrlicher
Zusammenarbeit mit der Reichstagsmehrheit, die
Sozialdemokraten eingeschlossen. Lepsius hätte, so
der Prinz, mit seinen Talenten dabei eine weit größere
Rolle spielen können, wäre er nicht durch seine
proarmenischen Aktivitäten in Konflikt mit dem
Auswärtigen Amt geraten.[11] Bei den Bemühungen
um eine Parlamentarisierung des Reichs war jedoch
eine Sollbruchstelle vorgezeichnet. Dem Prinzen,
meinte Lepsius Anfang 1919, fehle die durchhaltende
Energie. Es gebe aber auch eine Grunddifferenz,
insbesondere zu Kurt Hahn. Für ihn, Lepsius, sei die
Revolution vom November 1918 *der Durchbruch
einer neuen Weltaera* gewesen, für Hahn und seinen
Kreis dagegen nur ein *Malheur im gewöhnlichen
Geschichtsverlauf.*[12]

Johannes Lepsius mit Familie vor dem Potsdamer Haus, um 1923. Lepsius-Archiv Potsdam

Quellen- und Literaturauswahl
(vgl. das Literaturverzeichnis am Schluss des Bandes)

Korrespondenz Johannes Lepsius / Prinz Max von Baden / Kurt
   Hahn im Lepsius-Archiv Potsdam und Generallandesarchiv
   Karlsruhe, Nachlass Prinz Max von Baden (in FA-N)

Prinz Max von Baden, Erinnerungen.- J. Lepsius, Waffenbrüderschaft.-
Ders., Armenier

Gooch, Diplomacy.- Holl, Vereinigung.- M. R. Lepsius, Johannes
Lepsius.- Ders., Ansichten.- Trumpener, Germany

1 Gooch, Diplomacy, S. 130.
2 Erinnerungen, S. 77.
3 Ebd.
4 Holl, Vereinigung, S. 367.
5 Lepsius/Hahn, Bericht über Besprechungen in Den Haag,
   Ende Mai 1916, Lepsius-Archiv Potsdam 13834.
6 Lepsius, Waffenbrüderschaft, S. 9, S. 32.
7 Erinnerungen, S. 77.
8 Lepsius, Armenier, S. 115 f.
9 Another Chapter in Germany's Confession of Turkish Guilt.
10 Germany, S. 204.
11 Erinnerungen, S. 134, S. 77.
12 Aufzeichnung Johannes Lepsius, 9. März 1919, Lepsius-Archiv
   Potsdam 14565. Vgl. M. R. Lepsius, Ansichten, S. 51ff.

ALEXANDER, Prinz zu Hohenlohe
Durchlaucht
Kaiserlicher Bezirkspräsident, Colmar

Prinz Alexander an Prinz Max, 9.10.1918.
GLA FA-N 5567 # 1

[Während der Briefaffäre:]
Im Übrigen sind Deine Erklärungen im Reichstage
so deutlich und klar, dass alles, was Du etwa früher
gesagt oder geschrieben haben könntest , die neuen
Erklärungen nicht entkräften kann; jeder Mensch hat
doch das Recht, seine Ansicht zu ändern.
Ich habe Nachforschungen eingeleitet über die Briefange-
legenheit und werde Dir sofort berichten, falls ich etwas Neues
darüber erfahre.—
Mit den herzlichsten Grüssen bin ich, lieber Vetter,
Dein treu ergebener
Alexander Hohenlohe

Der Pazifist

Prinz Alexander zu Hohenlohe-Schillingsfürst (1862–1924)

VON PETER SCHIFFER

Aus Bescheidenheit hielt es Alexander von Hohenlohe für eine *Anmaßung, mich einen Pazifisten zu
nennen*[1]. Auch war er zu sehr Individualist, um einer
pazifistischen Vereinigung als Mitglied beizutreten.
In seinem Kriegstagebuch bezeichnete er sich selbst
1916 als *Friedensfreund, d. h.* […] *ich verabscheue
den Krieg, seitdem ich gesehen habe, was mit Hülfe
der modernen Technik aus dem Kriegshandwerk
Widerwärtiges geworden ist und wie sinnlos das Vermögen der Völker und ihr Leben geopfert wird, ohne
dass dadurch eine Entscheidung herbeigeführt wird*[2].
Diese Haltung verfolgte er bis in die Nachkriegszeit
hinein konsequent mit den ihm zur Verfügung
stehenden Mitteln.

Der Unterschied zwischen „Friedensfreund" und
„Pazifist" ist nur gering, es handelt sich um fast
synonyme Begriffe. Mit Fug und Recht darf man
den Prinzen daher als „Pazifisten" bezeichnen und
würdigen. Auch Prinz Max von Baden charakterisierte
ihn in seinen Erinnerungen stets als Pazifisten[3].

Verpatzte Karriere

Der jüngste Sohn des Reichskanzlers Chlodwig zu
Hohenlohe-Schillingsfürst durchlief zunächst eine
steile Karriere. Ohne das juristische Staatsexamen
bestanden zu haben, wurde er 1886 durch Protektion
seines Vaters, damals Reichsstatthalter in Elsass-
Lothringen, Kaiserlicher Referendar in der Elsass-
Lothringischen Verwaltung in Straßburg. Als

Chlodwig 1894 Reichskanzler wurde, folgte er ihm
nach Berlin und wirkte hier 1898 als Kaiserlicher
Legationsrat und Hilfsarbeiter im Auswärtigen Amt.
1898 stieg er – wieder durch den Einfluss des Vaters –
zum Kaiserlichen Bezirkspräsidenten für Ober-Elsass
in Colmar auf. Zehn Jahre, von 1893 bis 1903, war er
zudem Mitglied des Reichstages für den Wahlkreis des
Reichslandes Elsass-Lothringen. 1893 gehörte er mit
31 Jahren zu den jüngsten Reichstagsabgeordneten.
Er schloss sich der deutschkonservativen Fraktion
an, brach aber schon im Dezember 1893 mit ihr und
blieb seitdem fraktionslos. Er unterstützte die liberale
Politik seines Vaters, sympathisierte aber zunehmend
mit den Ideen der Sozialdemokraten, was ihm die
Bezeichnung *roter Prinz* einbrachte.

Doch 1903, spätestens 1906 wurde dieser konsequente
Weg nach oben abrupt beendet. 1903 war seine
Wiederwahl in den Reichstag in der Stichwahl – allerdings nur knapp – gescheitert. Seitdem war er nicht
mehr in der Hauptstadt Berlin präsent, sondern
wurde in die Provinzialität Colmars zurückgeworfen.
Hier widmete er sich der Herausgabe der Lebenserinnerungen seines 1901 verstorbenen Vaters, um
ihn und die Familie Hohenlohe wieder in den Blick
der Öffentlichkeit zu bringen. Chlodwig hatte seine
Unterlagen selbst nicht mehr ordnen und für eine
Veröffentlichung auswählen können. Seinen Sohn
beauftragte er, diese Unterlagen zehn Jahre nach seinem
Tod in Form einer Autobiographie zu veröffentlichen.
Alexander war schon 1906 soweit. Anfang Oktober
erschienen sie als „Denkwürdigkeiten des Fürsten

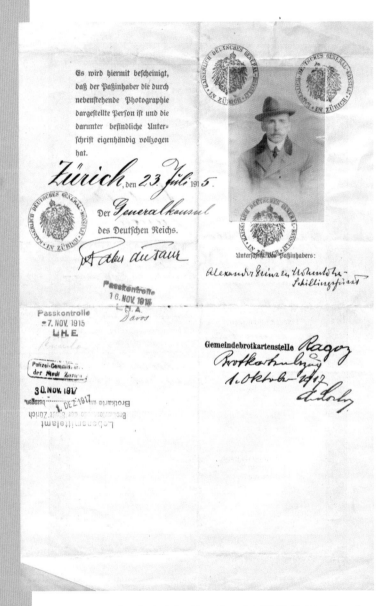

*Pass des deutschen Generalkonsuls in Zürich für Prinz Alexander
zu Hohenlohe, 1915, mit Vermerk der Brotkartenstelle.
Hohenlohe-Zentralarchiv Neuenstein Sf 110 Bü 1 Nr. 5*

Chlodwig zu Hohenlohe-Schillingsfürst" in der
Deutschen Verlagsanstalt in Stuttgart als Buch und
in Auszügen in Zeitschriften und in der Tagespresse.
Alexander hatte allerdings die Papiere nicht sorgfältig
genug ausgewählt. Die Veröffentlichung enthielt
Notizen über vertrauliche Gespräche seines Vaters mit
dem Kaiser und dem badischen Großherzog über
die Entlassung Bismarcks. Der Skandal war enorm,
das Haus Baden verstimmt und Alexander verlor
durch seine Taktlosigkeit auch für immer die Gunst
des Kaisers. Am 16. Oktober musste er von seinem
Amt als Bezirkspräsident zurücktreten, er wurde in
den Ruhestand versetzt. Auch sein „Vetter" Fürst
Hermann zu Hohenlohe-Langenburg verfiel der
Ungnade und war gezwungen, sein Amt als Statt-
halter von Elsass-Lothringen niederzulegen.

Völlig von der Öffentlichkeit zurückgezogen wohnte
Alexander bis 1914 in seiner Villa Beaulieu (in Frankreich), die er 1905 gekauft hatte, bzw. in Paris. Er
hatte weder politische Ämter noch sonstwie politischen
Einfluss. Seine Freunde waren rar geworden. 1910
erlitt er zudem durch eine verfehlte Börsenspekulation
enorme finanzielle Verluste und verarmte völlig. Seit-
her war er auf die finanzielle Unterstützung seiner
Familie angewiesen.

Pazifist

Als August 1914 der Weltkrieg ausbrach, konnte
Alexander zu Hohenlohe als Deutscher nicht mehr
in Frankreich wohnen und musste das Land verlassen.
Die Verkehrsverbindungen nach Deutschland waren
bereits abgebrochen, als Alexander in die Heimat
zurückkehren wollte. Daher reiste er in die neutrale
Schweiz, wo er über die Dauer des Krieges blieb.

Erst die schrecklichen Eindrücke des Krieges be-
kehrten Alexander zu Hohenlohe zum Pazifisten.
Bis dahin hatte er den Krieg als unvermeidbares
Übel angesehen und notgedrungen akzeptiert. Nach

eigenem Bekunden bewog ihn die Schlacht an der Marne September 1914, die die deutsche Expansion im Westen beendete, zum Umdenken. Den modernen hochtechnisierten Krieg hielt er nicht mehr für entscheidend und geeignet, Konflikte zwischen Staaten zu regeln. Ein „Verständigungsfriede" ohne Sieger und Besiegte sei der einzige Ausweg aus dem sinn- und endlosen Kampf[4]. Dem übersteigerten Nationalismus, der den Weltkrieg aufpeitschte, stand er verständnislos gegenüber. Er hatte lange in Frankreich, dem Land der Kriegsgegner, gelebt und er liebte die französische Sprache und Kultur. Mit Russland, dem anderen Kriegsgegner, verbanden ihn die von seiner Mutter Marie, geb. Prinzessin Sayn-Wittgenstein, stammenden russischen Güter und Besitzungen. So stand er innerlich weitgehend über den Kriegsparteien, wenn er auch nicht als unpatriotisch abgekanzelt werden wollte.

Sein Ziel wurde, *die öffentliche Meinung in Deutschland über die wahre Sachlage aufzuklären und, solange es noch Zeit sei, einem Verständigungsfrieden das Wort zu reden, der die einzige Möglichkeit geboten hätte, uns vor dem Ruin, wie er jetzt über uns gekommen ist, zu retten*[5]. Seit Frühjahr 1915 nahm er in zahlreichen Artikeln für verschiedene Zeitungen, darunter vor allem in der Neuen Zürcher Zeitung, engagiert gegen den Krieg Stellung und warb nachdrücklich für den Abschluss eines Verständigungsfriedens. Im neutralen Ausland hatte er die besten Möglichkeiten dazu, er hatte Zugang zu überparteiischen Informationen, war keiner Zensur und auch nicht dem Meinungsdruck nationalistischer Kreise unterworfen.

Publizist und Politiker

Mit Prinz Max von Baden stand Alexander in einem guten Verhältnis. Er kannte ihn schon länger und war mit ihm auch während des Krieges in Verbindung geblieben. Beide standen im Briefkontakt. Sie waren beide Adelige, die für Reformen aufgeschlossen waren.

Alexander unterstützte den Prinzen auch öffentlich. In seinem Artikel „Ein rechtes Wort zur rechten Zeit" in der Neuen Zürcher Zeitung vom 29.12.1917 widmete er sich ganz der Eröffnungsrede Max von Badens für die badische Kammer in Karlsruhe vom 14.12.1917. Er verband mit ihr emphatische Friedenshoffnungen. Den badischen Prinzen bezeichnete er als *Überpatrioten*, der erkannt habe, *daß man sein Volk und Vaterland lieben und sich dessen bewußt sein kann, daß eines jeden Vaterland nur ein Teil eines großen Ganzen ist, dem wir alle angehören, welches auch unsere nationale Benennung sein mag, nämlich der Menschheit.* Er sah *den Beginn der so notwendigen moralischen Offensive von deutscher Seite*[6] im Verhältnis zu den Kriegsgegnern herankommen. Am 4.1.1918 schickte Hohenlohe diesen Artikel Max von Baden eigens zu und lobte ihn erneut wegen der Rede: *Du hast Dir damit ein großes Verdienst erworben und Deinem engeren u. weiteren Vaterland einen nicht hoch genug zu schätzenden Dienst erwiesen*[7].

In seinem Antwortbrief vom 12.1.1918 bedankte sich Prinz Max von Baden für die Unterstützung durch Hohenlohe, auch explizit für seinen Artikel in der Neuen Zürcher Zeitung. Aber er stellte auch seine eigene Auffassung der politischen Lage heraus. Der Keil zwischen den Häusern Zähringen und Hohenzollern, den Schweizer Blätter sähen, bestehe keineswegs. Prinz Max ließ sich nicht für eine Demokratisierung Deutschlands vereinnahmen, sondern lehnte explizit den westlichen Parlamentarismus für Baden und Deutschland ab. Die Friedensresolution des Reichstags vom Juli 1917 wertete er als *ein scheußliches Kind der Angst und der Berliner Hundstage* und strebte stattdessen die *Ausnutzung unserer Erfolge* und *möglichst große Vergütungen* an, damit Deutschland nach dem Krieg nicht in Armut absinke. Belgien sei das *einzige* […] *Objekt der Kompensation, das wir besitzen*[8]. Max von Baden stellte also seine

*Prinz Alexander zu Hohenlohe, Vergebliche Warnungen,
Heidelberg 1923*

Kaum hatte Max von Baden im Oktober 1918 seine Regierung angetreten, sorgte die Veröffentlichung dieses privaten Briefes vom 12.1.1918 für Verwirrung und bewirkte eine ernste Krise. Man sprach von der „Briefaffäre". Zusammen mit dem Pazifisten Johann Wilhelm Muehlon soll Alexander zu Hohenlohe dem französischen Pressebüro in der Schweiz den Privatbrief übergeben haben. Er selbst leugnete dies und behauptete während der Krise, er sei ihm gestohlen worden[9]. Der Brief erschien zuerst am 9. Oktober wortwörtlich in der „Freien Zeitung" in Bern und breitete sich dann schnell weiter aus. Von den Regierungen der Entente wurde er wenig beachtet, er spielte hauptsächlich innenpolitisch eine Rolle. *Der Brief rief eine tiefe Kränkung und Beunruhigung unter meinen parlamentarischen Mitarbeitern und den sie stützenden Parteien hervor.* Sein Wortlaut ließ an der Offenheit und Ehrlichkeit des neuen Reichskanzlers zweifeln, da die Positionen im Widerspruch zu den offiziell verkündeten Regierungspositionen standen. Der Rücktritt des Kanzlers und ein Austritt der SPD aus dem Kabinett wurden erwogen.

Max von Baden relativierte den Inhalt seines Briefes an Hohenlohe als rein private Äußerung aus der Vergangenheit: [...] *alles verschoben und verzerrt [...] durch den flüchtigen Stil eines ärgerlichen Privatbriefes.* Die Wogen glätteten sich bald[10].

Nach dem Krieg, 1919, veröffentlichte Alexander zu Hohenlohe eine Auswahl seiner Beiträge für die Neue Zürcher Zeitung als Buch. Hierunter befand sich auch der Beitrag „Ein rechtes Wort zur rechten Zeit" vom 29.12.1917. Änderungen waren nicht vorgenommen worden. Nach der brieflichen Stellungnahme Max von Badens hatte Alexander also seine Auffassung weder geändert noch modifiziert.

Alexander schätzte den Badener als wankelmütig ein. Er glaubte, ihn für die richtige Politik beeinflussen zu können und zu müssen. Max von Baden sei ein *unklarer Kopf [...], in dem die verschiedensten Ideen mit einander streiten, die zu verdauen resp. zu ordnen,*

real- und machtpolitische Haltung der überschwänglichen Friedenshoffnung Hohenlohes entgegen. Diese Antwort musste Alexander zu Hohenlohe ernüchtern und enttäuschen. Es kam aber nicht zum Bruch, Alexander zu Hohenlohe hegte nach wie vor Hoffnungen auf den Badener. Schließlich mangelte es aus seiner Sicht an Alternativen.

er nicht stark genug ist[11]. Kurz nach Beginn der Kanzlerschaft Max von Badens bedauerte Alexander in einem Brief vom 8.10.1918, den Prinzen nicht mehr vorher gesprochen zu haben. [...] *denn da hätte ich ihm manches Nützliche für sein Programm sagen und es etwas verbessern können.*[12] So wird man die Veröffentlichung des Privatbriefes als Einflussnahme auf die Richtung der Politik werten müssen. Auch die eher sachliche Schilderung der Briefaffäre in den späteren Erinnerungen Max von Badens zeigt, dass es 1918 nicht zu einem dauerhaften Bruch zwischen beiden gekommen ist[13].

Die erneute Veröffentlichung der Zeitungsartikel Alexanders zu Hohenlohe nach dem Krieg erfolgte unter dem Buchtitel „Vergebliche Warnungen". Der Titel verrät, dass er seinen Einfluss selbst eher gering einschätzte. Seine Ideen und Ideale waren noch nicht verwirklicht. Als Einzelner, als Mahner und als im Ausland wirkender Journalist hatte er gegen den nationalistischen Zeitgeist und den Krieg Stellung genommen. Ihm standen dabei nur begrenzte Möglichkeiten zur Verfügung. Mit dem Versailler Frieden sah Alexander den von ihm angestrebten „Verständigungsfrieden" keineswegs schon erreicht. Ganz im Gegenteil, er wertete den Versailler Vertrag als potentielle Ursache weiterer Kriege. Ihm schwebte ein Europäischer Staatenbund oder eine Liga aller Nationen als dauerhafte Lösung vor, um zukünftig Kämpfe zwischen den Nationen zu verhindern[14]. Daher blieben aus seiner Sicht seine Artikel aus der Kriegszeit über das Tagesgeschehen hinaus aktuell und seine Mahnungen weiterhin erforderlich und zeitgemäß.

Prinz Max von Baden respektierte die pazifistische Haltung Alexanders zu Hohenlohe. 1918 erklärte er zum Zeitpunkt der brodelnden Briefaffäre vor dem Interfraktionellen Ausschuss: *Ich hatte und habe auch heute noch die größte Hochachtung vor der Wärme und Ehrlichkeit des Friedenswillens des Prinzen Hohenlohe ebenso wie vor seinem Patriotismus.*[15]

Quellen- und Literaturauswahl
(vgl. das Literaturverzeichnis am Schluss des Bandes)

Teilnachlässe des Prinzen Alexander zu Hohenlohe-Schillingsfürst im Bundesarchiv Koblenz und im Hohenlohe Zentralarchiv Neuenstein
Korrespondenz Prinz Alexander zu Hohenlohe / Prinz Max von Baden im Nachlass Prinz Max von Baden, Generallandesarchiv Karlsruhe (in FA-N)

Prinz Max von Baden, Erinnerungen.- Alecander zu Hohenlohe, Warnungen.- Ders., Aus meinem Leben.- Chlodwig zu Hohenlohe-Schillingsfürst, Denkwürdigkeiten

Stalmann, Prinz.- Bormann, Prinz Alexander

1 Aus meinem Leben, S. 398.
2 Eintrag von Mai 1916, BA Koblenz, N 1008, Nr. 57, zit. nach Stalmann, S. 298.
3 S. 204 *Freund des Friedens,* [...] *gehörte zu jenen deutschen Pazifisten* und S. 380 *einem entschiedenen Pazifisten* und S. 382f.
4 Aus meinem Leben, S. 401 f.
5 Ebd., S. 402.
6 „Ein rechtes Wort zur rechten Zeit" in der Neuen Zürcher Zeitung vom 29.12.1917, veröffentlicht in: Hohenlohe, Warnungen, S. 122–125, zit. S. 122 und 123.
7 Zit. nach Prinz Max, Erinnerungen, S. 656 f.
8 Abschrift in GLA FA-N 5787.
9 Prinz Max, Erinnerungen, S. 379, dazu auch S. 205 ff.
10 Zit. ebd., S. 380 bzw. 383.
11 An Muehlon, 31.01.1918, zit. nach Bormann, S. 170 mit Anm. 98.
12 An Muehlon, 8.10.1918, ebd., S. 170.
13 Vgl. Erinnerungen S. 379, dazu auch S. 205 ff.
14 Aus meinem Leben, S. 411 f.
15 Rede vor dem Interfraktionellen Ausschuss des Reichstags, zit. nach Prinz Max, Erinnerungen, S. 383.

Die neuen Männer

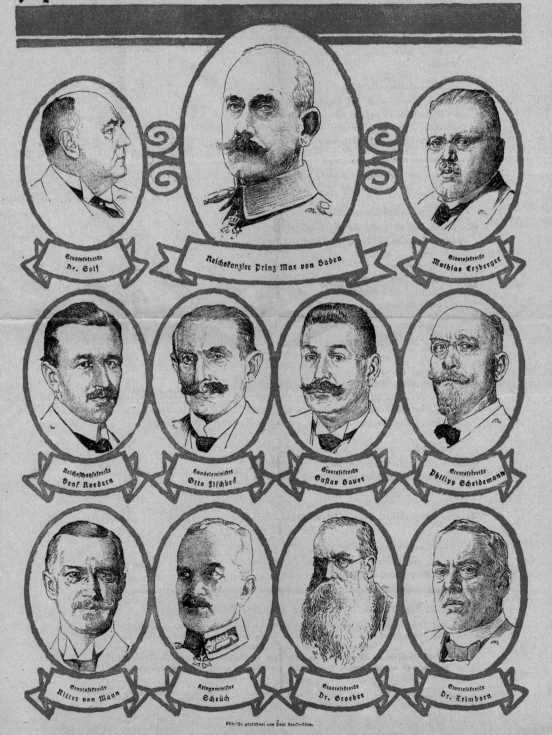

Staatsekretär
Dr. Solf

Reichskanzler Prinz Max von Baden

Staatsekretär
Mathias Erzberger

Reichsschatzsekretär
Graf Roedern

Handelsminister
Otto Fischbeck

Staatsekretär
Gustav Bauer

Staatsekretär
Philipp Scheidemann

Staatsekretär
Ritter von Mann

Kriegsminister
Scheüch

Staatsekretär
Dr. Groeber

Staatsekretär
Dr. Trimborn

Bildnisse gezeichnet von Paul Brockmüller.

Zwei Welten. Kanzlerzeit und Republik

Flugblatt zur Zeichnung der 9. Kriegsanleihe,
nach 3.10.1918.
Haus der Geschichte Baden-Württemberg,
Inv. 2012/1229

E. Stoetzer,
Porträtstudien zu
Wilhelm II., 1913,
Kohle auf Leinwand.
WGM Rastatt
Inv. Nr. 014441

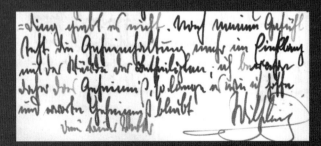

Kaiser Wilhelm II. an Prinz Max, 3.6.1902.
GLA FA-N 5820 # 4

[Zu Aussöhnungsversuchen des Hauses Hannover mit dem Kaiser:]

Nach meinem Gefühl
steht die Geheimhaltung mehr im Einklang
mit der Würde der Betheiligten; ich bewahre
daher das Geheimnis, so lange es, wie ich hoffe
und warte Geheimnis bleibt
Dein treuer Vetter
Wilhelm

Der Verwandte

Kaiser Wilhelm II. (1859–1941)

VON GERHARD HIRSCHFELD

Der badische Prinz und der preußische König waren tatsächlich Cousins dritten Grades: Die Mutter des Prinzen Max, die Zarennichte Maria Maximilianowna von Leuchtenberg, später Prinzessin Wilhelm von Baden, stammte in direkter (weiblicher) Linie von König Friedrich Wilhelm III. von Preußen ab. Die dynastische Verbindung suggeriert familiäre Nähe und Verbundenheit – doch das Gegenteil war der Fall. Von merklicher Distanz und spürbaren Vorbehalten geprägt war auch das persönliche Verhältnis zwischen Max und Wilhelm. Der letzte Kaiser der Deutschen, mit dessen Namen sich nicht nur eine Epoche, sondern vor allem die Niederlage im Weltkrieg und das Ende der Monarchie verbanden, und der aus einer Neben-linie der badischen Dynastie stammende letzte deutsche Reichskanzler der Monarchie hatten auf den ersten Blick nur sehr wenig gemeinsam. Dies war nicht nur der Fallhöhe zwischen der kaiserlichen und der prinzlichen Familie geschuldet. Begegnungen des zehn Jahre jüngeren Max von Baden mit dem neuen Kaiser und dessen Gemahlin Auguste Victoria fanden zunächst allenfalls sporadisch statt – vornehm-lich während seiner Berliner Zeit als preußischer Offizier im Garde-Kürassier-Regiment (seit 1889), zumeist im Rahmen repräsentativer Verpflichtungen für das Haus Baden.

Dass der Kaiser seinen *lieben Vetter* keineswegs aus den Augen verloren hatte, zeigte sich mit der von ihm verfügten militärischen Reaktivierung des Prinzen Max im Juni 1897 bei gleichzeitiger Beförderung zum Rittmeister und Chef einer Schwadron seines alten Garde-Kürassier-Regiments. Auch wenn Max sich der ungeliebten kaiserlichen Verpflichtung *(harte Not-wendigkeit)* rasch wieder entzog, so war unübersehbar, dass Wilhelm fortan den politischen Werdegang des badischen Prinzen zu begleiten und falls notwendig auch zu beeinflussen gedachte. Die diversen Inter-ventionen des Kaisers zu den diplomatisch heiklen Heiratsplänen des mutmaßlich homosexuellen Prinzen Max sprechen Bände. Insbesondere dessen Absicht, sich mit einer Prinzessin aus dem politisch entmachteten Welfenhaus zu vermählen – Bismarck hatte 1866 die Absetzung des König von Hannovers veranlasst –, erregte das Missfallen des preußischen „Verwandten". Eine eheliche Verbindung zwischen dem badischen Großherzog und dem Hause von Hannover (dessen im österreichischen Exil lebendes Oberhaupt Ernst August sich inzwischen Kronprinz von Hannover und Herzog von Cumberland nannte) würde nicht nur den „hochsensiblen Bereich der dynastischen Beziehungen der Hochadelsgesellschaft" (L. Machtan) beeinträchtigen. Die Rückkehr der Welfen in die fürstliche Familie des deutschen Kaiser-reichs, als deren von Gott gesetztem Oberhaupt sich Wilhelm II. stets empfand, hätte möglicherweise auch die Zukunft des ehemaligen Königreichs (nun-mehr die preußische Provinz Hannover) neu auf-scheinen lassen. Gleichwohl stimmte Wilhelm schließlich der Heirat des Prinzen Max mit der erst 20-jährigen Marie-Louise von Hannover-Cumberland zu, wohl in der Erwartung, dass Prinz Max *die Erwählte seines Herzens sogleich vollständig und für immer von den Anschauungen ihres bisherigen Milieus loslösen werde.*[1] An der prachtvollen Hochzeit im österreichischen Gmunden (im Juli 1900) in Anwesenheit des österreichischen Kaisers und der Könige von Dänemark und Griechenland nahm das deutsche Kaiserpaar allerdings nicht teil – dies hätte Wilhelm als ein politisches Einknicken empfunden.

Historiker haben die wilhelminische Epoche als „Zeitalter der Nervösität" (J. Radkau) beschrieben und das ökonomisch und militärisch aufstrebende Preußen-Deutschland als „nervöse Großmacht" (V. Ulrich) charakterisiert. Auch Wilhelm II. und Max von Baden spiegelten die Ruhe- und Rastlosigkeit jener Zeit in ihren unterschiedlichen Persönlichkeiten wider. Die Ursache für die prinzliche Nervosität resultierte zum einen aus dem Widerspruch zwischen dessen homosexueller Neigung und dynastischer Pflichterfüllung, zum anderen aus den offenkundigen Schwierigkeiten, für ihn eine, seiner (lange Zeit ungeklärten) Stellung am badischen Hofe angemessene politische Aufgabe zu finden. Die „politische Neurasthenie" der deutschen Gesellschaft, ebenso wie die ihres Monarchen, gründeten insbesondere auf dem martialisch postulierten Anspruch des Deutschen Reiches nach „Weltgeltung", auf die es wegen seiner wirtschaftlichen und gesellschaftlichen Dynamik Anspruch zu haben glaubte. Im Aufbau einer starken Schlachtflotte und in der entschlossenen Ausweitung des Reiches sah der Kaiser daher seine ureigene Mission. *Im Deutschen Reich soll die Sonne nicht untergehen,* so lautete einer der Kernsprüche Seiner Majestät. Begleitet wurden die kaiserlichen Ambitionen von einer militaristischen, mitunter auch rassistischen Rhetorik, wie sie sich etwa in Wilhelms berüchtigter „Hunnenrede" (1900) zeigte.

Wilhelms aggressive Großsprecherei, sein bombastisches Auftreten und sein sprunghaftes Temperament waren international gefürchtet, aber sie hatten ihm auch eine Aura der Lächerlichkeit eingetragen. Nicht ohne Grund verspottete die französische Presse den deutschen Kaiser als *Guillaume le timide, le valeureux poltron* (Wilhelm, der Zahme, der tapfere Feigling). Wilhelms Widersprüchlichkeit zeigte sich einmal mehr in der Julikrise 1914, die den „Großen Krieg" auslöste. Während der Kaiser sich zu Beginn der Krise für eine massive Vergeltung für den *feigen Fürstenmord* in Sarajewo ausgesprochen hatte, schreckte er einige Tage später – im Gegensatz zu seinen Militärs – vor der angedrohten *Strafexpedition* gegen Serbien zurück. Weder war Wilhelm in der Lage, die „komplizierte Risikostrategie" (W. J. Mommsen) seiner eigenen Regierung in der Julikrise zu durchschauen, noch war er, schon allein aus Gründen der „Honneur", willens, den Kriegstreibern im eigenen Lager in den Arm zu fallen. Auf diese Weise verstärkte der Kaiser den Eindruck der deutschen Unaufrichtigkeit und trug somit erheblich zur Eskalation der internationalen Krise bei.

Während des Weltkriegs, den der „Oberste Kriegsherr" überwiegend im so genannten „Großen Hauptquartier" an wechselnden Orten verbrachte, isolierte sich Wilhelm immer stärker von den getroffenen militärischen und politischen Entscheidungen und deren jeweiligen Verfechtern. Bereits Anfang November 1914 beklagte sich der Kaiser bitter bei einem Besucher im Hauptquartier von Charlesville-Mézières, dem Prinzen Max von Baden, dass man ihn nur sehr unzureichend informiere: *Der Generalstab sagt mir gar nichts und fragt mich auch nicht. Wenn man sich in Deutschland einbildet, daß ich das Heer führe, so irrt man sich sehr. Ich trinke Tee und säge Holz und gehe spazieren, und dann erfahre ich von Zeit zu Zeit, das und das ist gemacht, ganz wie es den Herren beliebt.*[2] Zwar hielt die verantwortliche Reichsleitung weiterhin am Prinzip des „Königsmechanismus" (J. C. G. Röhl) fest, nach der alle wichtigen, insbesondere personellen, Entscheidungen stets der Zustimmung des Monarchen bedurften. Doch besaß Wilhelm weder die notwendigen diplomatischen noch die operativen Kenntnisse und Fähigkeiten, zentrale

Fragen der Kriegführung (etwa die deutschen Kriegsziele oder den Einsatz der U-Boot-Waffe) sachgerecht
zu beurteilen. Und so führte er eben über weite
Strecken ein verhängnisvolles „Schattenregiment"
(W. J. Mommsen). Überdies verlor der Kaiser während
des Kriegs zusehends den Kontakt zur „Heimatfront",
was sich spätestens im Herbst 1918 rächen sollte.

Die Ereignisse im Weltkrieg schienen sich auf das
komplizierte Verhältnis zwischen den ungleichen
Vettern Wilhelm und Max zunächst günstig auszu-
wirken. Der Kaiser nahm den überraschenden Rückzug des vermutlich kriegstraumatisierten Prinzen von
der elsass-lothringischen Front bereits nach wenigen
Wochen äußerst gnädig auf und beförderte den inzwischen inaktiven Max bei einem weiteren Besuch
in Charleville am zweiten Weihnachtstag 1914 sogar
zum General der Kavallerie. Auch mit der weiteren
Verwendung des Prinzen im Weltkrieg, der sich als
Ehrenpräsident des badischen Roten Kreuzes (seit
Oktober 1914) der Fürsorge für Kriegsgefangene in
deutschem Gewahrsam sowie (seit dem Frühjahr 1915)
dem Austausch kriegsgefangener Soldaten widmete,
war Seine Majestät sehr einverstanden. Befördert
wurde die neue Einvernehmlichkeit zwischen den
beiden Fürsten nicht zuletzt durch einen gemeinsamen
Brieffreund und weltanschaulichen Stichwortgeber
in jener Zeit: den deutschsprachigen Schriftsteller,
Wagner-Verehrer und Judenhasser Houston Stewart
Chamberlain. Durch den von ihm verehrten Chamberlain erhielt Max unmittelbaren Einblick in das verquere,
religiös-dichotomische Weltbild des Kaisers, der
überzeugt war, dass der Krieg für die Deutschen inzwischen zu einem Kreuzzug gegen das Böse – Satan
– in der Welt geworden sei. Und weiter: *Gott will
diesen Kampf, und wir sind seine Werkzeuge. Er wird
ihn leiten, um den Ausgang brauchen wir uns nicht zu
sorgen* [...] *Dann kommt der Friede, der Deutsche,
der Gottes-Friede, in dem die ganze befreite Welt auf-
athmen wird; befreit von Angelsächsischem satanischen
Mammonsdienst und Verrohung.*[3]

Auch wenn Max die kaiserlichen Phantasmagorien
kritisch sah *(ein unglücklicher Mensch, im tiefsten
Inneren mit sich und der Welt im Zwiespalt)*, so war
er ebenfalls davon überzeugt, dass der Weltkrieg *ein
Kampf des Guten gegen das Böse, der Wahrheit gegen
die Lüge sei,* wobei der Ausgang, dass Deutschland
als *Hüter der Kultur,* [...] *siegreich den Riesenkampf*
bestehen werde, für ihn außer Frage stand.[4] Seine
Auffassungen entsprachen weitgehend den bei
Kriegsbeginn, insbesondere im deutschen Bildungs-
bürgertum, stark verbreiteten „Ideen von 1914", die
nicht nur einen fundamentalen Gegensatz zwischen
deutscher Kultur und westlicher Zivilisation beschworen, sondern die autokratische Ordnung des
Reiches gleichsam für sakrosankt erklärten. Erst im
späteren Verlauf des Krieges (1917) zeigte sich Max
davon überzeugt, dass sich die parlamentarische
Demokratie durchaus mit dem politischen System
des Reiches vereinbaren ließ: *Für mich sind Aristokratie
und Demokratie keine Gegensätze.*[5]

Ungeachtet der von Prinz Max bereits im Krisenjahr
1917 vergeblich angestrebten Reichskanzlerschaft
und seiner Ablehnung eines uneingeschränkten U-
Boot-Kriegs wie auch seiner erfolglosen Bemühung,
einen Sonderfrieden mit dem ihm verwandten Zaren
zu vermitteln, schien das persönliche Verhältnis
zwischen den Vettern zunächst weiterhin einvernehm-
lich zu sein. Zwar distanzierte sich Max von den
radikal-chauvinistischen Forderungen der politischen
Rechten, aber seine eigenen Vorschläge zum Friedens-
schluß *(deutscher Frieden)* unterschieden sich nur
in Nuancen (Belgien) von dem moderaten Siegfrieden-
Programm liberaler Politiker und Professoren im
Sommer 1915. Entscheidend war jedoch des Prinzen
unverbrüchliche Treue zu seinem Kaiser und sein fast
schon trotziges Beharren auf der *Solidarität der
Fürsten,* mithin die Beibehaltung des dynastischen
und monarchischen Prinzips in Deutschland. Seine
beinahe unterwürfige Haltung *(mein unbegrenztes
Vertrauen zu Deiner mir günstigen Gesinnung)* und

Kaiser Wilhelm II. beim Besuch einer Kieler Werft, Herbst 1918. GLA F-S Wochenschau 254

seine offen bekundete Sorge, *daß dem monarchischen Gedanken in Deutschland kein Abbruch geschieht,* bewahrten den Prinzen nicht davor, dass der Kaiser seinen Ambitionen auf die Reichskanzlerschaft wiederholt eine Abfuhr erteilte. Hatte Wilhelm anfänglich noch sachliche Argumente angeführt *(er könne sich von einem älteren Staatsmann beraten lassen, aber nicht von einem jüngeren Standesgenossen)* so attestierte er ihm schließlich erhebliche persönliche und charakterliche Defizite zur Führung eines hohen Staatsamts: Max sei – erläuterte der Kaiser Ende September 1918 seiner Entourage – *ein Mann von weichem, schwankenden Charakter, der weder militärisch noch sonst im Leben etwas geleistet habe.*[6]

Dennoch wagte es Wilhelm nicht mehr, sich dem Lauf der Ereignisse entgegen zu stellen, und vor allem dem kategorischen Verlangen der Dritten Obersten Heeresleitung (Hindenburg und Ludendorff), nunmehr den Prinzen Max mit dem Eingeständnis der militärischen Niederlage und der *Liquidierung des verlorenen Krieges* (so der Großherzog von Baden) zu beauftragen. Am 3. Oktober ernannte ihn der Kaiser zum achten deutschen Reichskanzler und preußischen Ministerpräsidenten; noch in der gleichen Nacht ging das Ersuchen auf Waffenstillstand an die Alliierten heraus. Drei Tage später führten die beiden Vettern – wie Max es in seinen Erinnerungen beschreibt – das *wohl einzige ruhige Gespräch während meiner Kanzlerzeit*[7]. Doch die Hoffnung des neuen Reichskanzlers, dass Seine Majestät *loyal mit der parlamentarischen Regierung zusammenarbeiten werde,* trog. Zwar stimmte der Kaiser – im Gegensatz zu seiner in dieser

Angelegenheit überaus echauffierten Gemahlin – der geforderten Entlassung des Kabinettschefs (und strammen Verfechters eines Siegfriedens) Friedrich Wilhelm von Berg zu, aber ansonsten war Wilhelm bemüht, seinen Thron zu retten, wobei er nicht davor zurückschreckte, die Politik der neuen Reichsregierung nach Kräften zu diskreditieren. *Der Kanzler ist den Verhältnissen nicht gewachsen, das Auswärtige Amt hat die Hosen gestrichen voll,* lautete seine harsche Reaktion auf die 3. Wilson-Note, die eine Entmachtung der traditionellen monarchisch-militärischen Eliten, und damit indirekt den Thronverzicht des deutschen Kaisers, verlangte. In völliger Verkennung der drohenden Niederlage und einer weit verbreiteten Friedenssehnsucht in der Bevölkerung schwadronierte Seine Majestät über eine Fortsetzung des Krieges und die Notwendigkeit, in Deutschland eine „Militärdiktatur" zu errichten: *Ich gehe nicht; tue ich es, dann zerfällt das Reich, also ist es meine Pflicht zu bleiben, wo ich stehe und, wenn es sein muß, mit dem Volk unterzugehen*[8]. Inzwischen war in Kiel die Revolution ausgebrochen und hatte begonnen, sich über das ganze Land zu verbreiten. Wilhelm reagierte darauf mit der ihm eigenen rhetorischen Brachialität und versprach den Revolutionären, *die Antwort mit Maschinengewehren auf das Pflaster zu schreiben*[9].

Prinz Max, der sich lange Zeit vergeblich bemüht hatte, die Frage eines Thronverzichts nicht zum Gegenstand des deutschen Waffenstillstandsersuchens werden zu lassen, vermochte sich nun nicht mehr gegen die zwischenzeitlich von allen Seiten erhobenen Forderungen nach einer Abdankung des Monarchen zu stemmen. Die nur als Flucht zu interpretierende, gegen den expliziten Willen des Reichskanzlers erfolgte überhastete Abreise des Kaisers und seiner Gemahlin am 30. Oktober aus Potsdam zurück ins Große Hauptquartier in Spa löste endlich die politische Blockade. Zwar war Max immer noch überzeugt, dass die Monarchie, wenngleich in parlamentarischem Gewand, die dem Deutschen Reich angemessene

Regierungsform war, doch für theoretische Erwägungen und politische Finessen war es zu spät. Überlegungen in letzter Minute, Wilhelm möge zwar als deutscher Kaiser abdanken, zugleich aber König von Preußen bleiben, wurden verworfen. Ohne die Zustimmung des Monarchen in Spa abzuwarten, informierte der Reichskanzler am späten Vormittag des 9. November das Wolffsche Telegraphenbüro, dass *der Kaiser und König [...] sich entschlossen* (hat), *dem Throne zu entsagen.* Wenige Stunden später rief der Sozialdemokrat Philipp Scheidemann die *Deutsche Republik* aus. Etwa zur gleichen Zeit verließ Prinz Max, der letzte Reichskanzler des Kaiserreichs, seinen Amtssitz in der Berliner Wilhelmstraße.

Quellen- und Literaturauswahl
(vgl. das Literaturverzeichnis am Schluss des Bandes)

Korrespondenz Kaiser Wilhelm II. / Prinz Max von Baden im Nachlass Prinz Max von Baden, Generallandesarchiv Karlsruhe (in FA-N)

Prinz Max von Baden, Erinnerungen

Hirschfeld u.a., Enzyklopädie.- Ders. u. a., Deutschland.- Machtan, Prinz Max.- Mommsen, Kaiser.- Radkau, Zeitalter.- Röhl, Kaiser.- Ders., Wilhelm II.- Ullrich, Großmacht.- Urbach/Buchner, Prinz Max

---

1 Außenamt-Staatssekretär Bernhard von Bülow (der spätere Reichskanzler) an Großherzog Friedrich I. von Baden, 31.12.1899, zit. nach Machtan, Prinz Max, S. 143.
2 Zit. nach Mommsen, War der Kaiser an allem schuld?, S. 227f.
3 Wilhelm II. an Chamberlain, 15.1.1917, zit. nach Röhl, Wilhelm II., S. 1199.
4 Schreiben Max an Chamberlain 17.9.1914, zit. nach Urbach/Buchner, Prinz Max, S. 139f.
5 Erinnerungen, S. 171.
6 Staatsminister Graf Siegfried von Roedern in seinen ungedruckten Erinnerungen, zit. nach Machtan, Prinz Max, S. 370.
7 Erinnerungen, S. 360.
8 Zit. nach Röhl, Wilhelm II., S. 1241.
9 Zit. ebd., S. 1242.

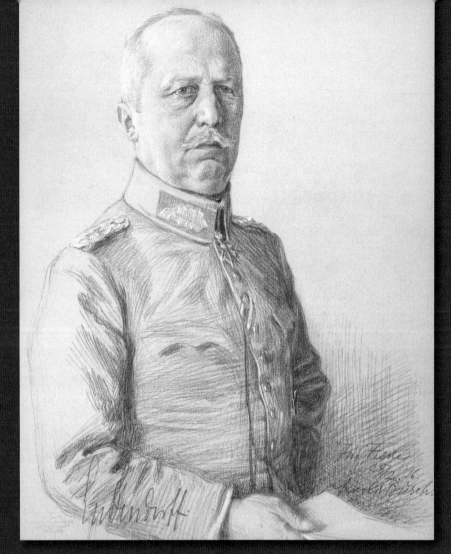

Arnold Busch,
Porträt Erich Ludendorff,
Bleistiftzeichnung
„Im Felde 28.2.1916"
mit Unterschrift Ludendorffs.
Lichtdruck, WGM Rastatt

Ludendorff an Prinz Max, 24.3.1919.
GLA FA-N 6042 # 8

[Auf Vorschlag des Prinzen,
bis zum Friedensschluss auf gegenseitige
öffentliche Polemik zu verzichten:]

Euer Grossherzoglichen Hoheit bitte ich,
sich nicht wieder an mich zu wenden.
Ich möchte einer peinlichen Lage überhoben
werden. Seitdem Sie den Kaiser eigenmächtig
entfernt und der Revolution den Weg frei
gegeben haben, ist das Tischtuch zwischen uns
zerschnitten.
Was Euer Grossherzogliche Hoheit späterhin
zu tun beabsichtigt, hat für mich kein Interesse.

Mit vorzüglicher Hochachtung
zeichne ich mich
Euer Grossherzoglichen Hoheit
sehr ergebener
Ludendorff

Der Onkel

Erich Ludendorff (1865–1937)

VON CHRISTOPHER DOWE

Das Tischtuch zwischen uns [ist] zerschnitten.[1] Dies schrieb am 24. März 1919 derjenige an Prinz Max von Baden, dessen Zustimmung ein knappes halbes Jahr vorher die Ernennung des badischen Thronfolgers zum Reichskanzler erst mit ermöglichte: Erich Ludendorff. Der General hatte zu diesem Zeitpunkt eine steile Karriere hinter sich, die für einen bürgerlichen Soldaten im obrigkeitsstaatlichen Kaiserreich außergewöhnlich war. Ludendorff war in der zweiten Hälfte des Ersten Weltkrieges zu einem der mächtigsten Männer im Deutschen Reich aufgestiegen, weshalb manche Historiker ihn übertreibend gar als Diktator bezeichnet haben.

Geboren wurde Erich Ludendorff am 9. April 1865 in Kruszewnia in der preußischen Provinz Posen als zweiter Sohn eines bürgerlichen Rittergutsbesitzers. Der hochbegabte Knabe besuchte zunächst die Kadettenanstalt in Plön, bevor die eigentliche Militärkarriere begann. Nach Truppenverwendungen und dreijähriger Zeit bei der Marine gelang es Ludendorff 1890, zur Ausbildung an der Kriegsakademie zugelassen zu werden. Dieser hohen Schule der Militärs folgten eine kurze Verwendung im Großen Generalstab, weitere Truppenkommandos sowie eine Lehrtätigkeit an der Kriegsakademie. 1908 kehrte Ludendorff als Abteilungsleiter in den Großen Generalstab zurück und entwickelte sich zur rechten Hand des Generalstabschefs Helmuth von Moltke. In dieser Funktion trug er einen wesentlichen Teil zur Durchsetzung der Heeresvorlage von 1913 bei, die die Hochrüstung vor dem Ersten Weltkrieg

nochmals beschleunigte. Gemäß der preußischen Ausbildungstradition folgten im gleichen Jahr erneut Truppenverwendungen, sodass Ludendorff den Beginn des Ersten Weltkrieges im Westen erlebte.

Während des deutschen Überfalls auf Belgien und des Durchmarsches durch das Territorium des neutralen Nachbarlandes war Ludendorff unter anderem vor Lüttich eingesetzt und wirkte bei der Besetzung der Stadt mit. Im Rückblick wurde sein Vorgehen bei der Einnahme der dortigen Zitadelle, bei der er den Überblick über die Gefechtslage verloren hatte und nur mit Glück und Kühnheit die Kapitulation der belgischen Festungsbesatzung erreichte, überhöht und Ludendorff zum Helden von Lüttich stilisiert.

Kurz darauf wurde Ludendorff an die Ostfront versetzt, um General Paul von Hindenburg als Stabschef zur Hand zu gehen. Beide Militärs sollten sich in den folgenden vier Kriegsjahren gegenseitig exzellent ergänzen, gemeinsam militärisch Karriere machen und immer größeren Einfluss gewinnen. Die Grundlage dafür legten sie kurz nach ihrer Ankunft im Osten mit einem Sieg über die russischen Truppen Ende August 1914. Als Schlacht von Tannenberg propagandistisch gefeiert, gab sie Hindenburg und Ludendorff den Nimbus des unschlagbaren Feldherrngespanns, zumal sich an der Westfront der Bewegungskrieg der ersten Kriegswochen in den Stellungskrieg in den Schützengrabenlandschaften gewandelt hatte.

Nach ihren Erfolgen drängten Ludendorff und Hindenburg mit allen Mitteln darauf, weitere Truppenverstärkungen im Osten zu erhalten, während die

Hindenburg und Ludendorff. Glasdia, wohl für Werbevortrag zu einer Kriegsanleihe, Anfang 1918. Haus der Geschichte Baden-Württemberg Inv. 2002/1170/016

Oberste Heeresleitung unter General von Falkenhayn die verfügbaren Truppenreserven nach Westen verlegte, um dort doch noch eine Entscheidungsschlacht herbeiführen zu können. Diese Kontroverse um die richtige militärische Gesamtstrategie weitete sich bis ins Jahr 1916 zu einem gewaltigen innermilitärischen Machtkampf aus, der mit dem Sturz Falkenhayns endete. Seine Nachfolger wurden Hindenburg, formal neuer Generalstabschef, und Ludendorff, der das neu geschaffene Amt eines Generalquartiermeisters erhielt.

Als Dritte Oberste Heeresleitung sollten die beiden bis Ende Oktober 1918 nicht nur die Militärstrategie des Deutschen Reiches und seiner Bündnispartner bestimmen, sondern zunehmend ihren Willen auch innenpolitisch durchsetzen. Im Zusammenspiel mit anderen politischen Kräften gelang es ihnen unter anderem, Reichskanzler Bethmann Hollweg und den Staatssekretär des Äußeren, Richard von Kühlmann, zu stürzen, als diese ihren Zielen im Wege standen. Mit der Drohung zurückzutreten, zwangen Ludendorff und Hindenburg auch dem Kaiser mehrfach

Ludendorff mit Kronprinz Wilhelm. Glasdia, wohl für Werbevortrag zu einer Kriegsanleihe, Anfang 1918. Der Kronprinz unterstützte Ludendorff beim Sturz Bethmann Hollwegs und griff wie Ludendorff nach 1918 Prinz Max stark an. Haus der Geschichte Baden-Württemberg, Inv. 2002/1170/013

ihren Willen auf, der ebenso wie die meisten Politiker und Militärs glaubte, die beiden Generäle seien unersetzlich.

Parallel zum Machtzuwachs der Dritten Obersten Heeresleitung bemühte sich der Reichstag immer stärker, wieder die deutsche Innen- und Außenpolitik mitzugestalten, nachdem sich die Abgeordneten bei Kriegsbeginn zunächst unter Berufung auf den nationalen Burgfrieden selbst politisch entmachtet hatten. Ab Sommer 1917 setzten die Parlamentarier nicht nur Schritte hin zu einer weiteren Parlamenta-

risierung des politischen Systems des Kaiserreichs durch, sondern versuchten auch konkret, Einfluss auf die deutsche Kriegs- und Außenpolitik zu nehmen, die verfassungsmäßig Kaiser und Reichsleitung vorbehalten war. In dieser Konstellation bemühte sich Max von Baden zweigleisig, seine politischen Ambitionen auf ein Regierungsamt zu realisieren: einerseits über ausgewählte Politiker wie die württembergischen Liberalen Conrad Haußmann und Friedrich von Payer und andererseits mit Hilfe von Hans von Haeften, dem Verbindungsmann des Generalquartiermeisters Ludendorff in der Reichshauptstadt.

In beiden Fällen kam Max' Vertrautem Kurt Hahn, der anders als der Prinz in Berlin arbeitete und Haeften unterstellt war, eine zentrale Rolle zu. Trotz aller Werbeversuche Dritter und zweier persönlicher Besuche Max von Badens bei Ludendorff spielte der Prinz für die politischen Überlegungen der Obersten Heeresleitung lange Zeit keine Rolle. Als Ludendorff und Hindenburg im Sommer 1918 schließlich Außenminister Kühlmann gestürzt hatten, habe laut Hahn und Haeften der Generalquartiermeister zwei Kandidaten als mögliche Nachfolger erwogen, darunter den Badener, der in der Korrespondenz mit dem Decknamen der Wunschlose bezeichnet wurde. Dass Ludendorff angeblich *zu dem Wunschlosen […] mehr Vertrauen habe, er ihm der liebere sei,* wie Hahn schrieb,[2] begeisterte zwar den Prinzen, der schon im Frühjahr begonnen hatte, zusammen mit Hahn und unter Berücksichtigung der eigenen Person Nachfolgeszenarien für Kühlmann zu entwickeln. Doch blieb Max von Baden bei der Neubesetzung des Außenamtes außen vor.

Erst im Verlaufe des September 1918 änderte sich dies. Denn die Oberste Heeresleitung, die bis dahin die sich abzeichnende deutsche Niederlage ausgeblendet hatte, musste eingestehen, dass in Kürze die deutsche Front im Westen zusammenbrechen werde. Deshalb forderten Ludendorff und Hindenburg von Kaiser und Reichsleitung, dass das Deutsche Reich umgehend und ohne diplomatische Vorbereitungen einen Waffenstillstand von den Kriegsgegnern erbitten müsse. Zudem verlangten die beiden Generäle die Bildung einer neuen Regierung mit breiter parlamentarischer Rückendeckung. Damit wollten Ludendorff und Hindenburg die politischen Kräfte ins Kabinett holen bzw. darin stärken, die seit langem gegen den erbitterten Widerstand der Obersten Heeresleitung vergeblich einen Verständigungsfrieden angestrebt hatten. Die Schuld für die deutsche

Niederlage wollten die beiden Generäle so ihren innenpolitischen Gegnern in die Schuhe schieben.

Innenpolitisch hatte sich im Verlauf des Septembers schon abgezeichnet, dass die Regierung unter Reichskanzler Georg von Hertling politisch am Ende war. Die führenden Abgeordneten planten bis Anfang Oktober, ohne von Ludendorffs Forderung nach sofortigem Waffenstillstand zu wissen, die Bildung einer neuen Regierung, um innenpolitische Reformen, die Umgestaltung des Kaiserreichs zu einer parlamentarischen Monarchie und einen Verständigungsfrieden zu realisieren. Bei der Suche nach einem neuen Kanzler fiel wieder einmal der Name Max von Badens. Dieses Mal fand der Prinz die Unterstützung Ludendorffs, der ihm den Weg in das ersehnte Amt des Reichskanzlers bahnte.

Bei Amtsantritt konnte sich Max von Baden, der die Forderung der Obersten Heeresleitung nach sofortigem Waffenstillstand ablehnte und eine diplomatische Vorbereitung des entsprechenden Gesuchs forderte, gegenüber dem Druck des Generalquartiermeisters nicht durchsetzen. Ludendorff und Hindenburg zwangen wieder einmal erfolgreich der Regierung ihren Willen auf. Doch dies sollte sich bald ändern. Denn Max von Baden und sein Kabinett schufen sich im Verlaufe des Monats Oktober soviel politischen Rückhalt, dass sie Ende des Monats bei einem erneuten Versuch der Obersten Heeresleitung, gegenüber der Politik ihren Willen durchzusetzen, dieser die Grenzen ihrer Macht aufzeigten. Max von Baden forderte als Reichskanzler erfolgreich vom Kaiser die Entlassung Ludendorffs.

Dies sollte Ludendorff Max von Baden nicht vergessen und machte den Prinzen in den folgenden Jahren immer wieder öffentlich für die deutsche Kriegsniederlage, den Zusammenbruch der Monarchie und die Revolution verantwortlich. Damit baute Ludendorff den badischen Thronfolger in seine Variante der Dolchstoßlegende ein und überzog den Prinzen wie die Vorkämpfer einer demokratischrepublikanischen Staatsform mit seiner völkischen-antirepublikanischen Hetze. Ludendorff beteiligte sich in den ersten Jahren der Weimarer Republik an mehreren Versuchen, die erste deutsche Demokratie zu zerstören, etwa mittels des Kapp-Putsches von 1920 und des Hitler-Putsches von 1923. Unter dem Einfluss seiner zweiten Frau driftete Ludendorff ins völkisch-religiöse Sektierertum ab und starb schließlich, von den Nationalsozialisten hofiert, am 20. Dezember 1937. Lebenslang blieb Max von Baden für Ludendorff ein wichtiges Feindbild. Ludendorffs Hinweis vom 24. März 1919, das Tischtuch zwischen ihnen sei zerschnitten, war so gesehen nur eine höfliche Verharmlosung der geschichtspolitischen Agitation, die der ehemalige General in Reden, Zeitungsartikeln und Büchern gegen Max von Baden führte. Der Angegriffene hingegen hielt sich öffentlich mit Gegenangriffen weitgehend zurück und ließ auch in seinen „Erinnerungen" zu kritische Passagen über den einstigen Kriegshelden mehrfach streichen.

Quellen- und Literaturauswahl
(vgl. das Literaturverzeichnis am Schluss des Bandes)

Generallandesarchiv Karlsruhe (GLA), Nachlass Prinz Max von Baden (in FA-N)

Machtan, Prinz Max.- Ders., Autobiografie.- Nebelin, Ludendorff.- Pöhlmann, Alexander.- Thoß, Ludendorff-Kreis.- Ders., Ludendorff

---

1 GLA FA-N 6042.
2 An Prinz Max, Wannsee, 9.7.1918, ebd. Nr. 5859, Bl. 57, 1–2.

um 1910. Haus Baden

von Haeften an Prinz Max, 28.8.1917.
GLA FA-N 6014

*[nach Ernennung von Michaelis zum
Reichskanzler an Stelle des Prinzen Max:]*

[Ich hoffe …]
daß uns jede weitere Krisis erspart bleibt.
Herr Hahn teilt zwar meine Hoffnung nicht,
sie muß aber zur Richtschnur des Verhaltens
eines Jeden von uns werden – vor allem aller
Reichstagsabgeordneten, die noch ein Gefühl
von Verantwortung gegenüber dem Vaterland
haben.

Mit sehr angelegentlichen Empfehlungen
bin ich
Euerer Großherzoglichen Hoheit
untertänigster
von Haeften

um 1925. Archiv Harmsen, München

Der Neffe

Hans von Haeften (1870–1937)

VON JOACHIM NIEMEYER

Hans von Haeften entstammte einem geldernschen Adelsgeschlecht, er wurde am 18.Juni 1870 auf Gut Fürstenberg bei Xanten geboren. Der Vater, preußischer Staatsarchivar und Historiker, starb bereits 1871. Nach dem Abitur auf einem Weimarer Humanistischen Gymnasium begann Haeften 1889 eine militärische Karriere, die ihn mehrfach in den Großen Generalstab führte. In der Kriegsgeschichtlichen Abteilung I bearbeitete er die amtlichen Darstellungen zum Buren- und Hererokrieg, am Vorabend der Mobilmachung 1914 beauftragte ihn der Chef des Generalstabes, Helmuth von Moltke, mit den Entwürfen der kaiserlichen Proklamation „An das deutsche Heer" und „An das deutsche Volk".

Im Dezember 1914 beschloss die Oberste Heeresleitung (OHL), schon während des Krieges einzelne Feldzugsabschnitte für eine künftige Darstellung bearbeiten zu lassen und beauftragte Haeften, dies für die Operationen in Polen zu übernehmen; Haeften war gleichzeitig Adjutant von Moltkes, der inzwischen durch Kriegsminister Erich von Falkenhayn abgelöst und Chef des Stellvertretenden Generalstabes in Berlin geworden war. Haeften geriet damit in den direkten dienstlichen Verkehr mit dem Oberkommando Ost (Oberost), der späteren 3. OHL, Hindenburg und Ludendorff. Insbesondere die Persönlichkeit Ludendorffs ließ ihn bis zum Ende des Krieges zu dessen überzeugtem Parteigänger werden.

Ende Dezember 1914 und zu Beginn des Jahres 1915 entwickelte sich ein scharfer Gegensatz zwischen Oberost und der OHL. Falkenhayns Kriegführung der begrenzten Ziele im Westen und des Verzichts auf Entscheidung im Osten stieß auf den erbitterten Widerstand von Oberost. In die Fronde gegen Falkenhayn reihten sich Moltke wie auch Reichskanzler Bethmann Hollweg und der Kronprinz ein. Haeften, der sich zwischen Oberost, Berlin und OHL ständig bewegte, spielte in dieser Krise eine ungewöhnlich aktive Rolle, indem er die beteiligten Parteien in ihren Positionen koordinierte und darüber hinaus noch den Kreis erweiterte: Er konnte den mit Moltke befreundeten Generaladjutanten des Kaisers, Hans von Plessen, von der Ablösung Falkenhayns als Generalstabschef überzeugen. Zudem setzte sich auch die Kaiserin in einem Brief an Wilhelm II. für Hindenburg ein; Haeften überbrachte diesen Brief persönlich in das Hauptquartier nach Charleville und erläuterte in einem längeren Gespräch die Auffassungen der Opponenten. Vor diesem Gespräch war allerdings bereits entschieden worden, die Personalunion von Kriegsminister und Generalstabschef aufzuheben und zudem die Mehrzahl der neu aufgestellten Armeekorps nicht im Westen einzusetzen, sondern Oberost zuzuführen. Eine Ablösung Falkenhayns als Generalstabschef kam für den Kaiser nicht in Frage, der über die Art dieser Intervention empört war. Nur mit Mühe vermochte Plessen, Haeften vor einer kriegsgerichtlichen Untersuchung zu bewahren, nicht verhindern konnte er allerdings, daß Haeften strafversetzt wurde.

Zu den neuen Erscheinungsformen des Kriegsbildes im I. Weltkrieg gehörte auch die Rolle der Steuerung

der öffentlichen Meinung durch Zensur und Propaganda. Die Beeinflussung der gegnerischen Moral
wurde zu einem modernen Kriegsmittel; Ziel der
Propaganda war die indirekte Einflussnahme auf die
politische Willensbildung. Aber auch die Erhaltung
der eigenen Moral an der Front wie in der Heimat
war eine zentrale Aufgabe der Kriegspropaganda; sie
wurde zu einem unentbehrlichen politischen und
emotionalen Band, mit dessen Hilfe politische Überzeugung und Opferbereitschaft gefestigt werden
sollten. Im Oktober 1914 entstand hierzu eine Zentralstelle für Auslandsdienst beim Auswärtigen Amt; im
Oktober 1915 wurde zudem das Kriegspresseamt
gegründet, welches – zur Lenkung und Zensur der
Presse – als „positive" Beeinflussung der Presse
bestimmt und der OHL direkt unterstellt war. Das
Kriegspresseamt sollte die Stimmung in Deutschland
und bei den Verbündeten mit militärischer Bericht-
erstattung und Propaganda fördern, die Zensur ver-
einheitlichen, Einfluss auf die Politik der Neutralen
nehmen und die OHL über die Entwicklung der
öffentlichen Meinung unterrichten.

Hans von Haeften, um 1895.
Archiv Harmsen, München

Hans von Haeften als Sekondeleutnant
des 2. Preußischen Garderegiments zu Fuß,
um 1895. Archiv Harmsen, München

II.   Haeften 2.XI.1921.

Teufel gesagt zu werden-Ich hatte aber keine Unterlagen dafür-So lf wusste nicht,wieviel U-Boote wir haben-In dieser Lage Ludendorff die letzte

Waffe ohne Widerlegungsmöglichkeit aus der Hand zu nehmen,das konnte ich

nicht.Haeften war nicht in der Lage die strategische Seite nachzuprü-

fen,hat aber versucht,die politische im Sinne Solfs zur Geltung zu bring

Hahn: Vorschlag,U-Bootkr.als Repressalie für die Blockade anzusagen.

Reichskanzler u.Zimmermann am 28. ins Gr.Hauptquartier.mit einem Ent-

wurf in diesem Sinne von Simons und Noeggerath.

Noeggerath zu Haeften.(Haeften) Es ist ein amerikanischer Schritt von

Wilson zu erwarten.Noch 6 Wochen warten,wenn dann Wilsons Schritt keinen

Erfolg,können wir den U-B.Kr.mit Wilsons Unterstützung führen.-Haeften

vermittelt das Telefon zwischen Noeggerath u.Zimmermann-letzte Orientierg

Noeggerath leidenschaft beschworen,nicht aufzuheben,aber noch mal zu ver-

schieben und das hat Z.abgelehnt.N.tief deprimiert.

Hahn: "Die Grundlage des Entschlusses,die Depression,bestand in

Wirklichkeit nicht-1.Die russische Gefahr bestand nicht,in England war

lloyd George Siegesmut Bluff(Diplomat.Wettkampf vor Amerika)-Bennet-Der

neuen Offensive steht man in England mit Skepsis gegenüber-Gruppe hat

mit Leidenschaftlichkeit dem Ausw.Amt davon Mitteilung gemacht.-Haeften

hatte keinerlei Berichte über die Lage im Ausland,sah aber trotzdem sehr

kritisch.-

Hahn   Unsere Nachrichten ermöglichten das A.A. zu sagen,wir stehen

an einer siegreich fortschreitenden Offensive..

Haeften   hat Protokoll gelesen.Bethmann hat nichts gesagt,aber auch

keinen Ausweg -weder Bernstorff-man hat sich absolut auf die Marine

verlassen.-Die Regierung hat versäumt,die Hahnsche Vermittlung über

Auslandsstimmung zu verwerten.-Hatte Amerika unterschätzt.

Prinz   Nicht richtig,dass Ludendorff das so fraglos hinnahm,

Haeften:Er war so guten Glaubens,dass er niemand beauftragte,zu prüfen

was wird ,wenn es nicht stimmt?....Pr

Prinz   Reichskanzler war gewarnt.

Hahn:Mit Rhomberg täglich zusammengearbeitet(Liest aus Entwurf vor
wegen dessen er aus Ausw.Amt herausgeschmiessen wurde)Der

Deutsche Staatsmann,der im Jahre 1917 Frieden machen wollte,
sich
konnte nicht sagen:Es geht nicht,ohne Metz,Der Gedanke,dass

Bethmann das machen solle,war ihm entsetzlich.Diesen Frieden
kann ich nicht unterzeichnen"Flaumacher"Er fürchtete sich vor d
Verständigungsfrieden

Salemer Gesprächsprotokoll mit Haeften über Friedensaussichten 1917, U-Boot-Krieg, Amerikas Kriegseintritt, deutsche Friedensziele (Verzicht auf Lothringen), Zögern Bethmann Hollwegs. Herauswurf Kurt Hahns aus dem Auswärtigen Amt [und Wechsel zur Dienststelle Haftens] wegen eines kritischen Berichts. GLA FA-N 5654

Mit der Übernahme der OHL durch Hindenburg und Ludendorff im Sommer 1916 erhielt die Steuerung der öffentlichen Meinung eine erhebliche Aufwertung. In diesem Aufgabenspektrum fand der inzwischen zum Oberstleutnant (1918 dann zum Oberst) beförderte Haeften eine neue und bis zum Ende des Krieges anhaltende Verwendung. Am 1. Juli 1916 wurde zur Koordinierung der vielfältigen Aufgaben die Militärische Stelle des Auswärtigen Amtes (MAA) gegründet, die der OHL seit Januar 1917 direkt unterstellt war. Leiter dieser Dienststelle wurde Haeften. Zu den zentralen Aufgaben der MAA gehörte die Betreuung der neutralen und befreundeten Militärattachés und Pressevertreter sowie die militärische Propaganda in Schrift, Bild und Film im befreundeten und neutralen Ausland. Trotz einer umfassenden Pressezensur durch das Kriegspresseamt zeigte sich seit 1916, dass der „Burgfrieden" durch die Zensur alleine nicht aufrechtzuhalten war. Diese Erkenntnis führte zum Aufbau eines beachtlichen Propagandaapparates, der – mit fast unbegrenzten Geldmitteln versehen – die Bevölkerung und das Militär mit einer Flut von Presseverlautbarungen, Filmen, Flugblättern und Plakaten überzog. Durch Ludendorff wurde im Mai 1917 der Tätigkeitsbereich der MAA wesentlich erweitert. Haeften wurden Aufgaben des Kriegspresseamtes zusätzlich übertragen, sodass er nun auch maßgeblich in die Führung und Gestaltung der Inlandpropaganda eingebunden war. Die Aufzeichnungen von Kurt Hahn, der im MAA als Lektor für die angelsächsische Presse arbeitete, geben einen guten Einblick in den Alltag von Presseberichterstattung und -lenkung.

Im August 1918 mündeten die Überlegungen zur Zentralisierung der Propaganda im Vorschlag des Reichskanzlers und des Auswärtigen Amtes zur Schaffung eines Reichspropagandaamtes. In ihm sollte Haeften als Unterstaatssekretär für die militärischen Belange zuständig sein. Diese zentrale Behörde sollte nicht dem Reichskanzleramt, sondern dem Auswärtigen Amt unterstehen und damit Paul von Hintze. Haeften, dessen MAA seit Mai 1918 eine Abteilung des Generalstabes des Feldheeres bildete, lehnte einen solchen Wechsel ab. Sein Verhältnis zu Hintze war äußerst kritisch und er fürchtete, als politischer Beamter nicht mehr die Rückendeckung durch Ludendorff zu haben und damit nicht mehr die Interessen der OHL angemessen vertreten zu können.

Haeften, eng und loyal an Ludendorff gebunden, hatte dessen annexionistische Forderungen – so in der Belgien-Frage – und dessen starres innenpolitisches status-quo-Denken – wie bei der Ablehnung einer Verfassungsreform – stets verteidigt. Trotzdem hatte sich Haeften in den Jahren 1917/18 bei zahlreichen Vertretern der zivilen Gesellschaft als geachteter und zuverlässiger Gesprächspartner erwiesen. So hatten sich seine Beziehungen zu Parlamentariern der Mehrheitsfraktion, hier vor allem zu Mitgliedern der Fortschrittlichen Volkspartei wie Haußmann und Daniel, zu einer vertrauensvollen Zusammenarbeit entwickelt. In der letzten Phase des Krieges, insbesondere während der fünfwöchigen Kanzlerschaft des Prinzen Max von Baden, sollte sich diese Vernetzung von politischen und militärischen Instanzen als besonders nützlich erweisen. Gefördert und gesteigert wurde dieser Einfluss zudem durch seine Ernennung zum Vertreter der OHL beim Reichskanzler Ende September sowie seine Teilnahme an den meisten Sitzungen des täglich tagenden Kriegskabinetts des Prinzen Max. Kurt Hahn, der auf anderen Wegen zum Berater des Prinzen geworden war, spielte als quirliger Mittelsmann eine unverzichtbare, freilich nicht immer leicht definierbare Rolle; dass Haeften in der letzten, dramatischen Phase der Kanzlerschaft Hahn schließlich als Gesprächspartner abblitzen ließ, könnte auch mit dem Sturz Ludendorffs zusammengehangen haben. Haeften und Ludendorff – *Neffe* und *Onkel* in der Korrespondenz-Chiffrierung des Prinzen Max – hatten bis dahin ja immer gemeinsam gehandelt, die Verbindung des Prinzen zu Ludendorff war fast nur über Haeften gelaufen, die Verbindung zu Haeften wiederum vor allem über Hahn. Indem Prinz Max durch den Sturz Ludendorffs den Primat der Politik gegenüber der OHL durchsetzte – zu spät und wirkungslos –, brachte er Haeften in stärksten Loyalitätskonflikt.

Bereits im Dezember 1916 hatte Haeften in einem Memorandum an Ludendorff Überlegungen zu einer zukünftigen Anstalt für kriegs- und heeresgeschichtliche Forschung entwickelt. Nukleus dieser kommenden Einrichtung sollte die bereits 1914 errichtete „Prüfungsstelle für Kriegsakten" werden. Sie sammelte während des Krieges die Akten der Truppen und Stäbe, prüfte sie auf Vollständigkeit und publizierte daraus auch eine Reihe volkstümlicher Schriften. Mitte Oktober 1918 entstand hierzu eine kriegsgeschichtliche Abteilung, deren Sektion 2 Haeften seit Februar 1919 leitete. Mit der Auflösung des Großen Generalstabes am 30. September 1919 auf Grund des Versailler Vertrages wurde die Dienststelle unter der Bezeichnung „Reichsarchiv" vom Innenministerium übernommen und erhielt Ende 1919 ihren Sitz in Potsdam. Haeften schied 1920 als Generalmajor aus dem Militärdienst aus, um als Beamter die zentrale Abteilung des Reichsarchivs zu leiten; sie war für die Bearbeitung der amtlichen Weltkriegsgeschichte zuständig. Bis zu seiner Übernahme der Präsidentschaft des Reichsarchivs 1931 erschienen unter seiner Regie sieben Bände, von denen er die Bände III und IV zum Marnefeldzug überwiegend selbst bearbeitete.

Ab März 1919 begann die Unterstützung Haeftens bei der Arbeit an den „Erinnerungen" des Prinzen Max von Baden, die bis in die letzte Phase ihres Erscheinens anhalten sollte. Die dienstliche Stellung Haeftens ermöglichte es ihm, dem Prinzen sowie Kurt Hahn als dessen Sekretär durch die Übermittlung zahlreicher Akten und Dokumente zu helfen. Bei längeren Aufenthalten in Salem wurden detaillierte Fragebögen diskutiert und protokolliert und diese Protokolle dem Gesprächspartner nochmals zur Berichtigung übersandt. Selten ist in einem Memoirenwerk derart um jede Nuance so gerungen worden.

Noch im Jahre seines Ausscheidens aus dem Reichsarchiv, 1934, wurde Haeften in die Preußische Akademie der Wissenschaft als ordentliches Mitglied aufgenommen. Durch seinen Tod am 9. Juni 1937 musste er nicht mehr erleben, dass seine beiden Söhne im Zusammenhang mit dem 20. Juli 1944 ermordet wurden. Der ältere, Hans-Bernd, war 1928–1930 Schüler des Internats in Salem gewesen.

Quellen- und Literaturauswahl
(vgl. das Literaturverzeichnis am Schluss des Bandes)

Teilnachlass Hans von Haeften im Bundesarchiv
Korrespondenz Prinz Max von Baden / Hans von Haeften / Kurt Hahn im Nachlass Prinz Max von Baden, Generallandesarchiv Karlsruhe (in FA-N)

Prinz Max von Baden, Erinnerungen.- Deist, Militär.- Haeften, Forschungsmethoden.- Matthias/Morsey Regierung des Prinzen Max.- Meinecke, Haeften

Demeter, Reichsarchiv.- Guth, Gegensatz.- Pöhlmann, Schmidt, Belehrung.- Stegmann, Landespropaganda

wohl 1914.
Aufn. W. Paulcke.
Haus Baden

in Oxford, um 1910.
Kurt-Hahn-Archiv, Salem

Hahn an Prinz Max, 19. Juli 1917.
GLA FA-N 5858

Und darum zögere ich nicht,
zum Schluss die ehrfurchtsvolle Bitte
auszusprechen:
Zeigen Eure Grossherzogliche Hoheit
den Herren morgen nicht die Bedenken.

Jeder Deutsche, der nicht Militär ist,
ist ein Stück Hamlet, und es ist gefährlich,
Hamlet Bedenken zuzutragen.

Ehrfurchtsvoll
Kurt Hahn

Der Rastlose

Kurt Hahn (1886–1974)

VON KONRAD KRIMM

Der Name Kurt Hahns wird sich immer zuerst mit dem Salemer Schulleiter verbinden, dem begeisterten Reformpädagogen, dem Vermittler englischer Erziehungstraditionen nach Deutschland – und das zu Recht. So überzeugend wirkte er mit diesem seinem didaktischen Eros in die Biografie des Prinzen Max ein, dass ihm dafür ein eigener Platz unter den einführenden Texten zusteht (vgl. den Beitrag Dargel/Mohn).

Kurt Hahn, der Referent in der Zentralstelle für Auslandsdienst des Auswärtigen Amtes, der engagierte Korrespondent englischer Labour-Abgeordneter, der politische Berater des Prinzen im Krieg und nach dem Krieg, der Sekretär, der die Geschäfte der sog. Heidelberger Vereinigung von Salem aus lenkte und der nicht zuletzt die „Erinnerungen und Dokumente" des Prinzen Max im Wesentlichen zusammenstellte, formulierte und redigierte: Dieser Kurt Hahn blieb sehr viel unbekannter. Das entsprach seiner Rolle; wer zuarbeitet, Schriftsätze verfasst und Programme entwickelt, wird immer hinter dem Ganzen zurücktreten, man mag es Selbstlosigkeit nennen oder Schicksal jeden „Dienstleisters". Hahn scheint diese Aufgaben aber mit einer Intensität betrieben zu haben, die ihn aus der Gruppe der Zulieferer weit heraushob. Die Schnelligkeit, mit der er Denkschriften verfasste, ist verblüffend – vor allem die Schnelligkeit, mit der er veränderte Situationen begreifen und sofort neue Programme entwickeln konnte, stets in exaktester Gliederung, unterteilt in 1., 2., 3. und a., b., c., als ginge es um Strategiepapiere des General-

stabs. Hahn führte mit seinen Denkschriften Krieg; das war ja auch seine Aufgabe, nur die Ziele konnten verschieden lauten. In der Zentralstelle ging es eher um Kriegspropaganda, um die Täuschung und Schwächung des Gegners mit den Mitteln der Presse. Um die künftige Rolle des Prinzen Max als Kanzler aufzubauen, mussten mit denselben Mitteln die inneren Gegner bekämpft werden, die Alldeutschen vor allem mit ihren surrealen Kriegszielen. Auch in der Heidelberger Vereinigung ging der Krieg 1919/20 im Grunde weiter; als eine „Arbeitsgemeinschaft für eine Politik des Rechts" wollte sie die Sieger vor ein öffentliches, imaginäres Gericht laden, um das Unrecht des Friedensvertrags mit den moralischen Waffen des Unterlegenen vor aller Augen bloß zu stellen. Der Glaube Hahns an Medienwirkung schien unbegrenzt; diesen Glauben hatten Ludendorff und die OHL in der zweiten Kriegshälfte vehement vertreten, bei Hahn setzte er sich bruchlos in die Nachkriegszeit fort.

Indem wir so formulieren, überspitzen wir zugleich. Kurt Hahn hatte ja nicht umsonst am Christ Church College in Oxford studiert, hatte dort seine Freunde gefunden. Als ihn der Kriegsausbruch nach Berlin zurücktrieb, setzte er sich mit allen Mitteln für die englischen internierten Studenten im Lager Ruhleben ein, die eben nicht mehr rechtzeitig wie er nach Hause gekommen waren; möglicherweise stieß er auf diesem Feld auch zum ersten Mal auf den Prinzen. In der Zentralstelle schrieb er Wochenberichte über die englische Presse, später unterstützt von Johannes

Lina Richter mit ihrem Sohn Bex, um 1925.
Kurt-Hahn-Archiv, Salem

lassen und er knüpfte auch direkte oder heimliche Kontakte zu den Gegnern. Seine Verbindungen zum pazifistischen Anti Orloog Rad in Holland, mehr noch zur Union of Democratic Control in England waren schon im Krieg von großer Offenheit geprägt, nach dem Krieg wurden sie zum wichtigsten Informationsweg des Prinzen Max bei dessen Versuchen, englische Politiker für die deutschen Nöte sensibel zu machen.

Trotzdem ist es nicht immer leicht, bei Hahn die Trennlinien zwischen Taktik und Überzeugung nachzuziehen. Verstand er sich mit den Labourpolitikern Edmund Dean Morel oder Ramsay MacDonald so gut, weil er ihre sozialen und pazifistischen Programme guthieß – oder weil er in der englischen Opposition ein Instrument sah, den militärischen Willen der Regierung und deren Loyalität gegenüber dem französischen Verbündeten zu unterminieren? Deutsche Pazifisten wie Walther Schücking behandelte Hahn ebenso wie Prinz Max als nützliche Rhetoriker bei der Werbung um das Vertrauen des Auslands, nicht aber als ernstzunehmende Gesprächspartner. Über seinen Kollegen in der Zentralstelle, Paul Rohrbach, brachte Hahn den Prinzen auch verstärkt in Verbindung mit den osteuropäischen Fragen, insbesondere mit der Bildung von deutschen Klientelstaaten in Polen oder im Baltikum; mit ihnen sollte die russische Position nachhaltig geschwächt werden. Die deutsche Propaganda forderte dafür gerne das Völkerrecht ein, während Prinz Max bei einer entsprechenden Passage Hahns in den „Erinnerungen" verwundert kommentierte: *Hier operieren wir mit dem Selbstbestimmungsrecht der Völker, als ob wir Anhänger dieser Phrase seien, was wir doch nicht sind.*

Hahn war Bourgeois genug, um seine Demokratie-Vorstellungen auch gegenüber Prinz Max und dessen Skepsis bei diesem Thema zu verteidigen. Generell dürfte es aber schwer sein und wohl auch künftige Quellenkritik erfordern, zwischen dem Anteil des Prinzen und den Formulierungen Hahns in den

Lepsius, dem er in Den Haag ein Büro zur Beobachtung der neutralen und der englischen Zeitungswelt einrichtete. Man mochte in Deutschland die Feindpresse ablehnen, als Propaganda verstehen oder missdeuten – Hahn lernte sie aber besser kennen als andere, er musste sich auf ihre Argumentation ein-

offiziellen Verlautbarungen aus Salem zu unterscheiden. Weder war Prinz Max abhängig von den Ideen und der Formulierungskunst Hahns – das zeigen z. B. die Redaktionskommentare des Prinzen bei den „Erinnerungen" –, noch beschränkte sich Hahn darauf, his masters voice zu sein, obwohl sein Sekretariat tatsächlich den größten Teil der Korrespondenz für den Prinzen erledigte: Hier ist noch weites Feld für Forschung, die sich wegen der Vielzahl und Bedeutung der Korrespondenzpartner durchaus lohnt. Auch ist als Dritte in diesem Arbeitsteam Lina Richter nicht zu vergessen. Kongenial und mit demselben hohen intellektuellen Anspruch wie Hahn entwarf sie Denkschriften, redigierte Texte und führte Korrespondenz; am Ende des Kriegs und danach widmete sie sich vor allem den katastrophalen Ernährungsverhältnissen in Deutschland. Mit Kurt Hahn gehörte sie zu der „Gruppe", die sich während des Krieges vor allem aus großbürgerlichen und industriellen Kreisen in Berlin herausgebildet hatte und aus der bis in die Weimarer Zeit wesentliche Gesprächspartner des Prinzen kamen; Carl Melchior, dem späteren Syndikus des Bankhauses Warburg, war Lina Richter schon in der Zentralstelle für Auslandsdienst begegnet, mit der Familie von Alfred Mendelssohn-Bartholdy, dem Vordenker der Heidelberger Vereinigung und des Hamburger Instituts für Auswärtige Beziehungen, waren ihre Eltern Oppenheim befreundet. Ohne die finanzielle Hilfe aus den Großunternehmen Hahn, Warburg, Oppenheim oder Bosch wären weder die – in ihrer Suche nach Friedenswegen fast konspirative – Arbeit von Johannes Lepsius in Den Haag noch die publizistische Tätigkeit der Heidelberger Vereinigung möglich gewesen.

Für die Rechtsparteien der Weimarer Zeit war Kurt Hahn ein willkommenes Opfer in der Agitation gegen Prinz Max. Der Vaterlandsverräter liefere die Salemer Schüler nun auch noch an Juden aus – auf diesen Ton schoss sich die völkische Presse ein, nachdem der Prinz in seiner politischen Abstinenz nicht mehr

recht angreifbar war. Hahn hat das Judentum nicht thematisiert; er stand zwar mit Zionisten in Verbindung, gegenüber dem Prinzen kam das Thema aber nicht vor und die gesellschaftliche Konvention des Kaiserreichs, antisemitisches Vokabular zu verwenden und gleichzeitig selbstverständlichen Umgang mit Juden zu pflegen – wobei auch Prinz Max keine Ausnahme machte –, kam zwischen ihnen nicht zur Sprache. Max Warburg schätzte die Situation skeptischer ein und lehnte, um Prinz Max nicht zu belasten, die Berufung in dessen Kabinett ab. Die Sündenbocksuche nach dem Zusammenbruch gab Warburg recht. Attentatsdrohungen aus dem rechten Münchener Zentrum und wirkliche Angriffe auf Hahn luden 1923/24 die angeheizte Stimmung auf, die Dolchstoßpolemik tat ein Übriges; einen Moment lang scheint der Prinz wohl auch geglaubt zu haben, diesen Nervenkrieg nicht mehr aushalten zu können und sich von Hahn trennen zu müssen. Aber es war nur ein Moment; möglicherweise hing die Auslagerung von Klassen aus dem Salemer Schloss, der Ausbau des ehemaligen Klösterchens auf dem Hermannsberg für Zwecke der Schule durch Kurt Hahn damit zusammen. Die Redaktion der „Erinnerungen" und das gegenseitige Vertrauen banden dennoch beide zusammen und Prinz Max setzte seinem Getreuen gerade in den „Erinnerungen" ein dankbares und freundschaftliches Denkmal.

Quellen- und Literaturauswahl
(vgl. das Literaturverzeichnis am Schluss des Bandes)

Ein vermutlich bedeutender Teil des Nachlasses von Kurt Hahn ist nach dessen Tod bei einem Autounfall verbrannt (Auskunft I.G.H Prinz Ludwigs von Baden)

Kurt-Hahn-Archiv, Kreisarchiv des Bodensee-Kreises.- Teilnachlass Kurt Hahn im Nachlass Prinz Max von Baden, Generallandesarchiv Karlsruhe (in FA-N)

Angress, Kurt Hahn.- Dargel u. a., Gründerjahre.- Götter, Wirkungsannahmen.- Golo Mann, Pädagoge

Georg Kolbe,
Büste Arnold Wahnschaffe,
um 1930.
Privatbesitz

Wahnschaffe an Prinz Max, 9.11.1923.
GLA FA-N 6113 # 27

[…] als Euer Großherzoglichen Hoheit
gehorsamster
Wahnschaffe.

Während ich diese Zeilen schreibe, kommen
die Nachrichten aus München. Ich wollte es
nicht glauben, das Ludendorff sich für
das Hitler-Abenteuer wirklich habe einfangen
lassen. Nun ist es doch wahr und engstirnige
Verblendung führt einen tapferen Soldaten
zu einem Ende, an dem Narrheit und Verbrechen sich mischen. Clausewitz – Moltke I –
Ludendorff – welch' ein Abstieg!

Der Vermittler

Arnold Wahnschaffe (1865–1941)

VON Philipp Wahnschaffe

Vorbemerkung

Gewiss war Arnold Wahnschaffe eine Person des öffentlichen Lebens, die sich aus einem Gefühl der Verantwortung vor der Geschichte verpflichtet sah, der Öffentlichkeit sorgfältig Rechenschaft über ihre Erfahrungen, Entscheidungen und Gestaltungserfolge bzw. -misserfolge abzulegen. Sein plötzlicher Tod jedoch hinderte ihn an der Realisierung dieses Vorhabens und das sicher umfangreiche Material wurde am Ende des 2. Weltkrieges ein Raub der Flammen, die auch das Gutshaus in Rottmannshagen in Schutt und Asche legten. So liegt uns heute kaum etwas vor, aus dem ein einigermaßen vollständiges Bild dieser beachteten und beachtlichen Persönlichkeit skizziert werden könnte. Die historische Forschung sieht in ihm den mustergültigen preußischen Beamten, der als rechte Hand „seines" Kanzlers Bethmann Hollweg in die Geschichte eingegangen ist (sein *Büchsenspanner*, wie Scheidemann etwas despektierlich anmerkte), lässt aber darüber hinaus kaum eigene, politische Konturen erkennen.

Als einer seiner Enkel, den u.a. die Frage bewegt, in welcher Richtung der Großvater bei den Entscheidungen mitgewirkt hat, die zum Ausbruch des 1. Weltkrieges führten, bin ich mehr oder weniger auf einige Briefe aus dem familiären Bereich angewiesen. Er starb 1941, vier Jahre, bevor ich geboren wurde. Da Wahnschaffe auf Grund seiner beruflichen Verpflichtungen als Vater wohl eher selten in Erscheinung trat, konnte ich auch von unserem Vater kaum etwas über ihn erfahren.

Die wenigen Eindrücke und Informationen über Leben und Wirken von Arnold Wahnschaffe, die im Folgenden auf bisher noch recht schmaler Basis zusammengetragen wurden, zeigen eine Persönlichkeit, die zum einen durch rückwärtsgewandte Züge geprägt ist und andererseits erstaunlich moderne Seiten aufweist. Ich vermute, dass solche Widersprüchlichkeit weniger auf individuelle Dispositionen zurückzuführen ist, vielmehr das Schicksal von Menschen ist, die an verantwortlicher Stelle politische Gestaltungsaufgaben übernehmen, insbesondere, wenn sich um sie herum radikale Zeitenwenden ereignen.

Hinzu kommt ein typisch deutsches Problem: Wenn zu Beginn des 21. Jahrhunderts sich ein Deutscher seinem Großvater anzunähern versucht, kann dies nicht mit der gleichen Unbefangenheit geschehen wie in anderen Ländern. Das ist nicht schön; es hat aber auch nichts mit mangelndem deutschen Selbstbewusstsein zu tun, das gerne in politischen Kommentaren beklagt wird; vielmehr ist es ein Ergebnis unserer deutschen Geschichte. Auf Schritt und Tritt begegnet man am Ende des ersten Deutschen Reiches der Saat, die im Dritten Reich dann so verhängnisvoll aufgehen sollte. So kann es nicht ausbleiben, dass sich aus heutiger Sicht immer wieder kritische Anmerkungen aufdrängen, die im Einzelfall möglicherweise dem Großvater als Person seiner Zeit nicht immer ganz gerecht werden.

Arnold Wahnschaffe (l.) mit Reichskanzler Theobald von Bethmann Hollweg, nach 1909. Ullstein Bild

Annäherungen an den Großvater

Die Fotos aus dem Familienalbum zeigen einen stattlichen, gut aussehenden Mann; dass er im gesellschaftlichen Leben im Berlin zu Anfang des 20. Jahrhunderts eine auffallende Persönlichkeit gewesen ist, wurde uns auch von der Familie bestätigt. Der große Theodor Wolf, der in den aufgewühlten Tagen der Matrosenaufstände vor der endgültigen Abdankung des Kaisers Anfang November 1918 wiederholt von Wahnschaffe zum Pressegespräch geladen worden war, schildert ihn als schönen Mann, der *groß gewachsen und schlank, mit jener Gradlinigkeit, die aus einem ehemaligen preußischen Offizier kein Tanzlehrer herausbringen kann […] und wer aus der etwas zu steifen Gestalt auf einen Mangel an geistiger Schmiegsamkeit geschlossen hätte, wäre fehlgegangen.*[1]

Andere Zeitzeugen, die ihn immer wieder in der Reichskanzlei getroffen haben, schildern ihn als Mann, der dem römischen Ideal von „mens sana in corpore sano" nahe komme.[2] Seine auffallend blauen Augen werden wiederholt hervorgehoben. Zudem ist von gewinnender Erscheinung, unverwüstlichem Humor und großer Beliebtheit selbst bei politischen Gegnern die Rede. Es wird ihm große Schaffenskraft in Verbindung mit Entscheidungsfreude bescheinigt; so gesehen soll er eine ideale Ergänzung zu dem gelegentlich zaudernden Bethmann Hollweg gewesen sein. All diese Eigenschaften in Verbindung mit den langjährigen Erfahrungen im politischen Berlin prädestinierten ihn für eine Vermittlerrolle, als Prinz Max am 3. Oktober 1918 als Reichskanzler berufen wurde; es darf vermutet werden, dass er gelegentlich auch als „Türöffner" für den süddeutschen Prinzen Max gute Dienste leisten konnte.

Politisch wird Arnold Wahnschaffe zunächst als konservativ und nicht besonders liberal – etwa im Zusammenhang mit der preußischen Wahlrechtsreform – gekennzeichnet. Andererseits grenzte er sich von den preußischen Konservativen und den schwer-industriellen Herrenmenschen leidenschaftlich ab. Möglich erscheint auch eine Entwicklung zu mehr Liberalität, je länger der Krieg dauerte. So rühmte er etwa im Sommer 1917 – nach dem Sturz von Bethmann Hollweg – den *heiligen Ernst*, mit dem der Kanzler versucht habe, *alle guten Kräfte des Volkes* zur Mitarbeit am Staate zu gewinnen.[3] Ganz in diesem Sinne und getrieben von der Sorge, dass die Loyalität der breiten Bevölkerung mit der nationalen Sache unter der Belastung des Krieges schwinden könnte, wandte sich Wahnschaffe bereits im Jahr 1916 an den Kaiser und mahnte – mit Erfolg, wie wir wissen – die lange versprochene Installation der Inschrift „DEM DEUTSCHEN VOLKE" am Reichstagsgebäude an. An seiner vornehmen Gesinnung freilich, mit der er treu und uneigennützig seinen Dienst versah, sind von keiner Seite Zweifel überliefert.

Herkunft, Wertesystem und Haltung

Wahnschaffes Vorfahren gehören zu der überschaubaren Gruppe der Rittergutbesitzer. Nicht durch ererbte Privilegien, sondern durch hartnäckigen Fleiß, landwirtschaftliche Kompetenz und unternehmerische Klugheit haben Mitglieder seiner weitverzweigten Familie immer wieder aus der Position des Domänenpächters landwirtschaftliches Eigentum erworben. Auf diesem Hintergrund ist ein Bürgerstolz entstanden, der allerdings nicht ausschloss, immer wieder auch in adelige Familien einzuheiraten.

Preußischer Beamter und Offizier – das waren in Wahnschaffes Umfeld nicht einfache Berufsbezeichnungen, sondern eher Metaphern für Werte, Haltung und Redlichkeit. Aus heutiger Perspektive kann festgestellt werden, dass den Mitgliedern dieser Elite autoritäre Strukturen eher vertraut waren als Systeme, die demokratische Teilhabe ermöglichen. Im Gegensatz zu vielen seiner Vorfahren wählte er nicht den

Beruf des Landwirts, sondern hatte offenkundig schon mit der Wahl des Studienfaches eine Karriere als preußischer Verwaltungsbeamter vor Augen. Wenn man daran denkt, dass die Position des Domänenpächters früher häufig mit den Aufgaben des Landrats verkoppelt war, ist die Entfernung von der Familientradition nicht allzu groß einzuschätzen; aber sicher kam doch darin die typische Haltung zum Ausdruck, sein eigenes Berufsleben Kaiser und Vaterland zu widmen. Für uns Nachgeborene ist die Heftigkeit dieser Hingabe allenfalls nachvollziehbar, wenn wir versuchen, uns in die Lebensperspektiven der Zeit, aber vor allem auch ihrer Brüche und Zerstörungen hineinzudenken. Wiederholt und in ganz verschiedenen Kontexten äußerte Wahnschaffe, dass es für ihn keinen größeren Stolz geben konnte, als für Preußen und Deutschland zu arbeiten. So gesehen ist es auch nicht verwunderlich, dass er in verschiedenen Dokumenten immer wieder betonte, wie schmerzlich im Oktober und November 1918 die letzten Wochen in der Reichskanzlei für ihn waren: *Wohl dem, der nicht wie wir verurteilt war, diesen furchtbaren Zusammenbruch aus nächster Nähe zu schauen und mitzuerleben.*[4] Das große Ziel, die Monarchie zu retten, veranlasste ihn trotz großer Bedenken dazu, dem Wunsch des Prinzen Max zu entsprechen und die Leitung der Reichskanzlei interimistisch zu übernehmen. Die bekannte unentwirrbare Konstellation vor dem 9. November 1918, die vor allem durch die Notwendigkeit der Waffenstillstandsverhandlungen, die Frontstellung der OHL gegen die Regierung in Verbindung mit der störrischen Absetzbewegung des Kaisers in den Einflussbereich der Militärs und die Verweigerung der Abdankung geprägt war, wurde auf die Spitze getrieben durch die revolutionären Erhebungen der Matrosen und der Arbeiter- und Soldatenräte im ganzen Reich. Die Welt von Arnold Wahnschaffe versank im Chaos.

Es gibt ein Dokument (1930) aus dem ganz privaten Bereich von Wahnschaffe, aus dem deutlich wird,

dass sein Herz für die Tradition des Deutschen Ritterordens schlug. Die Niederlage in der Schlacht bei Tannenberg 1410 empfand er noch zu Beginn des 20. Jahrhunderts als Schmach und folglich war Hindenburg durch „seinen" Sieg bei Tannenberg im Sommer 1914 sein Held. Immerhin berief er sich 1933 bei der Empfehlung an seine *Gefolgschaft* in Rottmannshagen, Hitler zu wählen, auf seine gute Bekanntschaft mit Hindenburg. Die emotionale Identifizierung mit Preußen und soldatischen Werten scheint die Konstante im Denken und Fühlen von Wahnschaffe gewesen zu sein. Im konfliktreichen Alltags-Geschäft der Reichskanzlei äußerte er sich erstaunlich positiv über die *Firma Hindenburg-Ludendorff,*[5] die seinem verehrten Chef Bethmann Hollweg ja andererseits das Leben schwer machten und letztlich seinen Sturz bewirkten. Deren Eroberungskriegsstrategien standen – jedenfalls zeitweise – im Widerspruch zu der moderaten Modernisierungskonzeption von Bethmann Hollweg. Die Vorstellung, Deutschland durch ökonomischen Erfolg international zu stärken, war offenkundig noch wenig tragfähig; die alte Clausewitz'sche Weisheit vom Krieg als der Fortsetzung der Politik mit anderen Mitteln war im Denken der politischen Elite noch allzu fest verankert. Bei dem Bestreben, die außenpolitische Machtposition des Deutschen Reiches zu stärken, bauten die Gemäßigten um Bethmann Hollweg und Wahnschaffe zeitweise auf ökonomischen Fortschritt und Erfolg, gerade gegenüber England. Aber sicherlich wäre es ein Missverständnis zu denken, dass die militärische und annexionistische Option nicht immer auch mit erwogen wurde. Ein Beispiel dafür ist das Konzept, den Russen einen polnischen Grenzstreifen abzunehmen – und zwar *frei von Menschen.* Dieses Konzept wurde 1914 verantwortlich von Wahnschaffe mit entwickelt und in ersten Ansätzen auch umgesetzt. Dass die Fäden für dieses Projekt bei ihm in der Reichskanzlei zusammenliefen, hatte sicherlich auch mit seinem westpreußischen Heimatgefühl zu tun.

Das Grenzstreifen-Projekt wurde im Verlauf des Krieges mit Denkschriften und Expertisen immer weiter konkretisiert; seine Realisierung wurde bis in den Herbst 1918 auch auf diplomatischem Wege weiter verfolgt, bis es zusammen mit dem Kaiserreich im November 1918 endgültig unterging.[6]

Auch bei anderen kontroversen Themen will es nicht gelingen, eine bruchlose, konsistente politische Überzeugung von Wahnschaffe zu ermitteln. Der (zeitweise uneingeschränkte) U-Bootkrieg etwa, der massiv von Tirpitz betrieben und letztlich durch Entscheidung des Kaisers von Bethmann Hollweg widerstrebend begonnen werden musste, wurde rückblickend (Mitte der 20er Jahre) scharf von Wahnschaffe kritisiert.[7] Vermutlich spielte für diese Haltung auch der damit provozierte Kriegseintritt der USA eine Rolle. Gleichzeitig finden sich jedoch auch private Briefe, aus denen hervorgeht, dass er mit diesem militärischen Vorgehen große Hoffnungen verbunden hatte[8].

Herzerwärmend freilich sind die Zeugnisse, die Wahnschaffe als humorvollen und durchaus zur Ich-Distanz fähigen Zeitgenossen zeigen. So berichtet der Karikaturist und begnadete Zeichner Olaf Gulbransson (u.a. im Simplizissimus), der 1917 viele Persönlichkeiten des politischen Berlin porträtierte, dass Wahnschaffe mit dem Kanzler zusammen Zeuge eines Streits mit einem Kollegen in der Reichskanzlei wurde: Der Kollege fühlte sich völlig falsch und unvorteilhaft (wie ein Truthahn) ins Bild gesetzt und haderte mit dem Künstler, wohingegen Wahnschaffe und Bethmann Hollweg in Gelächter ausbrachen und dem Kollegen versicherten, dass er perfekt getroffen sei.[9]

Seine jüngere Schwester erzählte von einem freundschaftlichen Disput, der sich entwickelte, als er ihr berichtete, dass ihm der Adel angeboten worden sei, er jedoch abgelehnt hätte. Sie frotzelte ihn daraufhin an, dass sie befürchtet habe, er würde an dieser Klippe scheitern, worauf er zugab, dass das auch fast passiert

Arnold Wahnschaffe, um 1930. Privatbesitz

wäre, nur der Gedanke an die Familientradition ihn davor bewahrt habe.[10]

Wohltuend modern zeigte er sich bereits im Jahr 1900 als junger Landrat in einem Brief an jene Schwester, in dem er sich sehr deutlich von den seinerzeit üblichen Männlichkeitsritualen wie Fechten, Stillung des Durstes, nächtliche Ruhestörung und kriegerische Übungen distanzierte. Das ist umso bemerkenswerter – war er doch sowohl Corps-Student als auch Reserveoffizier. Er beneidete seine Schwester schmunzelnd um die vielen Stunden, die ihr, ohne in diese Rituale eingebunden zu sein, für ihre akademische Ausbildung zur Verfügung standen.[11]

Eine solche freundliche und leicht ironische Distanz spielte wohl auch in Wahnschaffes Verhältnis zu Prinz Max von Baden hinein. Wahnschaffe war vielfach in die Zusammenstellung und die Redaktion der „Erinnerungen" eingebunden, präzisierte und korrigierte Details und beriet den Prinzen auch bei den Angriffen nach 1918, die von adligen Traditionsverbänden des Heeres, von den Gegenspielern in ihren Memoiren und von Historikern ausgingen. Bei der Durchsicht der letzten Fahnenabzüge resümierte er gegenüber Kurt Hahn aber ebenso vorsichtig wie deutlich: *Vielleicht wird etwas viel gesagt von dem richtigen Erkennen und richtigen Wollen des Kanzlers, dem dann doch meist das Vollbringen versagt blieb. Aber hierin liegt ja gerade sein Schicksal und sein Opfer und wer die Geschichte dieser schwersten Kanzlerschaft schreiben will, kann daran nicht vorüber gehen*[12]. Kritik an „seinem" Kanzler Bethmann Hollweg wollte er nicht einfach hinnehmen, zumindest nicht aus dem Mund des Prinzen, *der doch selber bei richtigem Erkennen der Ziele nie im Stande war, die Widerstände zu überwinden*[13]. Damit war freilich in Salem ein Nerv getroffen; die Bereitschaft, eigene Fehler zuzugeben, gehörte für die beiden Autoren der „Erinnerungen" zu den Grundvoraussetzungen redlichen Umgangs mit Geschichte überhaupt, und Kurt Hahn verteidigte die kritischen Passagen über Bethmann Hollweg mit Emphase: *Das Wort, „ich habe geirrt", wird dem Deutschen höllisch schwer auszusprechen. Ich glaube nicht, das sich in den bisherigen Rechtfertigungsschriften, auch nicht in dem Buche Herrn von Bethmanns, eine derartig rücksichtslose Aufklärung der eigenen Fehler findet, wie in den „Erinnerungen und Dokumenten". Ich war anfangs Gegner dieser Schonungslosigkeit; heute hoffe ich, dass der Prinz Schule machen wird*[14]. Das gab Wahnschaffe gerne zu und schloss in seiner ebenso ruhigen wie noblen Erwiderung: *Ich möchte aber auf keinen Fall, dass der Prinz sich über meine Stellungnahme in den obigen Einzelfragen ärgerlich erregt. An meinem Gesamturteil und an meiner aufrichtigen Freude über den Erfolg des Buches und den Sieg der Wahrheit ändert sich nichts.*[15]

Quellen- und Literaturauswahl
(vgl. das Literaturverzeichnis am Schluss des Bandes)

Privatarchiv Philipp Wahnschaffe
Korrespondenz Arnold Wahnschaffe / Prinz Max von Baden / Kurt Hahn im Nachlass Prinz Max von Baden, Generallandesarchiv Karlsruhe (in FA-N)

Hutten Czapski, Politik.- Wolff, Marsch

Fischer, Weltmacht.- Geiss, Grenzstreifen.- Vietsch, Bethmann Hollweg

---

1 Jahrzehnte, zit. nach http://gutenberg.spiegel.de/buch/der-marsch-durch-zwei-jahrzehnte-7780/7 (Aufruf 18.1.2016).
2 Hutten Czapski, Politik, S. 5.
3 An Schwester Agnes Fischer, 8.8.1917, Privatarchiv Wahnschaffe.
4 A. Wahnschaffe, Zur Geschichte des 9. November, Sonderabdruck aus der Deutschen Allgemeinen Zeitung Nr. 393 vom 16. August 1919, S. 14.
5 An Agnes Fischer, 11.3.1917, Privatarchiv Wahnschaffe.
6 Vgl. Geiss, Grenzstreifen, S. 74ff und Fischer, Weltmacht S. 73, 93f.
7 An Kurt Hahn 15.5.1927, GLA FA-N 5950.
8 Wie Anm. 5.
9 Vgl. Gulbransson, Gulbransson, S. 150.
10 Agnes Fischer, Erinnerungen, Privatarchiv Wahnschaffe.
11 An Agnes Fischer, 22.7.1900, ebd.
12 1.2.1927, GLA FA-N 5950.
13 An Kurt Hahn, 27.4.1927, ebd.
14 An Wahnschaffe, 7.5.1927, ebd.
15 An Kurt Hahn, 15.5.1927, ebd.

um 1910.
Haus Baden

Wachtfeuer

Künstlerblätter zum Krieg 1914/18

hrsg. vom Wirtschaftl. Verband bildender Künstler-Berlin

30 Pf. Zirkel-Verlag Berlin Wilhelmstr. 48 **Nr. 179**

Kolonial-Nummer.

Staatssekretär Dr. Solf.

Solf an Kurt Hahn, 5.9.1917. GLA FA-N 5598

Sehr erfreulich war die Nachricht von dem Fall Rigas. Ob die Oberste Heeresleitung nunmehr nach Petersburg vorstößt? Die alldeutsche Presse wird natürlich à conto dieses Sieges noch mehr von den Friedensresolutionen abrücken, so daß wieder das unerfreuliche Phänomen gegeben ist, je mehr wir siegen, desto weiter entfernen wir uns vom Frieden.

Einstweilen mit Empfehlung auch an Frau Professor Richter
stets Ihr ergebenster
Solf

Das Telefon-Gespräch war völlig unverständlich.

Wilhelm Jordan,
Porträt Wilhelm Solf als Staatssekretär
im Kabinett des Prinzen Max.
GLA FA-N 5598

Sehr erfreulich war die Nachricht von dem Fall Rigas. Ob die oberste Heeresleitung nunmehr nach Petersburg vorstößt? Die alldeutsche Presse wird natürlich à conto dieses Sieges noch mehr von den Friedensresolutionen abrücken, so daß wieder das unerfreuliche Phänomen gegeben ist, je mehr wir siegen, desto weiter entfernen wir uns vom Frieden.

Einstweilen mit Empfehlung auch an Frau Professor Richter
stets Ihr ergebenster
Solf

Das Telefon-Gespräch war völlig unverständlich.

Der Dicke

Wilhelm Solf (1862–1936)

VON ANDREAS ECKERT

Dr. Solf, der Reichskolonialminister, ist dem Kaiser und seiner Familie sehr ergeben, dabei aber ein Mann von so vernünftigen Anschauungen, duldsam gegen die Anschauungen anderer, und zwar duldsam ohne Schwäche, dass er den idealen Führer eines freiheitlichen Deutschland abgeben würde[1]. Schließlich wurde kurz vor dem Ende des Ersten Weltkriegs jedoch nicht der von Max von Baden so positiv charakterisierte Solf zum Kanzler berufen, sondern der Prinz selbst. Solf, der mit der Kanzlerposition durchaus geliebäugelt hatte, erlangte indessen im Oktober 1918 die Position des Staatssekretärs im Auswärtigen Amt und wurde so letzter kaiserlicher „Außenminister". Obgleich er offiziell zu keiner politischen Gruppierung gehörte, zählte man ihn in der Regel zu den Nationalliberalen, und er galt gemeinhin als moderater und kompetenter Funktionär mit einer guten Reputation im Ausland, die Deutschlands Weg aus der Katastrophe erleichtern könnte. Während seine Ernennung außerhalb Deutschlands zumeist sehr wohlwollend zur Kenntnis genommen wurde, gab es im Land selbst etwa unter den Militärs auch kritische Stimmen. Sie hielten Solf „Entscheidungsschwäche" und Mangel an politischem Wissen vor.

Max von Baden kannte Solf über gemeinsame Bekannte im Außenministerium sowie in der „Deutschen Gesellschaft 1914", deren Präsident Solf war; Kurt Hahn, ebenfalls Mitglied der Deutschen Gesellschaft, wirkte zumindest redaktionell bei Reden Solfs mit. Der Prinz und Solf teilten den Willen, Deutschland möglichst früh und aus einer Position

relativer militärischer Stärke heraus in Friedensverhandlungen zu bringen. Sie teilten ebenfalls den Willen zur inneren Reform der Monarchie und eine starke Abneigung gegen Demokratie und Parlamentarismus. Ein zentraler und kontroverser Diskussionspunkt während der zwei Monate ihrer gemeinsamen Tätigkeit in der Regierung war die von den Alliierten geforderte Abdankung des Kaisers. Wilhelm II. weigerte sich zunächst zurückzutreten und zog sich in das Hauptquartier der Armee in Spa zurück. Solf verspürte großes Mitgefühl mit dem Kaiser, zeigte sich aber zunehmend von der Notwendigkeit des Rücktritts überzeugt, um die Friedensverhandlungen noch zu retten. Am Abend des 8. November 1918 erteilte Max von Baden Solf den Auftrag, nach Spa zu fahren und den Kaiser zur Abdankung zu bewegen. Zu dieser Reise kam es angesichts der unmittelbar bevorstehenden Revolution nicht mehr, aber Solf unterzeichnete ein Telegramm, in welchem er dem Kaiser dringend zur Abdankung riet. Dies trug ihm später in gewissen Kreisen den Ruf ein, einer der Verantwortlichen für die „Kriegsschuldlüge" gewesen zu sein.

Der Name Wilhelm Solfs (1862–1936) ist vor allem mit der Geschichte des deutschen Kolonialismus verbunden. Er steht für einen liberalen, humanen Ansatz in der Kolonialpolitik, zugleich aber auch für dessen Grenzen. Der studierte und weltgewandte Indologe trat 1888 in den Auswärtigen Dienst ein. Wegen eines Fußleidens und vor allem aufgrund seiner Körperfülle war er für den Militärdienst

Dr Solf,
Geschäftsträger in Tokio.

Wilhelm Solf, 1921. GLA FA-N 5598

Seine elfjährige Amtszeit in der Südsee lässt sich vielleicht am besten mit den Schlagworten „aufgeklärter Imperialismus" und „kulturmissionarischer Rassismus" charakterisieren. Er übte zuweilen dezidierte Kritik an Missionaren und Siedlern und fühlte sich stark dem britischen Prinzip der „indirekten Herrschaft" verpflichtet: *Ich habe mich von Anfang an auf den Standpunkt gestellt, den ich in Indien gelernt und in Afrika gelehrt habe, sich in reine Eingeborenenverhältnisse möglichst wenig hineinzumischen*[2]. Er zeigte gleichwohl ein ungewöhnliches, zugleich paternalistisches Interesse an lokalen Gesellschaften. Diese sah er zwar als den Europäern unterlegen an, führte dies aber nicht wie viele seiner Zeitgenossen auf „Rasse"-Eigenschaften zurück, sondern auf die weiterentwickelte Zivilisation der Europäer. Daraus erfolgte ein klares Credo: *Kolonisieren ist Missionieren, und zwar Missionieren in dem hohen Sinne der Erziehung zur Kultur. Aber nicht zur europäischen Kultur, sondern zu einer Kultur, die in dem Boden und in der Heimat der Eingeborenen Wurzel fassen kann und in ihrem geistigen und seelischen Zuschnitt angepasst ist.* Damit verknüpfte er des Weiteren *die Nutzbarmachung der Eingeborenenarbeit [...] für die Zwecke und das weite Betätigungsfeld unserer höheren Intelligenz.*[3]

Im Dezember 1911 wurde der Gouverneur der kleinsten, jüngsten und wirtschaftlich unbedeutendsten Kolonie des Deutschen Reiches zum Staatssekretär im Reichskolonialamt, also faktisch zum Kolonialminister ernannt. Solfs Reputation, ein effizienter Gouverneur ohne Blut an den Händen zu sein – er hatte eine größere Erhebung auf Samoa mit friedlichen Mitteln eingedämmt – spielte dabei ebenso eine Rolle wie die Überzeugung der Reichsleitung, er könne zur gewünschten Besserung der Beziehungen zu England und Frankreich beitragen. Er bereiste 1912/13 alle vier Afrikakolonien und formulierte Reiseeindrücke, die in dieser Zeit aus der Feder eines (deutschen) Kolonialpolitikers recht ungewöhnlich waren. So notierte er über Deutsch-Ostafrika in sein

untauglich. Der Dicke war denn auch sein Deckname in der Korrespondenz des Prinzen Max von Baden vor der Kanzlerzeit, wenn es um die potentiellen Kabinettsmitglieder ging. Solfs erster Dienstort war das Kaiserliche Generalkonsulat in Kalkutta. Danach absolvierte er das für den höheren Auswärtigen Dienst unabdingbare Jurastudium und trat in die Kolonialabteilung des Auswärtigen Amtes ein. Nach kürzeren Stationen als Bezirksrichter in Dar es Salaam (Deutsch-Ostafrika) und Munizipalitätspräsident in Apia (Samoa) wurde Solf im März 1900 Kaiserlicher Gouverneur auf dem deutschen Teil von Samoa.

Tagebuch: *Von dem Begriff des faulen Negers, wie ihn die Pflanzer schildern und wie das große Laienpublikum in der Heimat sich den Schwarzen malt, bleibt wenig über, wenn man die Landwirtschaft der Eingeborenen um Tabora gesehen hat und wenn man überlegt, dass das Gouvernement bei der Anlage der Bahnen in Ostafrika mit den Produkten der Eingeborenen als mit einem wichtigen Faktor für Frachtkalkulationen rechnet. Wer den Neger lediglich als corpus vile für seine eigenen Erwerbsabsichten ansieht, der bleibe lieber in der Heimat*[4].

Solf entkam jedoch nicht, wie die Historikerin Birthe Kundrus treffend konstatierte, „der Dialektik des kolonialen Systems, selbst wenn er versuchte, die konzeptionellen wie realen Unvereinbarkeiten von Kulturmission und erzwungener Unterwerfung abzumildern"[5]. Seine liberalen Perspektiven kamen dort zu einem Ende, wo es gleichsam um den Kern der kolonialen Hierarchien ging, um die „Rassenreinheit" nämlich. Dies offenbarte sich in seiner Rede vor dem Reichstag 1912, in der er sich mit Nachdruck für das Verbot von „Mischehen" aussprach: *Meine Herren, ich bitte Sie dringend, sich in dieser Frage von Ihren Instinkten leiten zu lassen* […] *Sie senden Ihre Söhne in die Kolonien, wünschen Sie, dass sie Ihnen schwarze Schwiegertöchter ins Haus bringen? Wünschen Sie, dass sie Ihnen wollhaarige Enkel in die Wiege legen?* […] *Wollen Sie, dass weiße Mädchen mit Hereros, Hottentotten und Bastarden zurückkehren als Gatten?* […] *Missverstandene Humanität rächt sich ebenso wie würdeloses Herabsteigen zur niedrigen Rasse.*

Solfs Karriere ging mit dem Kaiserreich nicht zu Ende, selbst wenn sie nun weitaus bescheidener verlief. Dank der Unterstützung von Friedrich Ebert, der Solf trotz signifikant unterschiedlicher politischer Positionen verbunden war, diente der letzte Außenminister des Kaiserreichs zwischen 1920 und 1928 als Botschafter des neuen republikanischen Deutschen Reiches in Tokio. In dieser Position erwarb er sich durch seine Bemühungen um die Förderung der kulturellen Beziehungen zwischen beiden Ländern

beträchtliches Ansehen. Der Kontakt zu Prinz Max von Baden war nach Gesprächen 1919 in Salem zur Rekonstruktion der Kanzlerereignisse – bei denen die Bewertungen offenbar auseinandergingen – abgebrochen; trotzdem lieferte Solf noch von Tokio aus Details zur Außenpolitik Wilhelms II. nach Salem und konnte vor allem das Gerücht widerlegen, der Prinz habe 1918 einen Geheimvertrag mit Japan abschließen wollen. Dem Aufstieg Hitlers und der NSDAP stand Solf ablehnend gegenüber. In ihrer Berliner Wohnung versammelten Solf und seine Frau Hanna im sog. Solf-Kreis Kritiker und Gegner des Nationalsozialismus. Der Solf-Kreis überdauerte seinen 1936 verstorbenen Namensgeber und spielte im Widerstand gegen das NS-Regime eine nicht unwichtige Rolle. Solf geriet im Nachkriegsdeutschland weitgehend in Vergessenheit und ist erst in jüngerer Zeit dank des neuen Interesses an der Geschichte des deutschen Kolonialismus wieder in den Fokus der historischen Forschung gelangt.

Quellen- und Literaturauswahl
(vgl. das Literaturverzeichnis am Schluss des Bandes)

Nachlass im Bundesarchiv Koblenz
Korrespondenz Wilhelm Solf / Prinz Max von Baden / Kurt Hahn / Lina Richter im Nachlass Prinz Max von Baden, Generallandesarchiv Karlsruhe (GLA) (in FA-N)

Hempenstall/Tanaka Mochida, Lost Man.- Hiery, Südsee.- Kundrus, Reichskolonialamt.- Vietsch, Solf

---

1 GLA FA-N 5598.
2 Zit nach Vietsch, Solf, S. 77.
3 Rede Solfs vom 6.3.1913, in: Verhandlungen des Reichstags, Bd. 288, S. 4334–4339, hier: 4335.
4 Zit. nach Vietsch, Solf, S. 106.
5 Reichskolonialamt, S. 18. Dort auch das folgende Zitat.

Matthias Erzberger als Staatssekretär ohne Portefeuille
im Kabinett des Prinzen Max von Baden.
Flugblatt zur 9. Kriegsanleihe (Ausschnitt),
nach 3.10.1918.
Haus der Geschichte Baden-Württemberg, Inv. 2012/1229

Staatssekretär Matthias Erzberger (Zentr.):

Je mehr Kriegsanleihe, desto näher der Friede.

Der Unvermeidbare

Matthias Erzberger (1875–1921)

VON CHRISTOPHER DOWE

Am 3. Oktober 1918 beratschlagten der neue Reichskanzler Max von Baden und der württembergische
liberale Reichstagsabgeordnete Conrad Haußmann
in Berlin über die anstehende Regierungsbildung.
In dem Moment, als zwei weitere Unterstützer einer
Kanzlerschaft des Prinzen, nämlich der amtierende
Vizekanzler Friedrich von Payer, ein Parteifreund
und Landsmann Haußmanns, sowie der sozialdemokratische Parlamentarier Eduard David den Raum
betraten, fragte Max von Baden leise den erfahrenen
württembergischen Politiker Haußmann, ob es nicht
vermieden werden könne, den führenden Zentrumspolitiker Matthias Erzberger zum Minister im neuen
Reichskabinett zu machen. Haußmann riet dem
Prinzen dringend davon ab, Erzberger zu übergehen,
denn dieser sei *treibende Kraft des Zentrums* und es
empfehle *sich nicht, ihn zu verletzen und im Rücken
zu haben.*[1] Vizekanzler Friedrich von Payer, bei dem
zentrale Gesprächsfäden im Rahmen der Bildung
des neuen Reichskabinetts zusammenliefen und der
auch unter Max von Baden sein Amt fortführen
sollte, signalisierte seinem Landsmann mit einer
Augenbewegung, dass er dem Prinzen die gleiche
Empfehlung gegeben hatte.

Wer war dieser Zentrumspolitiker und warum hatte
Max von Baden entsprechende Vorbehalte? Matthias
Erzberger wurde am 20. September 1875 auf der
Schwäbischen Alb in Buttenhausen bei Münsingen
geboren. Vor Ort zählten die Erzbergers zur ver-
schwindend geringen katholischen Bevölkerungs-
minderheit, denn die übrigen Buttenhausener waren

je etwa zur Hälfte jüdischen und evangelischen
Glaubens. Aus einfachen Verhältnissen stammend
wurde Erzberger zunächst Volksschullehrer, bevor er
sich 1895 für ein Leben in der Politik entschied. Er
wurde Redakteur bei der Stuttgarter Tageszeitung
Schwäbisches Volksblatt, die das politische Sprachrohr der württembergischen Katholiken und der
Zentrumspartei war. Mehrere Jahre wirkte Erzberger
parallel zu seiner journalistischen Tätigkeit als
politischer Redner und Multifunktionär im katholischen Verbands- und Vereinswesens Württembergs,
bevor er ab 1903 im Reichstag die Interessen der
württembergischen Katholiken als Abgeordneter der
Zentrumspartei vertrat. Im Nationalparlament
profilierte er sich trotz seines Alters schnell als Kritiker
der deutschen Kolonialpolitik und ausgewiesener
Finanzfachmann. Zudem drängte er immer wieder
auf den Ausbau der Rechte des Parlamentes im obrigkeitsstaatlichen Kaiserreich.

Bei Kriegsbeginn übernahm Erzberger koordinie-
rende Funktionen im Rahmen der deutschen Aus-
landspropaganda und wurde mit diplomatischen
Geheimmissionen betraut. Im Sommer 1917 löste
er ein politisches Erdbeben aus, als er im Hauptaus-
schuss des Reichstages vehement und mit Erfolg
eine Friedensresolution des Reichstages anregte.
Angesichts ausufernder Kriegsziele und alldeutscher
Träume von einem riesigen deutschen Imperium
sprach sich eine Mehrheit der Abgeordneten für
einen „Verständigungsfrieden" mit den Kriegsgegnern
aus. Die Friedensresolution bedeutete nicht nur eine

Parlamentarisierung der Außenpolitik, war der
Reichstag laut Verfassung doch überhaupt gar nicht
für außenpolitische Fragen oder Kriegsziele zuständig.
Fast noch wichtiger war, dass infolge des Erzberger-
schen Vorstoßes eine dauerhafte institutionalisierte
Zusammenarbeit zwischen Zentrumspartei, Sozialdemokraten und Linksliberalen begann, die den
Nukleus für die spätere „Weimarer Koalition" bildete.
So fanden dauerhaft die politischen Kräfte zusammen,
die für eine Demokratisierung des politischen Systems
des Obrigkeitsstaates Kaiserreich eintraten.

Prinz Max hatte gegenüber Erzberger aus mehrerlei
Gründen Vorbehalte. Seine engsten parlamentarischen
Unterstützer waren württembergische Liberale, deren
Denken bei aller Koalitionswilligkeit von antikleri-
kalen und antikatholischen Traditionen nicht frei
war und die sich gegenüber Max von Baden auch
entsprechend äußerten. Zudem zählte Erzberger

Maurice Pillard Verneuil, Unterzeichnung des Waffenstillstands durch Erzberger in Compiegne, 11.11.1918, Lichtdruck.
Als Zeichen des Respekts erließ Marschall Foch (stehend, Mitte) Fotografierverbot; der Künstler zeigt den untersetzten Erzberger
als hochgewachsen. Haus der Geschichte Baden-Württemberg, Inv. 2010/0399

innerhalb der Zentrumspartei zu denen, die am stärksten auf ein Bündnis mit der immer wieder als Vaterlandsverräter und Umstürzler denunzierten Sozialdemokratie drängten und entsprechend demokratisierende Reformen im Innern forderten. Beides ging Max von Baden lange Zeit zu weit, liebäugelte er doch noch 1917/1918 mit einer starken volksnahen Monarchie und einem von liberalen Traditionen geprägten Parlament, wenn nicht gar mit einer modernen Ständekammer. Schließlich sah Max von Baden die Kriegslage lange nicht so pessimistisch wie Erzberger und hoffte, mit seinem Konzept des *ethischen Imperialismus* mehr für Deutschland erreichen zu können, als Erzbergers Forderung nach einem Verständigungsfrieden versprach.

Erzberger seinerseits zählte nicht zu den Verehrern des Prinzen. So fragte er am 1. Oktober 1918, als führende Politiker der Reichstagsmehrheit über mögliche Kandidaten für das neu zu besetzende Reichskanzleramt berieten, nachdem der Name von Prinz Max fiel, kritisch nach, ob der Herr das Programm der Reichstagsmehrheit verstehe, *ohne daß es ihm erklärt* werde. Für Erzberger war klar: *Prinz Max muß sich zu unserem Programm bekennen.*[2] Unter dieser Bedingung war Erzberger, für den der Badener nur zweite Wahl war, jedoch bereit, seine Bedenken zurückzustellen und eine Kandidatur des Prinzen mit zu unterstützen und Minister in dessen Kabinett zu werden.

Angesichts dieser Vorbelastungen wirkten Reichskanzler und Minister überraschend harmonisch und ohne größere Konflikte zusammen. Beide trafen sich insbesondere in der Überzeugung, den Primat der Politik gegen die lange alles bestimmenden Machtansprüche der Obersten Heeresleitung und der Umgebung des Kaisers durchzusetzen. Erzberger stützte Max von Baden auch Mitte Oktober in einer Kanzlerkrise, nachdem eine Zeitung einen älteren privaten Brief des Prinzen an den Prinzen Alexander zu Hohenlohe veröffentlicht hatte; darin hatte er sich

von zentralen Positionen der Reichstagsmajorität distanziert (vgl. den Beitrag Schiffer). Nach entsprechenden Zeitungsberichten waren im Regierungslager, insbesondere in der Sozialdemokratie, Forderungen nach einem Rücktritt des Kanzlers laut geworden. Doch die Dramatik der außenpolitischen Lage, der Notenwechsel mit dem amerikanischen Präsidenten und die militärische Notwendigkeit, schnellst möglich einen Waffenstillstand zu erreichen, trugen das Ihre dazu bei, dass Max von Baden Reichskanzler bleiben konnte.

In den Phasen seiner Kanzlerschaft, in denen es Max von Baden krankheitsbedingt unmöglich war, sein Amt auszuüben, steuerte das Kriegskabinett, dessen Beratungen Erzberger wesentlich mitprägte, als eine Art „mehrköpfiger Reichskanzler"[3] die Geschäfte der Reichsregierung. So gelang es nicht nur, in weitreichenden Verfassungsänderungen das politische System des Kaiserreiches zu parlamentarisieren und zu demokratisieren. Es konnten auch die von den Militärs Ende September 1918 ultimativ geforderten Waffenstillstandsverhandlungen mit dem Kriegsgegner angebahnt werden.

Schließlich beauftragte das Kabinett am 6. November 1918 Matthias Erzberger, die Regierung bei den Waffenstillstandsverhandlungen zu vertreten und für den Primat der Politik gegenüber dem Militär zu sorgen. Wenige Tage zuvor hatte die deutsche Admiralität die deutsche Flotte aus Prestigegründen zu einer letzten Schlacht auslaufen lassen wollen und damit nicht nur entgegen den Zielsetzungen der Regierung gehandelt, sondern auch Streiks der Matrosen provoziert, die sich zur Revolution in ganz Deutschland ausweiten sollten. Einen Politiker zu entsenden, sollte zudem ein Zeichen der politischen Erneuerung sein und war mit der Hoffnung verbunden, mit weniger harten Forderungen konfrontiert zu werden, als wenn deutsche Militärs die Gespräche am Verhandlungstisch verantwortlich geführt hätten.

Matthias Erzberger (Zentrum) mit Eduard David (SPD) auf dem Weg zur Verfassunggebenden Nationalversammlung, 1919. David war einer der wichtigsten Befürworter des Kanzlerschaft des Prinzen Max im Reichstag. Bundesarchiv Bild 146-2005

Doch letzte Hoffnung trog, wie Erzberger und seine Delegation schon bei der Begrüßung im Wald von Compiegne erfahren sollten. Denn die Vertreter der Alliierten unter General Foch verkündeten, es gäbe nichts zu verhandeln, Deutschland habe nur die Wahl, anzunehmen oder abzulehnen.

Während Erzberger und seine Delegation doch noch mühsam Detailverbesserungen erreichen konnten, fegte die Revolution die deutschen Monarchen von ihren Thronen. Angesichts des Zusammenbruchs der alten Ordnung übergab Max von Baden am 9. November 1918 sein Reichskanzleramt an den Sozialdemokraten Friedrich Ebert, während Erzberger und seine Delegation noch im Wald vom Compiegne verhandelten. Schließlich unterschrieb Erzberger am 11. November 1918 den Waffenstillstand im Auftrag von Oberster Heeresleitung unter Generalfeldmarschall von Hindenburg und der neuen Revolutionsregierung. Damit endete für Deutschland der Erste Weltkrieg.

Nach Berlin zurückgekehrt beauftragte die Regierung der Volksbeauftragten Erzberger damit, die Umsetzung des Waffenstillstands zu überwachen und die notwendigen Verlängerungsverhandlungen bis zu einem endgültigen Friedensabkommen zu führen. Innenpolitisch drängte Erzberger seine Partei dazu, weiter mit der Mehrheitssozialdemokratie zusammenzuarbeiten und auf die Schaffung einer parlamentarischen Demokratie hinzuwirken. Forderungen nach einer Räteherrschaft erteilte er ebenso scharfe Absagen wie rechten Wünschen nach der Schaffung einer autoritären Herrschaft oder einer Wiederherstellung der Monarchie. Als Minister in den Kabinetten Scheidemann und Bauer prägte Erzberger wesentlich die Arbeit der Weimarer Nationalversammlung. Im hochdramatischen innenpolitischen Ringen um die Annahme des Versailler Friedensvertrags warb er schließlich erfolgreich für eine Unterzeichnung, um eine Fortführung des Krieges und eine Besetzung und Zerschlagung des deutschen Nationalstaates zu verhindern. Als Reichsfinanzminister gestaltete Erzberger innerhalb von neun Monaten bis März 1920 das durch die Kriegsfinanzierung und die Revolutionsfolgen zutiefst zerrüttete deutsche Steuer- und Finanzwesen um und schuf Strukturen, die bis heute Bestand haben. Damit versuchte er, der jungen Demokratie finanzpolitisch eine lebensfähige Grundlage zu geben.

Aufgrund seines Bekenntnisses zur Demokratie, seiner scharfen Kritik an der Politik der alten Eliten im Krieg, seiner Steuer- und Finanzpolitik, die dem Grundsatz der Besteuerung nach Leistungsfähigkeit folgte, und seinem Eintreten für eine auf Verständigung statt Konfrontation setzende Außenpolitik überzog die Rechte Erzberger mit einer infamen Hetze, die in Mordaufrufen gipfelte und mehrere Anschläge auf ihn zur Folge hatte. Am 26. August 1921 ermordeten

ihn Mitglieder der antirepublikanischen Geheim-
organisation Consul (OC), die sich aus Freikorps-
kämpfern rekrutierte, im badischen Bad Griesbach.

Ähnlich wie Erzberger wurde auch Max von Baden
nach 1918 von rechts scharf attackiert. Während
Erzberger sich umgehend und viel beachtet mit
Gegenangriffen wehrte, gingen die wenigen, vor-
sichtigen Stellungnahmen des Badeners öffentlich
im „Bürgerkrieg der Erinnerungen" (Edgar Wolfrum)
unter. Erzberger reihte sich 1920 auch in die Reihe
derjenigen ein, die sich mit Memoiren in Buchform
an den Schlachten um die öffentliche Erinnerung an
die jüngste Vergangenheit beteiligten. Der Prinz sollte
erst 1927 folgen. In Erzbergers Buch „Erlebnisse im
Weltkrieg" spielte der letzte kaiserliche Reichskanzler
eine auffallend geringe Rolle, wurde aber im Ganzen
positiv dargestellt. Max von Baden seinerseits schwieg
lange Zeit öffentlich zu den Angriffen auf Erzberger,
hielt aber in privaten Briefen an Vertraute nicht mit
seiner Kritik an dem Zentrumspolitiker hinter dem
Berg. Insbesondere Erzbergers Deutungen der Friedensresolution und ihrer Desavouierung durch Reichskanzler Michaelis als verpasster Friedenschance
schienen ihm als falsch. Doch öffentlich wollte sich
Max von Baden angesichts der Hetze gegen Erzberger
nicht so äußern. In seinen Erinnerungen von 1927
scheint hingegen Ablehnung von Erzbergers Politik-
stil und noch mehr von dessen außenpolitischen
Ansichten durch, auch wenn Erzberger in der Darstellung aus der gemeinsamen Feder Kurt Hahns
und des Prinzen nur eine Randfigur des Geschehens
ist. Umso mehr überrascht, dass das Autorenduo der
„Erinnerungen und Dokumente" weitgehend in den
Hintergrund treten lässt, dass Prinz Max Erzberger
eigentlich nicht als Minister ins Kabinett berufen
wollte.

Quellen- und Literaturauswahl
(vgl. das Literaturverzeichnis am Schluss des Bandes)

Nachlass im Bundesarchiv Koblenz

Haußmann, Schlaglichter.- Matthias/Morsey, Regierung des Prinzen
Max

Dowe, Erzberger.- Epstein, Erzberger.- Machtan, Prinz Max.-
Machtan, Autobiografie.- Oppelland, Erzberger

---

1 Haußmann, Schlaglichter, S. 237f.
2 Matthias/Morsey, Regierung, S. 29 und S. 32.
3 Ebd., S. XXXII.

um 1912.
Aufn. W. Paulcke.
GLA N Paulcke 273

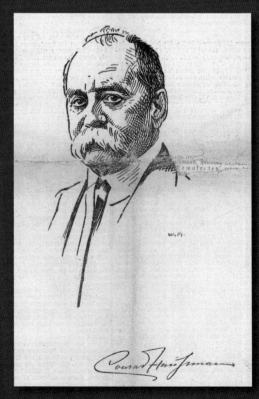

Meines Dafürhaltens haben wir getan, was nach Lage der Sache...

Payer an Prinz Max, 24.2.1919. GLA FA-N 6074 # 2

Meines Dafürhaltens haben wir getan, was nach Lage der Sache
möglich war. Wenn die Ereignisse über uns hinweg gingen,
war das nicht unsere Schuld. Ein wenig mehr Einsicht bei anderen
hätte uns die Revolution wahrscheinlich erspart.
Jedenfalls haben wir die Kraft der Woge geschwächt […].

In Verehrung Euer Großherzoglichen Hoheit
ganz ergebener
Friedrich Payer

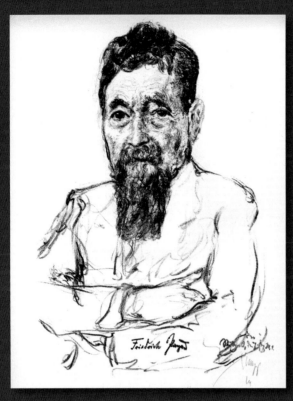

Emil Stumpp, Friedrich von Payer, 1924 (?),
Lithographie. Stadtmuseum Tübingen, Inv. 11873

W. NN, Conrad Haußmann,
Todesanzeige im „Beobachter"
der Deutschen Demokratischen
Partei in Württemberg, 1922.
HStAS J 150- 302 Nr. 21

Haußmann an Prinz Max,
3.9.1919. GLA FA-N 6017

[Nachschrift:]
Eben lese ich in der Abend-
zeitung zu meinem Schreck
und Schmerz, dass Prinz Max
nicht auf der badischen Liste
zur Nationalversammlung
steht. Ich kann nicht sagen,
wie leid das mir ist und wie
sehr ich es der Parteileitung
verübeln würde, wenn ihre
Blödigkeit daran Schuld wäre.

Ich empfehle mich,
wie am Abend des 9. November
Ihrer Gattin
CH

Die Liberalen

Friedrich Payer und Conrad Haußmann (1847–1931 / 1857–1922)

VON PETER BOHL

Als ich Haußmanns Namen zum erstenmal vernahm, war ich ein Knabe von etwa 13 Jahren, aufgewachsen in einem Hause, dessen politische Gesinnung streng konservativ war. Da hörte ich je und je von den beiden Brüdern Haußmann, Friedrich und Conrad, sowie von Fr. Payer als von blutroten ‚Demokraten' reden, den Volksverführern, Aufwieglern und Unruhestiftern, welchen alles Schlimme zuzutrauen sei ….

Hermann Hesse, „Dem toten Freund", in:
Der Beobachter, Samstag, den 18. Februar 1922, Nr. 7, S. 3.

Aus dem Nachruf von Hermann Hesse wird deutlich, wie in konservativen schwäbischen Haushalten die liberalen Politiker Friedrich Payer und Gebrüder Haußmann Ende des 19. und Anfang des 20. Jahrhunderts eingeschätzt wurden. Beide spielten gegen Ende des Ersten Weltkriegs eine wichtige Rolle in der Reichspolitik, ohne dass es in der breiteren Öffentlichkeit wahrgenommen und bekannt wurde. Die Kanzlerschaft des Prinzen Max von Baden wurde von beiden schwäbischen Politikern maßgeblich gefördert und ermöglicht.

Friedrich Payer, geboren am 12. Juni 1847 in Tübingen als Sohn eines Universitätspedells, arbeitete nach dem Jurastudium als Advokat in Stuttgart, war Jahrzehnte lang als Abgeordneter aktiv: Von 1893 bis 1912 war er Mitglied der württembergischen Abgeordnetenkammer, deren Präsident er von 1895 bis 1912 war. Von 1877 bis 1878, 1880 bis 1887 und 1890 bis 1918 war er Reichstagsabgeordneter. Er kämpfte jeweils für den Erhalt und den Ausbau der parlamentarischen Macht und war maßgeblich an der Parlamentsreform in Württemberg im Jahr 1906

beteiligt. Als Dank des Königs erhielt er das Komturkreuz des Ordens der württembergischen Krone, mit dem die Erhebung in den persönlichen württembergischen Adelsstand verbunden war, den er aber nie sonderlich schätzte.

Das Schicksal rückte Friedrich Payer in die Mitte der deutschen Kriegstragik; er nahm im letzten Jahr des Kaiserreichs, 1917/18, die Funktion des Stellvertreters des Reichskanzlers ein, inoffiziell als „Vizekanzler" bezeichnet. Als Nicht-Preuße, der zudem ein „Linker" war, wäre Payer unter normalen Umständen für ein solches Amt sicherlich niemals in Frage gekommen. Im Sommer 1917 bestand die Notwendigkeit, die Mehrheit des Reichstags fester zu organisieren. Die Sozialdemokratie, das Zentrum und die Fortschrittliche Volkspartei bildeten deshalb den sogenannten, bis zum Kriegsende immer einflussreicheren „Interfraktionellen Ausschuss", der die große Mehrheit des Reichstags repräsentierte. Dieser Ausschuss wählte Payer in der ersten Sitzung zu seinem Vorsitzenden.

Sobald im Spätherbst der Reichstag aus den Ferien zurückgekehrt war, musste der erst wenige Monate

Vizekanzler Friedrich von Payer mit seiner Frau / Reichskanzler Prinz Max, Oktober 1918, Postkarte an Frau Payer 1932.
Hauptstaatsarchiv Stuttgart Q1/12 Bü 47

amtierende Reichskanzler Michaelis das Feld räumen. Im „Interfraktionellen Ausschuss" setzte sich das Zentrum für den damaligen bayerischen Ministerpräsidenten Graf von Hertling ein. An dessen Präsentation knüpften aber die anderen Parteien des Ausschusses die Bedingung, dass ein Mann ihres Vertrauens, und zwar in der Stellung eines Stellvertreters des Reichskanzlers, in die Regierung aufgenommen werde. Als dieser wurde Friedrich Payer vorgeschlagen. Diesem ganzen Arrangement stimmte auch die Oberste Heeresleitung (OHL) zu. Payer konnte dieses Amt nicht gleich antreten, da er infolge einer Erkältung bis Ende Januar 1918 zu Bett lag. Im

Grunde wollte er das Amt des „Vizekanzlers" nicht annehmen, da er sein Leben lang auf seine politische Unabhängigkeit sehr stolz gewesen war. Doch hielt er sich schließlich verpflichtet, dem Vaterland in solch schwerer Zeit zur Verfügung zu stehen, wenn es verlangt werde. Sein Rang sollte zwischen dem des Reichskanzlers und dem der Staatssekretäre, wie man damals die Minister betitelte, liegen.

Hertling hatte sich gegen Payers Ernennung zunächst ablehnend verhalten. Beide arrangierten sich dann, aber Hertling suchte Payers Vertrauen und Hilfe nicht. Der neue Reichskanzler war körperlich zu alt für einen so anstrengenden und überaus verantwortlichen

Posten. Nach 8 Uhr abends war er für niemand und für nichts zu sprechen. Am Amt klebte Hertling nicht. Der rapiden inneren Entwicklung etwa von Mitte August 1918 ab zu folgen, war er nicht im Stande, sie ging einfach über ihn weg. Er verschwand, ohne dass jemand ernstlich den Versuch gemacht hätte, ihn zu halten. Im Gegenteil setzten ihm die Mehrheitsparteien, die ihn auf den Schild gehoben hatten, zum Schluss einfach den Stuhl vor die Tür.

In den ersten Tagen des Oktober 1918 trat, seit langem drohend, eine jähe Wendung ein. Es trafen, wie das bei wichtigen Ereignissen zu sein pflegt, eine ganze Reihe von Vorgängen zusammen: der Rücktritt des Grafen Hertling und des Staatssekretärs des Auswärtigen von Hintze, die Erklärung, die der Kaiser veröffentlichen ließ, dass er Männer, die vom Vertrauen des Volkes getragen seien, in weiterem Umfang an den Pflichten und Rechten der Regierung teilhaben lassen werde, und das Waffenstillstandsgesuch der OHL. Bei den Verhandlungen zeigten sich die Mehrheits-Parteien zunächst geneigt, Payer oder Constantin Fehrenbach als Reichskanzler zu präsentieren. Beide lehnten aber ab und blieben, entgegen den Versuchen sie umzustimmen, bei ihrer Ablehnung. Payer setzte sich für den Prinzen Max von Baden ein, den er durch Vermittlung von Conrad Haußmann schon vor einiger Zeit kennen gelernt hatte. Nach einer eingehenden politischen Aussprache mit ihm hielt Payer ihn gerade wegen seiner Zugehörigkeit zu einem deutschen Herrscherhaus für den besten Mann in dieser Situation. Prinz Max wünschte als Staatssekretäre ohne Portefeuille seinen Vertrauten Conrad Haußmann in seiner Nähe, die Eifersucht zwischen den Fraktionen verhinderte aber zunächst dessen Berufung. Nach Aussagen Payers waren die Tage vom 1. Oktober bis 9. November 1918 die ereignisreichsten und schwersten seines politischen und überhaupt seines Lebens. Sein Verhältnis zum Prinzen Max war ein beständig gutes, sie hatten gegenseitiges Vertrauen.

Ende des Jahres 1918 beteiligte sich Payer zusammen mit Conrad Haußmann an der Gründung der DDP, aus der er aber Ende 1929 nach einem Zerwürfnis mit Reinhold Maier wegen dessen Eintritt als Minister in die katholisch-konservative Regierung von Eugen Bolz austrat.

Nach dem Ersten Weltkrieg gehörte er der Weimarer Nationalversammlung an und war dort bis zum 9. Juli 1919 Fraktionsvorsitzender der DDP. Anders als die Mehrheit der DDP, auch als Conrad Haußmann, stimmte er der Unterzeichnung des Versailler Vertrages zu. In den neuen Reichstag ließ er sich aus Altersgründen nicht mehr wählen. Er starb nach kurzer Krankheit am 14. Juli 1931 in Stuttgart.

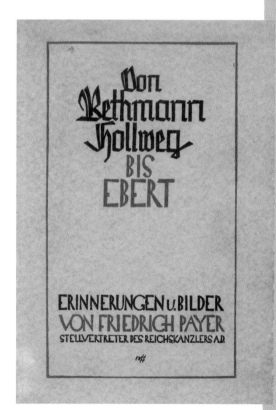

Erinnerungen von Friedrich Payer, Frankfurt 1923

Die Zwillinge Conrad und Friedrich Haußmann, um 1910

Neben Friedrich Payer spielte Conrad Haußmann am Ende des Kaiserreiches eine bedeutende Rolle. Unter den vier politischen Persönlichkeiten, die die altwürttembergische Familie Haußmann in drei Generationen hervorgebracht hat, ist sicherlich

Conrad Haußmann die einflussreichste, zugleich auch die schillerndste gewesen.

Er wurde zusammen mit seinem Zwillingsbruder Friedrich am 8. Februar 1857 in Stuttgart als Sohn von Julius Haußmann, der in der Freiheitsbewegung Württembergs von 1848 aktiv war, geboren. Beide studierten Jura, ließen sich 1885 in Stuttgart als Rechtsanwälte nieder und zählten bald zu den gesuchtesten Anwälten Stuttgarts. Im Jahr 1889 entsandte der Wahlkreis Balingen Conrad Haußmann in die Zweite Württembergische Kammer als Vertreter der Deutschen Volkspartei. Der Wahlkreis hielt ihm die Treue bis zu seinem Tode. 1890 wurde er im Reichstagswahlkreis Balingen-Rottweil-Tuttlingen in den Reichstag gewählt. Beiden Parlamenten gehörte er bis zur Revolution 1918 an. Er wurde nach dem Krieg wiedergewählt und wirkte entscheidend mit an der Ausgestaltung der württembergischen und der Reichsverfassung, er war Vorsitzender des Verfassungsausschusses und Vizepräsident der Verfassunggebenden Nationalversammlung in Weimar.

Conrad Haußmann beschäftigte sich daneben auch literarisch, wurde Herausgeber der Zeitschrift „März", hat auch selbst gedichtet, gab chinesische Lieder unter dem Titel „Im Tau der Orchideen" heraus und schrieb für mehrere Tageszeitungen politische Artikel. Daneben stand er in engem und regem Kontakt mit den bedeutenden Literaten Ludwig Thoma und Hermann Hesse.

Ab 1885 gehörten die Haußmann-Zwillinge zum Führungszirkel der Volkspartei. Vor allem Conrad profilierte sich als Widersacher der konservativ-nationalliberalen Landesregierung und schärfte gemeinsam mit seinem Bruder und Friedrich Payer das Profil der Volkspartei. Diese drei bildeten bis 1907 das volksparteiliche Führungstrio, wobei das Verhältnis zwischen den Brüdern allem Anschein nach ungetrübt blieb, weil es offenbar eine gewisse Arbeitsteilung gab. Die politisch weit länger währende Beziehung Conrad Haußmanns zu Payer war grundsätzlich freundschaftlich, allerdings auch von unterschwelligen Animositäten gekennzeichnet, da dem zehn Jahre älteren Payer quasi automatisch der politische Vortritt zukam. Conrad Haußmann akzeptierte dies zwar, empfand seinen Mitstreiter auf die Dauer aber auch als karrierehemmend, während Payer seinerseits den beiden Haußmanns eine Überlegenheit in Sachen Liebenswürdigkeit und Charme konzedierte.

Beim Zusammenschluss des linksliberalen Lagers als „Fortschrittliche Volkspartei", in der 1910 auch die württembergische Volkspartei aufging, gehörte Haußmann zu den treibenden Kräften, auch indem er dem neuen Vordenker der Linksliberalen, Friedrich Naumann, 1907 in Heilbronn zu einem Reichstagsmandat verhalf. Aufsehen erregte vor allem Haußmanns Rede zur sogenannten „Daily-Telegraph-

Affäre", als erstmals über das persönliche Regiment Wilhelms II. öffentlich diskutiert wurde, nachdem der Kaiser einer englischen Zeitung ein unbedachtes Interview gegeben hatte. Haußmann forderte deshalb im November 1908, zu einer echten konstitutionellen Regierungsweise überzugehen, ohne dass eine Verfassungsänderung notwendig wäre. Er kritisierte vor allem die Selbstisolierung des Reiches und versuchte, auf parlamentarischer Ebene das Verhältnis zum „Erzfeind" Frankreich zu verbessern. Noch im Juni 1914 traf er sich in Basel mit dem französischen Sozialistenführer Jean Jaurès, dem er nach dessen Ermordung kurz darauf einen warmherzigen Nachruf widmete.

Conrad Haußmann wandte sich zu Kriegsbeginn von vornherein gegen Annexionsforderungen, aber auch gegen die Vorstellungen einer Hegemonie

um 1907.
Haus Baden

Gesammelte Schriften Conrad Haußmanns, Frankfurt 1924

Ende 1917 an Kurt Hahn, den Vertrauten des Prinzen Max von Baden: *Wenn das Haberfeldtreiben gegen Deutschland nicht wäre und sich nicht so vieler heuchlerischer Beschuldigungen bedienen würde, wären wir in der Demokratisierung schon viel weiter. Es ist im Krieg ein demokratisches Geschlecht gewachsen, wenigstens bei uns im Süden, und es ist mehr als ein Zufall, dass das Reich nach Süddeutschland ruft.* Kurt Hahn blieb für Haußmann der vertrauensvolle Verbindungsmann zum Prinzen.

Der badische Prinz stellte für Haußmann einen der Hoffnungsträger dar; er wollte ihn schon 1917 anstelle von Hertling als Kanzler sehen. Warum Max von Baden diese Bedeutung für Conrad Haußmann hatte, ist nicht ganz klar, zumal er sich davon ja auch einen grundlegenden innenpolitischen Kurswechsel erhoffte, für den es in der bisherigen Haltung des Prinzen wenig Ansatzpunkte gab. Haußmann dürfte nach einer Person gesucht haben, die – ähnlich wie der württembergische König – Altes und Neues miteinander verbinden und somit einen möglichst bruchlosen Übergang sicherstellen sollte, der zugleich die Einheit des Reiches gewährte, aber auch Autorität nach außen und innen verkörperte. Ende September 1918 meinte er: *Max war gestern, wie vor einem Jahr, eine große Chance.* Einige Tage darauf, als der Prinz tatsächlich zum Kanzler ernannt worden war, schrieb er an seine Tochter: *Die Losung heißt* [...] *Pax durch Max!*

Zunächst einmal bewirkte die Kanzlerschaft des Prinzen Max bei Haußmann einen völligen Bruch mit seinem bisherigen Politikverständnis. Er, der es noch um 1900 ebenso wie Payer ausgeschlossen hatte, jemals für ein Staatsamt die Rolle des freien Abgeordneten aufzugeben, wurde von Kaiser Wilhelm II. am 14. Oktober 1918 zum Staatssekretär ohne Portefeuille und damit zum Kabinettsmitglied ernannt. Diese Ernennung stellte für Haußmann wegen der fehlenden Ressortanbindung faktisch nur die Einstellung als amtlicher Berater und „Feuerwehrmann" des Regierungschefs dar. Er war vor allem mit der

Deutschlands in Europa, später bekämpfte er den uneingeschränkten U-Boot-Krieg. Nach Haußmann sollten in Deutschland die Süddeutschen mehr an der Politik partizipieren. Den ganzen Unterschied markierten für ihn Wilhelm II. von Preußen und Wilhelm II. von Württemberg. Haußmanns Hoffnungen, den Krieg zu einem baldigen Ende zu führen, zeigten sich zunächst im Juli 1917 in einer unter seiner maßgeblichen Beteiligung erstellten Reichstagsresolution für einen Verständigungsfrieden und in der Schaffung einer Art parlamentarischen Exekutivorgans, des „Interfraktionellen Ausschuss".

Doch die Hoffnungen auf ernsthafte Friedensverhandlungen erfüllten sich nicht. Haußmann schrieb

Formulierung von Kanzlererklärungen sowie dem Lösen von Problemen befasst. Er fühlte sich in dieser amtlichen Stellung nicht sonderlich wohl, wie ein Schreiben an seinen Sohn Wolfgang veranschaulicht: *Wenn nun die Menschen mit dem neuen Titel mich hinten und vorne anreden, so wissen sie gar nicht, dass das Wort mich daran erinnert, dass ich nicht mehr ein Rechtsanwalt bin. Das kommt mich hart an. Denn Anwalt ist der schönste und freieste Beruf.* Seine Hauptaufgabe sah Haußmann aber darin, zu retten, was zu retten war, das hieß, möglichst viel von der staatlichen Struktur und der weltpolitischen Stellung des Reiches zu bewahren. Deshalb war er zwar für einen Thronverzicht des Kaisers und des Kronprinzen, nicht aber der gesamten Dynastie. Deshalb war er gegen eine sozialdemokratisch geführte Regierung und für ein Übergangskabinett unter Prinz Max – als dies scheiterte, gab er sofort und gegen den Wunsch Friedrich Eberts sein Regierungsamt auf.

Die Entwicklung ging nicht den Weg, den er, der geschichtskundige und erfahrene Politiker, als staatsnotwendig vorausgeschaut hatte, den er noch mit Prinz Max in der letzten Minute realisieren wollte. Der Weg der Revolution war nicht sein Weg.

Als Haußmann Anfang 1919 in die Nationalversammlung gewählt wurde, war er wieder in seinem eigentlichen Element, mehr noch, er wurde jetzt sogar zum Vizepräsidenten des Parlaments gewählt. Noch wichtiger war die Übernahme des Vorsitzes im Verfassungsausschuss. Neben dem Friedensschluss war die Erarbeitung und Verabschiedung einer republikanisch-demokratischen Verfassung die wichtigste Aufgabe des Parlaments. Hugo Preuß, Schöpfer der Verfassungsvorlage, meinte ironisch zu Haußmanns „ergebnisorientiertem" Agieren: *Sie haben mich durch Ihre Ausschussleitung in meinen demokratischen Grundanschauungen wankend gemacht, denn Sie bewiesen, dass aufgeklärter Absolutismus am weitesten kommt.*

Die Entwicklung der Dinge in Berlin fanden nicht seine Zustimmung: Die von den Alliierten vorgelegten Friedensbedingungen übertrafen seine schlimmsten Erwartungen. Er hatte kein Verständnis für diejenigen, die wie Payer auch in der eigenen Partei in der Annahme des Versailler Vertrages das kleinere Übel sahen. Die letzten Jahre Haußmanns waren mehr von Sorgen als von Glücksgefühlen gekennzeichnet. *Er trug furchtbar schwer an der Not des Vaterlandes,* meinte der Zeitzeuge Theodor Heuss. Im Gegensatz zu seinem Freund Payer musste er, der am 11. Februar 1922 an Herzschwäche im Anschluss an eine heftige Grippeerkrankung starb, aber nicht mehr erleben, wie alles noch schlimmer wurde und auch die gemeinsame Partei schließlich zerrieben wurde.

Conrad Haußmann kann sicherlich als ein herausragender Parlamentarier angesehen werden, der sowohl mit seinen rhetorischen und publizistischen Fähigkeiten als auch mit Durchsetzungskraft und Vermittlungsfähigkeit überzeugte und schließlich auch ein politisch-strategischer Denker war. In der eingangs zitierten Rede von Hermann Hesse stellte dieser auch fest: *Für mich war Haußmann stets vor allem Schwabe, … ein prachtvoller Vertreter schwäbischer Art und schwäbischen Geistes.*

Quellen- und Literaturauswahl
(vgl. das Literaturverzeichnis am Schluss des Bandes)

Nachlässe im Hauptstaatsarchiv Stuttgart: Friedrich Payer (Q 1/12), Conrad Haußmann (Q 1/2), Robert Haußmann (Q 2/10), Wolfgang Haußmann (Q 1/22)
Korrespondenzen Haußmann / Prinz Max von Baden / Kurt Hahn im Nachlass Prinz Max von Baden [und Kurt Hahn]: Generallandesarchiv Karlsruhe (in FA-N)

Payer, Bethmann Hollweg.- Haußmann, Schlaglichter

Müller-Payer, Payer.- Kluck, Payer.- Bernhard Mann, Payer.- Henning, Haußmann.- Rabenstein-Kiermaier, Haußmann.- Frölich, Haußmann

Was die Neubesetzung meines Amtes anlangt, so dürfen Sie versichert sein, daß ich, ohne Rücksicht auf die Dauer meiner Amtszeit, keinen Augenblick zaudern werde, die Neubesetzung durch Volksentscheid herbeizuführen, wenn ich überzeugt bin, damit meinem Volke einen Dienst zu leisten.

Mit der Versicherung meiner vorzüglichen Hochachtung bin ich

Ihr sehr ergebener

Reichspräsident.

Ebert an Prinz Max, 6.12.1923.
GLA FA-N 5997 # 15

[Auf Warnung des Prinzen Max
vor Faschismus und Vorschlag von Neuwahlen:]
Was die Neubesetzung meines Amtes anlangt,
so dürfen Sie versichert sein, daß ich, ohne
Rücksicht auf die Dauer meiner Amtszeit,
keinen Augenblick zaudern werde, die Neubesetzung durch Volksentscheid herbeizuführen,
wenn ich überzeugt bin, damit meinem Volk
einen Dienst zu leisten.

Mit der Versicherung meiner vorzüglichen
Hochachtung bin ich
Ihr sehr ergebener
Ebert
Reichspräsident.

Der neue sozialistische Reichskanzler Friedrich Ebert.
Phot. A. Binder, Berlin.
Serie 288

als „Reichskanzler",
Flugblatt 9.11.1918.
Archiv der Stiftung
Reichspräsident-Friedrich-Ebert-Gedenkstätte
Heidelberg

Der „Nachfolger"

Friedrich Ebert (1871–1925)

VON BERND BRAUN

Am 9. November 1918 kam es gegen 12 Uhr 15
in der Reichskanzlei in der Wilhelmstraße in Berlin
zu einer Begegnung zweier Männer, für die man in
früheren Zeiten ohne zu zögern das Etikett „schicksal-
haft" verwendet hätte, denn dieses nur wenig länger
als eine halbe Stunde dauernde Treffen entschied
nicht nur über den weiteren Verlauf der politischen
Karrieren der beiden Protagonisten, sondern zu einem
Gutteil auch über den künftigen Weg Deutschlands.
Eine fünfköpfige Delegation der SPD, der neben den
beiden Parteivorsitzenden Philipp Scheidemann und
Friedrich Ebert auch noch das Mitglied des SPD-
Parteivorstands, der spätere preußische Minister-
präsident Otto Braun, sowie die beiden Berliner
Betriebsobleute Fritz Brolat und Gustav Heller angehörten, hatte sich in die Reichskanzlei begeben,
wo Ebert von Max von Baden die Übertragung der
Regierungsgewalt an Männer forderte, *die das volle
Vertrauen des Volkes besitzen. Wir halten es deshalb
für nötig, daß das Amt des Reichskanzlers und das
des Oberkommandierenden in den Marken durch
Vertrauensmänner unserer Partei besetzt wird.*[1] Nach
einer kurzen Rücksprache mit seinen Beratern bot
der Reichskanzler Friedrich Ebert an, sein Amt zu
übernehmen, sofern er bereit sei, eine Nationalversammlung wählen zu lassen und im Rahmen der
geltenden Verfassung zu regieren. Mit beiden
Bedingungen erklärte sich Ebert einverstanden.

Auch wenn es sich bei dieser Amtsübergabe mit
den Worten Philipp Scheidemanns um einen *staats-
rechtlichen Unsinn* handelte,[2] war damit in der

revolutionären Umbruchphase die exekutive Verantwortung realiter an die größte Partei des Reichstages
und einen ihrer beiden Vorsitzenden übergegangen.
Max von Baden verließ am Abend des 9. November
1918 Berlin in Richtung seiner badischen Heimat;
weder die Reichshauptstadt noch Friedrich Ebert sollte
er in seinem Leben wiedersehen. Bis zu seinem Tod
1929 lebte der vormalige Reichskanzler und badische
Thronfolger außer Diensten zurückgezogen, zumeist
auf Schloss Salem am Bodensee. Friedrich Ebert
hingegen trat durch diesen Akt des 9. November
1918 endgültig aus dem Schatten von Philipp Scheidemann heraus, der während des Ersten Weltkrieges der
wesentlich profiliertere der beiden sozialdemokratischen Parteiführer gewesen war. Letztlich ebnete der
9. November Ebert den Weg in das Amt des Reichspräsidenten. Während Prinz Max nach diesem Datum
sozusagen in der Versenkung verschwand, stand
Ebert bis zu seinem Tod 1925 im Zentrum der Macht
und der öffentlichen Wahrnehmung.

Von einer engeren Beziehung zwischen diesen beiden
Männern kann man freilich kaum sprechen: Friedrich
Ebert und Prinz Max von Baden waren weder Freunde
noch Briefpartner, ja im ureigensten Wortsinn nicht
einmal Bekannte. Ihre persönlichen Kontakte um-
spannen kaum zwei Monate im Herbst des Jahres
1918. Und doch ist beider Verhältnis vielschichtiger
und rätselvoller, als sich auf den ersten Blick vermuten
ließe. Das liegt zum einen daran, dass einige ihrer
Begegnungen unter strenger Geheimhaltung standen
und offiziell nie stattgefunden haben. Dies bot schon

Philipp Scheidemann als Staatssekretär ohne Portefeuille
im Kabinett des Prinzen Max, Oktober 1918.
Archiv der Stiftung
Reichspräsident-Friedrich-Ebert-Gedenkstätte Heidelberg

in den Jahren der Weimarer Republik Raum für Spekulationen. Zum anderen waren beide keine Solitäre, sondern in ihren Entscheidungen von anderen Personen abhängig: Max von Baden in existentieller Form von Kaiser Wilhelm II., durch dessen Weigerung, rechtzeitig abzudanken, seine Kanzlerschaft zum Scheitern verurteilt war. Friedrich Ebert hingegen befand sich in Konkurrenz zu Philipp Scheidemann, der fünf Jahre vor ihm zu einem der drei Vorsitzenden der SPD-Reichstagsfraktion aufgestiegen war, aber – was für die strikt in Hierarchien denkende deutsche Sozialdemokratie entscheidender war – erst vier Jahre *nach* ihm zu einem der beiden Vorsitzenden der Partei. Neben dieser jeweiligen Zweierkonstellation waren beide in ein ganz unterschiedliches Beziehungsgeflecht eingebunden von Partei- und Standesgenossen, von Förderern und Kritikern, von echten und falschen Freunden, von Wasserträgern und Beratern. Man kann davon ausgehen, dass beide voneinander wussten, dem gebürtigen Badener Friedrich Ebert, der ein ausgeprägtes Heimatgefühl besaß, war natürlich bekannt, wer der badische Thronfolger war; umgekehrt dürfte Max von Baden als politisch interessierter Mensch 1913 registriert haben, dass der Heidelberger Friedrich Ebert zum Nachfolger des verstorbenen Parteipatriarchen August Bebel gewählt worden war.

Daran, dass aus diesem bloßen Wissen um die Existenz des jeweils anderen mehr wurde, dass Friedrich Ebert und Max von Baden einander kennen- und schätzen lernten, hatten vor allem zwei Männer einen besonderen Anteil: Kurt Hahn, der vertrauteste Vertraute des Prinzen, und der Reichstagsabgeordnete Eduard David, der Wortführer des rechten Parteiflügels der SPD, der sich nach 1914 den Ruf eines versierten Außenpolitikers erarbeitete und in die engere Parteiführung aufstieg. Der kultivierte Akademiker David war häufig zu Gast in der Hahnschen Villa am Wannsee in Berlin. Allein sein „Kriegstagebuch" verzeichnet von Dezember 1914 bis Oktober 1918 insgesamt 36 Begegnungen mit Kurt Hahn, wobei das nicht automatisch bedeutet, dass es nicht noch mehr davon gegeben hat.[3] Schon nach dem Sturz des Reichskanzlers Theobald von Bethmann Hollweg im Juli 1917 hatte Kurt Hahn gegenüber Eduard David als Nachfolger Max von Baden empfohlen, ein Vorgang, der sich während der Diskussion um den Rücktritt des Verlegenheitskanzlers Georg Michaelis Ende Oktober 1917 wiederholen sollte. Am 16. Juli 1917 kam es zu einer ersten Zusammenkunft zwischen Max von Baden und Eduard David in Berlin. Seit diesem Zeitpunkt schätzte David den Prinzen als *großen Menschen* und setzte sich bei seinen verschiedenen Gesprächspartnern auf Seiten der Regierung und der Ministerialbürokratie, vor allem aber auch innerhalb der Sozialdemokratie für dessen Kanzlerkandidatur mit Erfolg ein.[4] Friedrich Ebert habe in dieser Frage keine Einwände gegen Max von Baden geäußert, schrieb David an einen ihm nahestehenden SPD-Fraktionskollegen am 23. Oktober 1917.[5] Durch den Amtsantritt des Reichskanzlers Georg von Hertling lag die mögliche Kanzlerschaft Max von Badens fast ein Jahr lang auf Eis, bis im Herbst 1918 offen über den Rücktritt des altersschwachen Grafen spekuliert wurde. Mitte September 1918 kam es dann vermutlich zu einem ersten Treffen zwischen Friedrich Ebert und Max von Baden im Südschwarzwald. Nahegelegt hatte diesen Schritt dem Prinzen auch Anton Fendrich, ein der Sozialdemokratie nahestehender badischer Publizist, der Friedrich Ebert *als wahren Volksfreund* gegenüber dem *streberisch veranlagten Scheidemann* hervorhob.[6] Einen weiteren Meinungsaustausch, den der Hamburger Bankier Max Warburg eingefädelt hatte, soll es noch im September bei einem Lunch im Zimmer Warburgs im Hotel Adlon in Berlin gegeben haben.[7]

Wie wird der Arbeiterführer dem Vertreter der Hocharistokratie begegnet sein? Sicherlich wird Ebert die Etikette gewahrt haben; selbst Philipp Scheidemann redete Max von Baden in einem Brief nicht als *Herr Reichskanzler*, sondern als *Großherzogliche Hoheit* an.[8] Die soziale Kluft dürfte durch die Zugehörigkeit zu einer Generation – der Prinz war nur dreieinhalb Jahre älter als der SPD-Vorsitzende – zu überwinden gewesen sein, vor allem aber durch die landsmannschaftliche Verbundenheit. Eberts Haltung dürfte vergleichbar gewesen sein mit derjenigen des auch aus kleinen Verhältnissen stammenden Reichstagspräsidenten Constantin Fehrenbach, der am 5. Oktober den neuen Reichskanzler mit den Worten begrüßte: *Sie werden es mir nicht verdenken, wenn ich, der Mann aus dem badischen Volke auf dem Präsidentenstuhl, dem Sproß des badischen Fürstenhauses am Reichskanzlerplatze die wärmsten heimatlichen Gefühle der Genugtuung und Freude ausspreche.*[9] Nach der von Max Warburg arrangierten Begegnung zeigte sich Max von Baden sehr beeindruckt von Friedrich Ebert; dass dies auch im Umkehrfall galt, zeigten die folgenden Wochen.

Am frühen Morgen des 2. Oktober 1918 kam es, vermittelt durch Eduard David und Kurt Hahn, zu einer gesicherten Begegnung zwischen Max von Baden und Friedrich Ebert, die unmittelbar vor einer Sitzung des SPD-Partei- und Fraktionsvorstandes über die Frage eines Eintritts der Sozialdemokratie in eine erstmals von den Mehrheitsparteien des Reichstages gebildete Regierung stattfand. Das Ziel sei es gewesen, *Ebert zu gewinnen* und *Eberts Bericht im Fraktionsvorstand zeigte, daß er gewonnen*, notierte David in seinem „Kriegstagebuch".[10] Er habe sich in der Sitzung *sehr günstig* über den Prinzen geäußert und drohte angesichts der zur Ablehnung der Regierungsbeteiligung tendierenden Stimmung innerhalb der SPD-Parteiführung mit seinem Rücktritt. Diese Drohung wirkte: Mit sechs zu fünf Stimmen konnte sich Ebert mit dem denkbar knappsten Vorsprung durchsetzen. Die anschließende SPD-Fraktionssitzung, die den Beschluss der Parteispitze mit deutlicherem Abstand bestätigte, führte zu dem kuriosen Ergebnis, dass Philipp Scheidemann, der sich vehement dagegen ausgesprochen hatte, in ein *bankrottes Unternehmen hineinzugehen*,[11] zu einem der beiden sozialdemokratischen Staatssekretäre, also Minister, in der Regierung Max von Baden gewählt wurde und sich diesem Mehrheitsvotum weder entziehen konnte noch wollte, während Friedrich Ebert, den Prinz Max sich in der Regierung gewünscht hatte, darauf verzichtete. Diese *Vielen unverständliche Bosheit* der Fraktion[12] begrüßte Eduard David ausdrücklich, denn Scheidemann werde dadurch *gefesselt* und eine Verständigung mit der USPD unwahrscheinlicher.[13]

Die nunmehrige Exzellenz fühlte sich in ihrer neuen staatstragenden Rolle sichtbar unwohl; Scheidemann war sowohl Minister des neuen Reichskanzlers als auch dessen Hauptkritiker innerhalb des Kabinetts. In seinen 1928 erschienenen „Memoiren" hält er fest, abgesehen *von dem ganz und gar unmöglichen Herrn Michaelis* sei *dieser badische Fürst jedenfalls der merkwürdigste aller deutschen Reichskanzler gewesen*,[14] für Scheidemann war Max von Baden der *merkwürdige Zauderprinz, der badische Zauderer, eine Zauderernatur*.[15] Dass umgekehrt Prinz Max seinen sozialdemokratischen Staatssekretär ohne Portefeuille weniger schätzte als seinen badischen Landsmann Ebert wird in seinen „Erinnerungen" mehr als deutlich. Während der „Briefaffäre" um das Schreiben Max von Badens an den Prinzen Alexander zu Hohenlohe, das die Glaubwürdigkeit des erst wenige Tage amtierenden Regierungschefs erschütterte, wird der liberale Minister Conrad Haußmann mit dem Vorwurf an Scheidemann zitiert, er wolle das Kabinett sprengen; Ende Oktober 1918 heißt es, er habe zu sehr die Stimmung der Bevölkerung im Auge und agiere als Parteimann, was ihm den Rüffel des Vizekanzlers Friedrich von Payer eingebracht habe: *Wir sind nicht bloß Vollzugsausschuß der Parteien, wir haben selbst die Verantwortung zu tragen.*[16] Anfang November 1918 seien Prinz Max Zweifel an der Führerschaft Scheidemanns aufgekommen, der sich von der Stimmung der Masse zu sehr beeinflussen

lasse, bei einer Besprechung von sieben SPD-Parteiführern mit dem Nachfolger Erich Ludendorffs an der Spitze der Obersten Heeresleitung, General Wilhelm Groener, am 6. November 1918 über die Notwendigkeit einer Abdankung des Kaisers sei Scheidemann *bleich und erregt* gewesen, Ebert hingegen *unerschütterlich ruhig*.[17] Das fünf Punkte umfassende Ultimatum der SPD vom 7. November 1918, darunter als Punkt 3 die Abdankung des Kaisers und Kronprinzen bis zum folgenden Tag, sei auf die Initiative Scheidemanns zurückzuführen gewesen, dessen Temperament *immer schwer zu zügeln* [war], *wenn er Revolutionsluft witterte.* [...] *Unter seinem Einfluß wird dann wohl auch Ebert der Panik erlegen sein, und er griff nach der revolutionären Geste, um die Revolution zu verhüten.*[18] Während der hier indirekt als Panikmacher bezeichnete Scheidemann sich in Widersprüche verwickelt habe, *bei denen es schwer wurde, an eine unbedingte bona fides zu glauben*, blieb der *gute Glaube* Max von Badens an seinen badischen Landsmann unerschütterlich. Zwei Sätze später heißt es: *Aber mein Vertrauen zu Ebert hielt stand. Der Mann war entschlossen, sich mit seiner ganzen ungebrochenen Autorität der Revolution entgegenzustemmen.*[19]

Liest man die Beiträge der Reichstagsdebatte über die Regierungserklärung des Prinzen vom 5. Oktober 1918, die erst am 22. und 23. Oktober stattfand, so fällt auf, dass besonders Friedrich Ebert die neue Regierung würdigte und ihrem Zustandekommen epochalen Charakter zubilligte: *Mit Recht ist deshalb der 5. Oktober als ein Wendepunkt in der Geschichte Deutschlands bezeichnet worden. Es ist der Geburtstag der deutschen Demokratie. Die Regierung des Volksvertrauens – das will sie sein – leitet* [...] *eine neue innerpolitische Epoche für Deutschland ein.*[20] Diese Charakterisierung deckt sich mit derjenigen Eduard Davids: *Das neue Deutschland wurde geboren.*[21] Der positive Tenor der Ebertschen Rede sticht besonders hervor, wenn man sie mit der Stellungnahme des früheren SPD- und jetzigen USPD-Vorsitzenden

An O. H. L.

Der Obersten Heeresleitung teile ich mit, daß ich das Reichskanzleramt übernommen habe. Ich danke aufrichtig für die mir ausgesprochene Bereitwilligkeit mit der von mir gebildeten Regierung zum Wohle des Landes zusammen zu wirken und bitte die O. H. L. zu meiner Verfügung zu stehen.

Ebert, Reichskanzler.

Die O. H. L. bemerkt dazu, daß sie den neuen Reichskanzler mit allen Kräften unterstützen wird, um Plünderung, Mord und sonstige verbrecherische Handlungen zu verhindern und Ruhe und Ordnung aufrecht zu erhalten, oder wiederherzustellen.

Der neue Reichskanzler Ebert erlässt folgende Kundgebung an Deutschlands Bürger:

Mitbürger! Der bisherige Reichskanzler, Prinz Max von Baden, hat mir unter Zustimmung der sæmtlichen Staatssekretære die Wahrnehmung der Geschæfte des Reichskanzlers übertragen. Ich bin im Begriff, die neue Regierung im Einvernehmen mit den Parteien zu bilden und werde über das Ergebniss der Oeffentlichkeit in Kürze berichten. Die neue Regierung wird eine Volksregierung sein. Ihr Bestreben wird sein müssen, dem deutschen Volke den Frieden schnellstens zu bringen und die Freiheit, die es errungen hat, zu befestigen.

Mitbürger! Ich bitte Euch alle um Eure Unterstützung bei der schweren Arbeit, die unser harrt. Ihr wisst, wie schwer der Krieg die Ernæhrung des Volkes, die erste Voraussetzung des politischen Lebens, bedroht. Die politische Umwælzung darf die Ernæhrung der Bevœlkerung nicht stœren. Es muss die erste Pflicht aller in Stadt und Land bleiben, die Produktion von Nahrungsmitteln und ihre Zufuhr in die Stædte nicht zu hindern, sondern zu fœrdern. Nahrungsmittelnot bedeutet Plünderung und Raub und Elend für alle. Die Aermsten werden am schwersten leiden, die Industriearbeiter am bittersten getroffen werden. Wer sich an Nahrungsmitteln oder sonstigen Bedarfsgegenstænden oder an den für ihre Verteilung benœtigten Verkehrsmitteln vergreift, versündigt sich aufs schwerste an der Gesamtheit!

Mitbürger! Ich bitte Euch alle dringend, verlasst die Strassen, sorgt für Ruhe und Ordnung!

Berlin, 9. November 1918.

Der Reichskanzler
Ebert.

════════════

Im Reich herrscht zur Zeit überall Ruhe und Ordnung. Nur an wenigen Stellen ist es am 9. und 10. 11. durch bedauerliche Ausschreitungen Einzelner zum Blutvergießen gekommen. Die Ernährung ist nach Mitteilung des Kriegsernährungsamtes sichergestellt. Es besteht also keinerlei Anlaß, sich um das Schicksal der Familienangehörigen in der Heimat zu sorgen.

I. A.: **Gröner,** O. H. L.

Proklamation Friedrich Eberts als Reichskanzler, 9.11.1918. GLA 456 F 42 Nr. 25.

Durch die Bildung des Rats der Volksbeauftragten kam es nicht zu einer Kanzlerschaft Eberts, Kanzler wurde im Februar 1919 Philipp Scheidemann

Hugo Haase vom folgenden Tag vergleicht. Haase bezeichnete darin die demokratischen Verfassungs-änderungen *als Flicken auf dem absolutistischen, militaristischen Mantel,* er mahnte den aus seiner Sicht notwendigen Übergang von der kapitalistischen in eine sozialistische Wirtschaftsordnung an, vor allem aber stellte er die – stürmische Unruhe und Pfui-Rufe im Plenum auslösende – Forderung nach dem Ende der Monarchien in Deutschland auf: *Meine Herren, die Kronen rollen auf das Pflaster [...]. Rings um uns werden Republiken sich auftun, und da soll*

In seiner Schrift fordert Prinz Max von Ebert die Auflösung des Reichstags, Neuwahlen und eine Präsidialdiktatur gegen Faschismus und Kommunismus, 1923. GLA FA-N 5348

Deutschland allein, umgeben von Republiken, noch einen Kronenträger haben oder Träger vieler Kronen und Krönlein![22]

Noch acht Tage später und eine Woche, bevor in Bayern die erste deutsche Krone „rollte", äußerte sich Friedrich Ebert am 31. Oktober 1918 im Rahmen eines Frühstücks, zu dem Arndt von Holtzendorff, der Vertreter der Reederei HAPAG in Berlin, einige liberale Parteiführer und den SPD-Vorsitzenden eingeladen hatte. Dabei soll Ebert gesagt haben: *Sie wollen meine Meinung über die Frage einer Abdankung des Kaisers hören. Ich gebe Sie Ihnen gern und ganz offen: Ich bin dafür, dass die deutsche Monarchie bestehen bleibt. Deutschland ist nicht reif für eine Republik, und wir Sozialdemokraten, die dies wissen, fürchten den Augenblick, da die Masse, die Straße, unter dem Einfluss der Unabhängigen die Durchführung unsres Parteiprogramms von uns verlangt und eine Republik fordert. Aber damit wir die Monarchie erhalten und eine Republik vermeiden können, muss der jetzige Monarch zurücktreten [...], weil er diesen Krieg ver-loren und damit Bankrott erlitten hat. Die Firma aber kann und muss erhalten bleiben. [...] ich denke an eine Reichsverweserschaft durch eine Persönlichkeit wie Prinz Max [...].*[23] Einmal angenommen, dass Ebert hier korrekt wiedergegeben wird und dass seine Aussage nicht nur auf seine Zuhörer zielte, sondern Ausdruck seiner tatsächlichen Haltung war – die Worte eines „überzeugten Republikaners"[24] sind dies nicht.

Dieser Plan einer Reichsverweserschaft des Prinzen Max bedingte aber notwendigerweise einen anderen Regierungschef, denn beide Ämter – Reichsverweser und Reichskanzler – konnte Max von Baden nicht ausüben. Ein Reichskanzler, der Gewähr dafür bot, gegenüber der revolutionsbereiten Arbeiterschaft und den einfachen Soldaten Autorität auszuüben, konnte nur aus den Reihen der Sozialdemokratie stammen, wofür nur einer der beiden SPD-Partei-vorsitzenden in Frage kam. Die Entscheidung des

Prinzen Max und seiner Berater *für* Friedrich Ebert war mindestens gleichgewichtig eine Entscheidung *gegen* Philipp Scheidemann. Mit einem Reichskanzler Ebert bestand noch *eine schmale Hoffnung für die Monarchie*.[25] Den Weg zu dieser zwischen Max von Baden und Friedrich Ebert angedachten Ämterverteilung hat Lothar Machtan in seiner Biographie des letzten kaiserlichen Reichskanzlers detailliert nachgezeichnet, wobei historisch anderweitig besetzte oder negativ konnotierte Begrifflichkeiten wie „Schutz- und Trutzbündnis" oder „Machtergreifungsplan" seine stringente Argumentation eher belasten als stützen.[26]

Am Morgen des 9. November 1918 ist es im Garten der Reichskanzlei höchstwahrscheinlich zu einem weiteren Vieraugengespräch zwischen Friedrich Ebert und Max von Baden gekommen.[27] Dabei soll der Reichskanzler sein wenige Stunden später offiziell unterbreitetes Angebot der Amtsübergabe vorweggenommen haben, womit Ebert sich einverstanden zeigte. Falls dieses Treffen stattgefunden hat, warum dann dieser Aufwand? Es kann dabei nur um das Prozedere des Kanzlerwechsels gegangen sein. Die Initiative zu diesem Schritt musste von der Sozialdemokratie ausgehen, der Vorschlag sollte gleichsam spontan in Gegenwart Philipp Scheidemanns erfolgen, die Entscheidung sollte ebenso spontan ohne Hinzuziehung der Gremien der Sozialdemokratie gefällt werden. Genauso ist es wenige Stunden später passiert und nur so ergibt dieses morgendliche Geheimtreffen einen Sinn. Wenn der zweite Teil des angedachten Personaltableaus scheiterte, dann an der Weigerung Kaiser Wilhelms abzudanken, an der Scheu des Prinzen Max, eigenmächtig die Reichsverweserschaft zu übernehmen, an der sich entfesselnden Dynamik der Revolution und an der Ausrufung der Republik durch Philipp Scheidemann gegen 14 Uhr nachmittags an eben diesem 9. November 1918. Bis zu diesem Zeitpunkt fühlte sich Friedrich Ebert bei Max von Baden im Wort, und nur diese Tatsache erklärt den

um 1920.
Haus Baden

Bernhard Hoetger, Büste Friedrich Ebert, um 1928, Bronze.
Eine größere Version heute in der Eingangshalle der Bremer
Bürgerschaft.
Archiv der Stiftung
Reichspräsident-Friedrich-Ebert-Gedenkstätte Heidelberg

Wutausbruch, mit dem Ebert auf die Proklamation der Republik durch seinen innerparteilichen Konkurrenten reagierte.[28]

Der weitere Verlauf ist bekannt: Friedrich Ebert betrachtete den Kanzlerwechsel zu Recht nicht als legitime Übertragung eines Amtes, sondern als aus der Not geborene Übertragung der Verantwortung in der sich bedrohlich zuspitzenden revolutionären Lage. Am 10. November kam die Bildung des Rates der Volksbeauftragten aus zunächst jeweils drei gleichberechtigten Vertretern der SPD und der USPD zustande, der zentrale innenpolitische Reformen verabschiedete und die Wahlen zur Verfassunggebenden Nationalversammlung am 19. Januar 1919 organisierte, die drei Wochen später in Weimar zusammentrat. Dort wurde Friedrich Ebert am 11. Februar zum Staatsoberhaupt, also zum Nachfolger des Kaisers, gewählt, während Philipp Scheidemann am 13. Februar zum Regierungschef und Nachfolger des Prinzen Max ernannt wurde, was dieser ein Vierteljahr vorher zu verhindern versucht hatte.

Im Jahr 1927 kamen die Memoiren des Prinzen auf den Markt, die natürlich wie mehr oder weniger alle Autobiographien den Charakter einer Rechtfertigungsschrift aufweisen. Vergleicht man sie aber mit den nur ein Jahr später posthum publizierten „Denkwürdigkeiten" Bernhard von Bülows, dann erscheinen sie, gerade auch die Äußerungen über die Sozialdemokratie, nobel im Vergleich zu den dünkelhaften Phrasen des Reichskanzlers der Jahre 1900 bis 1909, in dem Wilhelm II. einmal „seinen" Bismarck gesehen hatte. Als Max von Baden, sicherlich auch zermürbt von den Anfeindungen des deutschen Adels und der konservativen Kreise, am 6. November 1929 mit nur 62 Jahren verstarb – alle anderen Kanzler des Kaiserreiches, acht von zwölf Regierungschefs der Weimarer Republik und wiederum alle Kanzler der Bundesrepublik Deutschland wurden älter – war das Echo geteilt. Im Vergleich zu den Auslassungen des Exkaisers, der ihn *einen verdammten Verräter* nannte, der sich jetzt vor dem Richterstuhl Gottes für sein *meuchlerisches Tun* und für *die Ruinierung des Deutschen Reiches* zu verantworten habe,[29] fiel dieses Mal der Nachruf der Sozialdemokratie nobel aus. Wenig mehr als einen Monat habe Prinz Max von Baden die Regierung des Reiches geführt, aber diese kurze Zeit gehöre zu den ereignisreichsten der Geschichte: *So wurde Max von Baden zur historischen Figur. Aber*, so heißt es weiter, *der Unglückskanzler erlebte Enttäuschungen über Enttäuschungen und statt daß er die Ereignisse meisterte, spielten die Ereignisse mit ihm.* Das durchaus versöhnlich klingende Fazit lautet: *Auch ein Riese an Geist und Willenskraft hätte an Stelle des Prinzen Max das Schicksal nicht mehr aufhalten können. Ein solcher Riese war er nun keineswegs. Er war weiter nichts als ein Mann von anständiger Gesinnung und von gutem Willen, der sich Unmögliches zugemutet hatte und vom Sturm des Schicksals gezaust wurde.*[30] Aus diesem Zitat erwächst eine letzte Gemeinsamkeit: Auch Friedrich Ebert und Philipp Scheidemann, der gewünschte und der tatsächliche Nachfolger Max von Badens, wurden vom Sturm des Schicksals gezaust und dies in einem Ausmaß, von dem Prinz Max trotz aller Schwierigkeiten und trotz aller Brüche in seiner Biographie weitgehend verschont geblieben ist.

Quellen- und Literaturauswahl

(vgl. das Literaturverzeichnis am Schluss des Bandes)

David, Kriegstagebuch.- Prinz Max von Baden, Erinnerungen.- Felden, Eines Menschen Weg.- Scheidemann, Zusammenbruch.- Ders., Memoiren.- Ders., Versagen.- Verhandlungen des Deutschen Reichstags

Machtan, Prinz Max.- Mühlhausen, Ebert

1 Prinz Max, Erinnerungen, S. 635.
2 Scheidemann, Memoiren, S. 304.
3 Vgl. Kriegstagebuch.
4 Vgl. ebd., S. 286–288.
5 An Albert Südekum; zit. nach Machtan, Prinz Max, S. 329.
6 Vgl. ebd., S. 372f.
7 Vgl. ebd., S. 377f.
8 Vgl. Scheidemann, Memoiren, S. 253f.
9 Verhandlungen des Deutschen Reichstags, 13. LP, 192. Sitzung vom 5. Oktober 1918, S. 6150.
10 Vgl. David, Kriegstagebuch, S. 286.
11 Scheidemann, Zusammenbruch, S. 176.
12 Vgl. Scheidemann, Versagen, S. 91.
13 Vgl. David, Kriegstagebuch, S. 287.
14 Scheidemann, Memoiren, S. 193.
15 Ebd., S. 266, S. 278 und S. 280.
16 Vgl. Prinz Max, Erinnerungen, S. 507.
17 Ebd., S. 592.
18 Ebd., S. 614.
19 Ebd., S. 613f.
20 Verhandlungen des Deutschen Reichstags, 13. LP, 193. Sitzung, 22. Oktober 1918, S. 6161.
21 David, Kriegstagebuch, S. 286.
22 Verhandlungen des Deutschen Reichstags, 13. LP, 194. Sitzung, 23. Oktober 1918, S. 6189 und S. 6185.
23 Zit. nach Mühlhausen, Ebert, S. 98.
24 So die Einschätzung von Mühlhausen, ebd. S. 103.
25 Vgl. Prinz Max, Erinnerungen, S. 632.
26 Vgl. Machtan, Prinz Max, S. 432 und S. 455.
27 Der Bremer Pfarrer Emil Felden berichtet darüber in: Eines Menschen Weg, S. 348. Philipp Scheidemann erwähnt in seinen Memoiren, S. 315, dass er Felden um Auskunft nach dem Wahrheitsgehalt dieser Szene gebeten und von Felden eine positive Antwort erhalten habe.
28 Vgl. Scheidemann, Memoiren, S. 313 und Scheidemann, Versagen, S. 99–102.
29 Zit. nach Machtan, Prinz Max, S. 503.
30 „Vorwärts" Nr. 522 vom 6. November 1929 (Max von Baden gestorben).

um 1910.
Jüdisches Museum Berlin,
Nachlass Haas 1769

Haas an Prinz Max, 30.12.1918. GLA FA-N 6013

[Briefkopf „Der Minister des Innern"]
Es ist keine Redensart, sondern ein Eindruck,
den ich täglich neu gewinne: Unendlich viele
empfinden für Sie Gefühle starker und herzlicher
Dankbarkeit und hoffen, dass Sie, der das Vertrauen des
deutschen Volkes in besonderer Weise genießt, noch zu
großen Aufgaben für Deutschland berufen sein werden.

Mit der Bitte, auch ihrer Königlichen Hoheit
[*Großherzog Friedrich II. von Baden*]
meine besten Wünsche gütigst zu übermitteln
verbleibe ich
mit dem Ausdruck besonderer Verehrung
Eurer Großherzoglichen Hoheit
aufrichtig ergebener
Ludwig Haas

Der Demokrat

Ludwig Haas (1875–1930)

VON MARTIN FURTWÄNGLER

Ludwig Haas gehörte zu den führenden Politikern der Weimarer Republik und ist doch fast vollständig aus dem kollektiven Gedächtnis der Gegenwart verschwunden. Dies mag damit zusammenhängen, dass seine Person unter den Vorzeichen des heutigen Zeitgeistes als sperrig, vielleicht sogar als widersprüchlich erscheint: Denn einerseits besaß Ludwig Haas nach den Erinnerungen seiner Tochter eine pazifistische Ader, hatte andererseits aber eine ausgeprägte Affinität für das Militär und alles Militärische; er trat ein für eine Verständigung Deutschlands mit dem Ausland, war aber gleichzeitig ein entschiedener Gegner des Versailler Vertrages; er war überzeugter und stolzer Jude, zugleich aber ein glühender deutscher Patriot; er war ein unbedingter Anhänger der parlamentarischen Demokratie, hatte jedoch Hochachtung und eine gewisse Ehrfurcht vor dem badischen Großherzog und dem großherzoglichen Haus.

Geboren wurde Ludwig Haas als Sohn eines jüdischen Kaufmanns 1875 in Freiburg im Breisgau. Seine Kindheit und Jugend verbrachte er zunächst an seinem Geburtsort, dann im pfälzischen Landau sowie in Bruchsal, wohin die Familie nach dem frühen Tod des Vaters 1888 zog. Nach dem Abitur und dem Militärdienst als einjährig Freiwilliger studierte Haas ab 1894 Jura in Heidelberg, München und Freiburg und schloss 1898 sein Studium mit der Promotion ab. Von 1901 bis zu seinem Tod 1930 betrieb er eine erfolgreiche Rechtsanwaltskanzlei in Karlsruhe, die ihm zu einem gewissen Wohlstand verhalf und ihm wirtschaftliche Unabhängigkeit sicherte.

Erste eigene politische Aktivitäten sind ab 1905 in der Karlsruher Kommunalpolitik nachweisbar und spätestens 1907 war Haas Mitglied des Demokratischen Vereins der Stadt. Bereits 1909 zog er in den Stadtrat Karlsruhes ein, dem er bis 1919 angehören sollte. Doch Haas' politischer Weg führte ihn schnell über die Kommunalpolitik der badischen Residenz hinaus. Für die linksliberale FVP gewann er bei der Wahl 1912 einen Sitz im Reichstag, den er bis zu seinem Tod inne haben sollte. Aber auch in der badischen Landespolitik hinterließ Ludwig Haas tiefe Spuren: In der Revolutionszeit 1918/1919 gehörte er der provisorischen Regierung als Innenminister an, von April 1919 bis August 1920 fungierte er im Kabinett als Staatsrat, also als Minister ohne Geschäftsbereich. Den Höhepunkt seiner politischen Laufbahn erreichte er in den letzten Jahren seines Lebens, als er ab 1928 den Vorsitz seiner Fraktion, der linksliberalen DDP, im Reichstag innehatte.

Die letztlich doch überschaubare Zahl an Ämtern, die Ludwig Haas bekleidete, deutet schon an, dass er kein Karrierist war. Mehrfach schlug er sogar ihm angebotene wichtige Posten aus, wie z. B. nach 1918 die Stelle eines deutschen Botschafters in den USA oder die des Reichswehrministers. Aber auch ohne ein wichtiges Amt auszuüben, gehörte er während der ganzen Weimarer Republik zum Führungskreis der DDP im Reichstag. Dies ist umso erstaunlicher, als Haas in seinem eigenen badischen Landesverband im Grunde über keine wirkliche Hausmacht verfügte. Schließlich waren die meisten Mitglieder

der badischen DDP ehemalige Nationalliberale, die eher zu konservativeren Parteiführern wie Hermann Dietrich tendierten und nicht zu Ludwig Haas, der dem linken Parteiflügel zugerechnet wurde. Haas politischer Einfluss und sein hohes Ansehen gründeten vor allem auf seiner Persönlichkeit. Er hatte die Gabe, zwischen den unterschiedlichsten Positionen zu vermitteln, und war bei aller Konsequenz in der Sache doch tolerant, warmherzig und offen für andere Standpunkte. So hatte er z. B. keine Probleme damit, dass einer seiner engsten Kanzleimitarbeiter dem Zentrum angehörte und für den Landtag kandidierte. Diese Offenheit gegenüber anderen Meinungen zeigte sich auch am Spektrum seiner politischen Freunde. Zu ihnen zählten der linke Zentrumsmann und Reichskanzler Josef Wirth sowie Walter Rathenau, aber auch Reichswehrminister Otto Geßler, der von vielen Parteifreunden in der DDP und im linken Teil des politischen Spektrums wegen seiner Nachgiebigkeit gegenüber den Militärs abgelehnt wurde. Zum Renommee und Respekt, den man Haas entgegenbrachte, trugen aber auch dessen Redetalent und dessen Tätigkeit als gewandter politischer Kolumnist im „Berliner Tagblatt" und anderen politischen Journalen bei.

Das politische Handeln von Ludwig Haas orientierte sich an verschiedenen Leitideen und prinzipiellen Zielvorstellungen. Eines dieser Ziele bestand in der von ihm erstrebten völligen Gleichstellung der Juden in Deutschland. Sein dahingehendes Engagement war die Konsequenz aus der eigenen tiefen Verwurzelung in den Traditionen und Werten der jüdischen Gemeinschaft – eine Verbindung, die er weder für sich noch für seine Familie aufgeben wollte. Welche Defizite hinsichtlich der Gleichstellung der Juden noch im Kaiserreich bestanden, hatte Ludwig Haas am eigenen Leib erfahren. Als einjährig Freiwilliger wurde er z. B. im Gegensatz zu seinen christlichen Kameraden am Ende seiner Militärdienstzeit trotz attestierter sehr guter Leistungen nicht zum Gefreiten befördert,

was er, wenngleich erfolglos, als nichtakzeptable Zurücksetzung bei seinen Vorgesetzten anprangerte. Die Situation verschärfte sich für die Juden in der Weimarer Republik trotz rechtlicher Besserstellung noch spürbar, da ein zunehmend aggressiver Antisemitismus das gesellschaftliche Klima vergiftete. Ludwig Haas trat dem stets auf verschiedenen Ebenen entgegen, sei es im Reichstag, in der Presse oder durch seine Mitarbeit im „Centralverein deutscher Staatsbürger jüdischen Glaubens". Theodor Heuß hat daher zurecht einmal über Ludwig Haas bemerkt, dass dieser „wohl ein kämpferische Natur [gewesen sei], aber nicht den Kampf gesucht"[1] habe.

Trotz seines Bekenntnisses zum Judentum und trotz antisemitischer Angriffe in der Weimarer Republik fühlte sich Ludwig Haas als Deutscher, war sein „Judentum von seinem Deutschtum tief durchdrungen"[2], wie seine Tochter Judith Schraag-Haas in einer Charakterstudie über ihren Vater schreibt. Seiner Meinung nach waren die deutschen Juden durch Geschichte und Kultur unauflöslich mit dem deutschen Volk verbunden. Dies führte er 1913 in einem Vortrag mit den Worten aus: *Wir wissen, daß wir zur deutschen Kulturgemeinschaft gehören; zu einer anderen können wir nicht gehören, weil wir eine andere Kultur als die deutsche nicht besitzen. Wir wissen, [...] daß auf uns die deutsche Dichtkunst, die deutsche Kunst, die deutsche Literatur eingewirkt hat. Deutsch ist unsere Sprache, deutsch ist das Land, in dem wir und unsere Vorfahren seit langen Zeiten leben; ein anderes Land kennen wir als Heimat nicht; jetzt sage mir mal einer, wo soll da ein anderes Nationalgefühl herkommen!*[3] Ludwig Haas war ein deutscher Jude und wollte nichts anderes sein. Aus dieser Identifikation heraus war es für ihn auch selbstverständlich, sich 1914 als Kriegsfreiwilliger zu melden. Im Krieg diente er zunächst an der Westfront, wo er bei Langemarck das Eiserne Kreuz I. Klasse erhielt, bevor er 1915 als Sachbearbeiter für jüdische Fragen bei der deutschen Zivilverwaltung in Warschau eingesetzt wurde.

Ein weiterer Fixpunkt im politischen Horizont von Ludwig Haas war die Etablierung und Bewahrung einer parlamentarischen Demokratie in Deutschland. Bereits zu Beginn seiner politischen Karriere vertrat Haas einen innovativen Liberalismus, der im Sinne Friedrich Naumanns auch auf soziale Probleme Antworten suchte. Ohne die liberalen süddeutschen Traditionen aufzugeben, sah Haas daher die Sozialdemokratie als den natürlichen Verbündeten der Liberalen in der politischen Auseinandersetzung um eine Modernisierung Deutschlands an. In der Revolution 1918 wurde er schließlich gemeinsam mit dem Sozialdemokraten Ludwig Marum zur treibenden Kraft bei der Bildung der provisorischen badischen Regierung, der neben den beiden sozialdemokratischen Parteien die Liberalen und auch das Zentrum angehörten. Diesem Kabinett gelang es, ganz im Sinne von Ludwig Haas, eine parlamentarische Demokratie in Baden zu etablieren und den Übergang von der Monarchie zur Republik ohne größere gewaltsame Auseinandersetzungen ruhig und geordnet zu vollziehen. Eine Räteverfassung, wie sie damals die extreme Linke propagierte, lehnte Haas rigoros ab. Sein Demokratieverständnis fasste er 1926 in einem Brief gegenüber Prinz Max von Baden einmal knapp zusammen, als er betonte, daß Demokratie nicht Herrschaft der Masse bedeutet, sondern *daß Demokratie Auswahl der Führer, Kontrolle der Führer und Leitung der Staatsgeschäfte durch die Führer sein muß*[4].

Dass er diese Strukturen besonders in den Anfangsjahren der Weimarer Republik als gefährdet erachtete, zeigen schon seine intensiven Bemühungen 1919, der neuen demokratischen Regierung in Karlsruhe loyale militärische Kräfte zur Verfügung zu stellen[5]. Aber auch auf Reichsebene setzte sich Haas stets für eine wehrhafte Demokratie ein: So war er seit dessen Gründung im Februar 1924 in die Arbeit des Reichsbanners Schwarz-Rot-Gold involviert und fungierte jahrelang als dessen stellvertretender Vorsitzender. Darüber hinaus beschäftigte er sich

Ludwig Haas als Leutnant, wohl 1914.
Jüdisches Museum, Berlin, Sammlung Haas

immer wieder mit militärischen Fragen und Traditionen. Denn dieses Feld wollte er auf keinen Fall rechten Parteien überlassen und so schrieb er 1927 in der Zeitschrift „Reichsbanner": *Im deutschen Republikaner muß der Wille stark sein, sein Vaterland, seine Republik nach innen und außen mit dem eigenen Leibe zu decken*[6]. Er selbst lebte dieses Bekenntnis zum Militär vor, indem er etwa häufig seine Kriegsauszeichnungen trug oder auch die Teilnahme des Reichsbanners an Einweihungsfeiern von Gefallenendenkmälern forderte, wie z. B. in Karlsruhe 1924.

Wann Ludwig Haas zum ersten Mal in direkten Kontakt mit Prinz Max von Baden trat, ist unbekannt. Ihre Beziehung erfuhr aber auf jeden Fall ab der Reichskanzlerschaft des badischen Thronfolgers eine Intensivierung und sollte letztlich weit über eine bloße Bekanntschaft hinausgehen. Haas profilierte sich bereits im Oktober 1918 als einer der eifrigsten Befürworter des neuen badischen Reichskanzlers und er setzte sich auch in den folgenden Jahren für die politischen und persönlichen Belange des Prinzen ein: Mehrfach fungierte Haas als Mittler bei politischen Initiativen von Prinz Max gegenüber der badischen wie der Reichsregierung. Darüber hinaus organisierte Haas u. a. 1919 eine Pressekampagne gegen die öffentlichen Angriffe des Prinzen Friedrich Wilhelm zur Lippe, der Prinz Max in der „Kreuzzeitung" Treulosigkeit und Illoyalität gegen den Kaiser während der Novemberereignisse 1918 vorgeworfen hatte. Auch in der Streitfrage der Fürstenabfindung bzw. Fürstenenteignung Mitte der 1920er Jahre stand Haas Prinz Max mit Rat und Tat zur Seite.

Dieses Engagement von Seiten Ludwig Haas' gründete einerseits auf einer persönlichen Wertschätzung des Prinzen, die durchaus auf Gegenseitigkeit beruhte. So charakterisierte Prinz Max den badischen Innenminister Haas im Januar 1919 in einem Brief an seinen Seelsorger Johannes Müller als *Jude und Demokrat, aber klug und edel*[7] und lud ihn in der Folge auch zu sich nach Salem ein. Neben der persönlichen Ebene dürfte die positive Haltung von Ludwig Haas gegenüber Prinz Max auch durch dessen großen Respekt gegenüber dem Großherzog und der badischen Monarchie begünstigt worden sein – trotz der eigenen republikanischen Überzeugung. Diesen Respekt brachte Haas nicht zuletzt dadurch zum Ausdruck, dass er kurz nach dem Umsturz 1918 in der provisorischen badischen Regierung anregte, dem Großherzog für dessen Rücktritt und für dessen Verdienste für das Land zu danken. Die entsprechende Regierungsproklamation wurde

schließlich wenig später in der Karlsruher Zeitung und im Staatsanzeiger publiziert. Vielleicht hätte Haas den neuen Staat auch als parlamentarische Monarchie akzeptiert, jedenfalls betrachtete er Politiker, die diesem Gedanken nachhingen, auch später nicht prinzipiell als Gegner. Nach 1918 sah er jedoch keine Möglichkeit mehr, dies zu realisieren. Für ihn war nun klar, *daß die jetzige Ordnung nicht gestört werden dürfe und daß doch alle keinen Bürgerkrieg wollen*[8].

Schließlich hat auch eine nicht unerhebliche Schnittmenge an gemeinsamen politischen Überzeugungen und Zielvorstellungen beide Männer miteinander verbunden. Sie waren sich in der Revolutionszeit einig in der Abwehr einer bolschewistischen Umgestaltung des Reiches und in der Notwendigkeit, Ruhe und Ordnung im Land zu gewährleisten. Darüber hinaus gab sich Prinz Max zumindest in den ersten Jahren der Weimarer Republik gegenüber Haas in verschiedenen Briefen als Anhänger oder zumindest als Sympathisant der DDP aus und warnte dezidiert vor einem Erstarken reaktionärer Kräfte. Auch stellte er gegenüber Haas seine neugegründete Schule in Salem explizit als einen Ort zur Ausbildung *echt liberale*[n] *Geist*[es] dar und als Gegengewicht zu Bestrebungen anderer politischer Richtungen, die Jugend zu vereinnahmen[9].

Besonders wichtig für die Beziehung zwischen Ludwig Haas und Prinz Max von Baden war ihre gemeinsame Ablehnung des Friedensvertrages von Versailles. Beide teilten schon während der Verhandlungen die Ansicht, dass Deutschland den sich abzeichnenden Vertrag nicht unterzeichnen dürfe. Mit der Mehrheit seiner Fraktion stimmte Ludwig Haas dann auch in der Nationalversammlung gegen die Annahme. Den Vertrag empfand er gar als persönliche Niederlage, unter der er nach Aussage seiner Tochter „unsagbar litt"[10]. Doch Haas war niemand, der sich von seinem Gram überwältigen ließ und in Lethargie verfiel. Bereits wenige Tage nach der Abstimmung über den Friedensvertrag in

Weimar schrieb er an Prinz Max: *Überwinden muß man jetzt trotz allem seinen Pessimismus, muß sich arbeitsfähig [...] erhalten. Die Weltgeschichte geht weiter und vielleicht trägt die maßlose feindliche Gewaltpolitik doch den Keim des Zusammenbruchs in sich*[11]. Dass der Versailler Vertrag Ludwig Haas als *maßlos* erschien, hing wohl auch mit seiner auf Verständigung ausgerichteten außenpolitischen Orientierung zusammen. Schon vor dem Ersten Weltkrieg hatte er sich z. B. aktiv für eine deutsch-französische Annäherung eingesetzt und auf den internationalen Parlamentarierkonferenzen in Bern 1913 und Basel 1914 für eine Entspannung zwischen den Nachbarländern plädiert.

Nach 1919 gehörte die Revision des Versailler Vertrages zu den vornehmsten außenpolitischen Zielen von Ludwig Haas wie von Prinz Max. Letzterer hatte bereits im Februar 1919 die „Arbeitsgemeinschaft für eine Politik des Rechts" begründet, die es sich gemäß der 1920 ausgearbeiteten Satzung zur Aufgabe gemacht hatte *die internationale Verständigung zu fördern,* [und] *mit geistigen Waffen für eine Revision des Gewaltfriedens von Versailles und anderen gleichartigen Verträgen zu kämpfen*[12]. Vor allem versuchte man im Ausland, insbesondere in Großbritannien, einflussreiche Verbündete zu gewinnen und diese von der Revisionsbedürftigkeit des Friedensvertrages zu überzeugen, um auf diese Weise eine Änderung der Politik der Sieger des Weltkriegs gegenüber Deutschland zu erreichen. Haas erklärte sich auf mehrmaliges Bitten des Prinzen schließlich Ende 1919 dazu bereit, die Geschäftsführung der meist als „Heidelberger Vereinigung" bezeichneten Arbeitsgemeinschaft zu übernehmen. Wenngleich konkrete Erfolge de facto ausblieben, ließ sich Haas nicht entmutigen und glaubte 1926 nach einer Reise nach Paris selbst in Frankreich bei führenden Politikern Verständnis für die deutsche Kritik an wesentlichen Punkten des Versailler Vertrages, insbesondere der Kriegsschuldfrage erkannt zu haben.

Wie viele seiner Zeitgenossen erfasste auch Ludwig Haas Mitte der 1920er Jahre ein verhaltener Optimismus, sah doch auch er nun die Schwierigkeiten des neuen demokratischen Gemeinwesens aus den Anfangsjahren der Weimarer Republik allmählich als überwunden an. In einem Brief an Prinz Max vom 8. Juli 1927 schreibt er: *Trotz aller Schwierigkeiten – es geht aufwärts und vorwärts mit Deutschland. Sie sollen den Tag erleben, an dem der Weg der Rettung vollendet ist*[13]. Beiden blieb letztlich die Erkenntnis erspart, dass trotz der Normalität der Goldenen Zwanziger Jahre die Weimarer Demokratie wenige Jahre später scheiterte: Prinz Max starb am 6. November 1929 und Haas folgte ihm wenige Monate später am 5. August 1930. Bis zum Tode des Prinzen waren sie in Kontakt miteinander geblieben.

Quellen- und Literaturauswahl
(vgl. das Literaturverzeichnis am Schluss des Bandes)

Sammlung Ludwig Haas, Jüdisches Museum Berlin
Korrespondenz Ludwig Haas / Prinz Max von Baden / Kurt Hahn, GLA (in FA-N)

Furtwängler, Protokolle.- Schraag-Haas, Haas

Luckemeyer, Haas.- Machtan, Prinz Max.- Pohl, Bündnispolitik.- Schmidgall, Revolution.- Walle, Soldaten

1 Zit. nach Schraag-Haas, Haas, S. 15.
2 Vgl. Luckemeyer, Haas, S. 155.
3 Zit. nach Schraag-Haas, Haas, S.16 f.
4 27.3.1926, GLA, FA-N 6013.
5 Vgl. Artikel von Haas in der Badischen Landeszeitung vom 3.3.1919 „Das Vaterland ist in Gefahr", Druck in: Furtwängler, Protokolle, S. 319 f.
6 Zit. nach Luckemeyer, Haas, S. 144.
7 27.1.1919, zit. nach Machtan, Prinz Max, S. 492.
8 Haas an Prinz Max, 2.1.1920, GLA FA-N 6013.
9 19.11.1919, ebd.
10 Schraag-Haas, Haas, S. 19.
11 29.6.1919, GLA FA-N 6013.
12 Vgl. Haas an Graf Max von Montgelas, 20.9.1920, GLA FA-N 5903.
13 Haas an Prinz Max, 8.7.1927, ebd., 6013.

Troeltsch an Prinz Max, 18.6.1917.
GLA FA-N 6111 # 2

[Zum Plan Georgs von Beerfelde, Regierung und OHL durch
Prinz Max vom uneingeschränkten U-Boot-Krieg abzubringen:]
Für schlechthin dringend notwendig halte ich persönlich
das Kommen Eurer Hoheit nicht, da ich einen rechten
Glauben an die Möglichkeit der Einwirkung auf die entscheidenden Stellen nicht besitze, auch wenn ich einmal
voraussetzte, dass Euer Hoheit die Voraussetzungen des
ganzen Planes teilen. Telegraphisch werde ich daher
antworten, das ich das Kommen nicht für schlechthin
notwendig halte und bitte Euer Hoheit das Telegramm im
Sinne dieses Briefes zu verstehen.

Wie stets verharre ich als Euer Hoheit herzlichst und
aufrichtigst gehorsamer
Ernst Troeltsch

Der Spectator

Ernst Troeltsch (1865–1923)

VON HARALD HAURY

Meine Herren, es wackelt alles.[1] Der Ernst Troeltsch zugeschriebene Ausspruch fasst gut den Ausgangspunkt eines Theologen, der den Bibelglauben und die Offenbarungssicherheit, die alten Gewissheiten seines Faches, verloren gab, den Verlust aber als Chance begriff.

Troeltsch, 1865 geborener Spross einer Augsburger Ärztefamilie, lehrte seit 1894 Systematische Theologie und Ethik an der Evangelisch-Theologischen Fakultät der Ruprecht-Karls-Universität in Heidelberg. Seine Theologie betrieb Troeltsch als Kunst, dem „Wackeln" auf den Grund zu gehen – und es selbst „wackeln" zu lassen. Wichtig war für ihn die kritisch-produktive Arbeitsgemeinschaft mit dem Soziologen Max Weber. Sie verstärkte Troeltschs Faible für *den harten Stoff der sozialen Wirklichkeit.*[2]

Troeltsch schrieb soziologisch und religionspsychologisch beschlagene Analysen zur Geschichte des Christentums, dies aber immer mit Blick auf die Gegenwart. Dafür steht etwa sein berühmter Vortrag „Die Bedeutung des Protestantismus für die Entstehung der modernen Welt", den Troeltsch 1906 auf dem IX. Deutschen Historikertag in Stuttgart hielt. Er erschien noch im selben Jahr im Druck. Die Gegenwart des Kaiserreiches – das war vor allem die „soziale Frage". Sie bildet den Hintergrund für Troeltschs religionsgeschichtliches Hauptwerk, „Die Soziallehren der christlichen Kirchen und Gruppen", eine Studie über die sozial schöpferische, gemeinschaftsbildende Kraft der christlichen Religion von den Anfängen in der Antike bis zum 18. Jahrhundert.

Bezeichnenderweise erschienen die „Soziallehren" zunächst als Aufsatzfolge im „Archiv für Sozialwissenschaft und Sozialpolitik", veröffentlicht in den Jahren 1908 bis 1910. 1912 folgte die erweiterte Buchausgabe als Band I von Troeltschs „Gesammelten Schriften".

Troeltsch ging es um Aufklärung in der Rückschau, von der Geschichte des Christentums und der Einsicht in seine kulturprägende Wirkung her gesehen. Seine Hoffnung: Wer die religiösen Kräfte und Ausdrucksformen in ihrer Vielfalt, ihren Ausläufern und ihren Brechungen an den säkularen Mächten kennengelernt habe, könne auf aktuelle Probleme klüger reagieren. Dabei hatte Troeltsch kein Handlungswissen im Sinn. Sein Ziel war prinzipieller, „subversiv" und aufbauend zugleich. Zwar ließ sich – so Troeltschs Überzeugung – in der Geschichte des Christentums ein durchgängiges Ethos identifizieren: der Glaube an die Gottunmittelbarkeit jedes einzelnen Menschen und an das Ideal universaler Brüderlichkeit. Doch sei dieses Ethos nie rein und eindeutig zu fassen, sondern stets zeitbedingt überformt und gebrochen im Kompromiss mit den Mächten und Ausdrucksformen dieser Welt. Zu Ende gedacht bedeutete das: Theologen sollten wohl an das christliche Ethos erinnern, es lebendig halten und immer neu vergegenwärtigen. Genauso war es aber ihre Pflicht, die Gesellschaft vor den eigenen Fachgenossen und klerikalen Funktionären zu schützen, die mit angeblich gottgegebenen Gewissheiten daherkamen, in Wahrheit aber bloß das Lied der Mächtigen, des Zeitgeistes oder ihrer eigenen Selbstüberhebung sangen.

Aufruf zur Gründung eines Volksbunds, Entwurf von Heinrich Troeltsch, nach 4.12.1917.
Troeltsch benennt v.a. innenpolitische Gegensätze und verfehlte Kriegsziele. Der Volksbund war gegen die nationalistische Vaterlandspartei gerichtet.

Endgültige Fassung des Aufrufs durch eine Kommission aus Zentrum, SPD u.a. nach 4.12.1917.
Sie beschwört v.a. die Einheit von Nation und Staat.

Beide Texte
GLA FA-N 6111 # 8+9

Nach gut zehn Jahren Heidelberg war Troeltsch ein berühmter Mann, herausragender Gelehrter, vielbeschäftigter Organisator von Wissenschaft und bestens vernetzt in der großherzoglich-badischen Führungselite. Im akademischen Jahr 1906/1907 hatte er das Amt des Prorektors der Ruperto Carola inne. (Das Rektorenamt führte formal immer der Großherzog). 1909 wählten ihn die Heidelberger Professoren als Vertreter ihrer Universität in die Erste Kammer des badischen Landtags. Im selben Jahr gehörte er zu den Gründungsmitgliedern der Heidelberger Akademie der Wissenschaften und der Deutschen Gesellschaft für Soziologie. Troeltsch saß im Engeren Ausschuss der Nationalliberalen Partei Badens. Seit 1912 war er Heidelberger Stadtverordneter. Ins folgende Jahr fällt seine Wiederwahl als Kammervertreter der Heidelberger Universität. 1914 war er Mitglied der Badischen Generalsynode. Zum Sommersemester 1915 schließlich folgte er, hochgeehrt, dem Ruf ins Zentrum des deutschen Geisteslebens, auf einen eigens für ihn geschaffenen philosophischen Lehrstuhl an der Friedrich-Wilhelms-Universität zu Berlin – mit einem Gehalt, das im preußischen Staatsdienst damals seinesgleichen suchte. Die Berufungsurkunde hatte Kaiser Wilhelm II. (als preußischer König) am 6. August 1914 unterzeichnet, in den Wirren der ersten Kriegstage.

Troeltsch war ein politischer Kopf, zwar Teil des Wilhelminischen Establishments und nicht frei von Standesdünkel, aber durchaus kritisch und ausgestattet mit einem guten Sensorium für gesellschaftliche Veränderungen und Konfliktlinien. Die harten Positions- und Berufungskämpfe, die zwischen liberalen und „positiven" (konservativ-orthodoxen) Theologen an den Universitäten des Kaiserreiches, aber auch innerhalb der Kirchenleitungen und in der Öffentlichkeit ausgetragen wurden, hatten ihn taktisch geschult. Hatte er sich 1914 und 1915 noch voller Emphase am Kulturkrieg beteiligt (der Begriff stammt von ihm), verfocht er – unter Professoren

eine Seltenheit – spätestens ab dem Jahr 1917 die Demokratisierung des preußischen Wahlrechtes, eine Parlamentarisierung des Regierungssystems auf der Ebene des Reiches und die Absage an alle „Siegfriedens"-Phantasien der Rechten.

Nach dem Zusammenbruch des Kaiserreiches wurde Troeltsch wieder als Abgeordneter aktiv, nun für die linksliberale DDP in der verfassunggebenden preußischen Landesversammlung. Zudem übernahm er im preußischen Kultusministerium als parlamentarischer Unterstaatssekretär (nach heutigem Rangsystem: als parlamentarischer Staatssekretär) die Verantwortung für die Hochschulen. Troeltsch konnte sich umso leichter parlamentarisch engagieren, als er an die Ressource der gemeinsamen, von Antike und Christentum geprägten Geschichte glaubte. Sie könne auf längere Sicht einen sozial-moralischen Basiskonsens stiften, der es Wählern und Parlamentariern ermögliche, über tagespolitische Fragen zu streiten, ohne übereinander herzufallen. Angesichts der verworrenen Verhältnisse in der frühen Weimarer Republik war Troeltsch für die nähere deutsche Zukunft allerdings eher skeptisch. Er starb im Februar 1923 überarbeitet an den Folgen einer Lungenembolie.

Wann sich Ernst Troeltsch und Max von Baden zum ersten Mal begegneten, ließ sich nicht klären. Sicher ist ein Zusammentreffen in der badischen Ständeversammlung. Der Prinz war Präsident ihrer Ersten Kammer. Ernst Troeltsch trat dort immer wieder mit eindrucksvollen Redebeiträgen und Kommissionsberichten hervor, wie sich in den Protokollen nachlesen lässt. Seine Themen reichten von heiklen kirchen- und hochschulpolitischen Fragen (u.a. wurde die Besetzung Heidelberger theologischer Lehrstühle von konservativer Seite mehrfach als einseitig parteilich angefochten) über die Neuregelung des Elementarschulwesens (im Zuge der Reform wurde die staatliche Schulaufsicht gegenüber den Gemeinden als Schulträgern gestärkt und die Geltung der Simultanschule als Regelschule mit konfessionell getrenntem Religionsunterricht gefestigt) bis hin zum Problem der Prostitution in den größeren badischen Städten und der Not der Neckarschiffer in den wasserarmen Jahren vor dem Ersten Weltkrieg.

Briefe wechselten Prinz Max und Troeltsch erst nach dessen Wechsel in die Reichshauptstadt. Die Korrespondenz ist schmal, aber hochkarätig. Aufgefunden wurden neun Schreiben Troeltschs, dazu die Abschrift eines Gegenbriefes des Prinzen. Der erste Brief Troeltschs stammt vom 29. Juli 1915 und begleitete offenbar ein druckfrisches Exemplar seiner Rede „Der Kulturkrieg", gehalten am 1. Juli 1915 in Berlin. (Troeltsch nennt in dem Brief keinen Titel). Das Herzstück der Korrespondenz fällt aber in das Jahr 1917. Es handelt sich um sechs teils sehr umfangreiche Briefe aus der Zeit vom 18. Juni bis zum 27. Dezember 1917. Auslöser des neuen Austausches war die Affäre um Hans Georg von Beerfelde (vgl. den Beitrag zu Johannes Müller). Max von Baden telegraphierte ihretwegen an Troeltsch (das Telegramm ist nicht erhalten), der sich daraufhin mehrfach mit Beerfelde traf und dem Prinzen darüber am 18. und 23. Juni Bericht erstattete. Am 30. Juni, 4. August, 8. November und 27. Dezember ließ Troeltsch vier Briefe mit Analysen zur innenpolitischen, außenpolitischen und – soweit ihm einsichtig – militärischen Lage folgen. Er glaubte sich dazu von Prinz Max ermutigt und äußerte am 30. Juni die Hoffnung, *daß Ew Hoheit Vermittelung entweder bei der obersten Heeresleitung oder bei seiner Majestät solchen Gedanken Berücksichtigung vielleicht erwirken könnten.*

Troeltschs Lageberichte aus der Reichshauptstadt verbanden einen strategischen Blick für die großen Linien mit kleinteiligen Analysen der Kräfteverhältnisse, Kalküle und Personaltableaus im Ringen zwischen Heeresleitung, Marineführung, Reichsregierung, Hof und Reichstagsparteien. Dazu kamen knappe Charakterbilder führender Persönlichkeiten.

Troeltschs Berichte lesen sich noch heute als höchst informativ und instruktiv. Seine *Informationsquellen* waren, wie er dem Prinzen am 8. November 1917 mitteilte, *im Wesentlichen Abgeordnete und hohe Beamte der Reichsministerien.* Zu denken ist hierbei an Mitglieder der sogenannten Mittwochabend-Gesellschaft Hans Delbrücks, in der Troeltsch verkehrte. Unmissverständlich war seine Schlussfolgerung, die er bereits in seinem Brief am 30. Juni 1917 offenlegte: Der Not gehorchend sei es ebenso unumgänglich wie dringend, innere Reformen mit einer *Klärung der Kriegsziele* zu verbinden, die *unsere Politik als nicht reinen Opportunismus, sondern als Idee erscheinen läßt.* Anders, ohne *Benützung der Parole des demokratischen Friedens als Brücke,* sei kein Friede zu bekommen, und ohne glaubhafte Friedensperspektive werde die Moral in Heer und Heimat nicht aufrechtzuerhalten sein.

Troeltsch wiederholte seine Analyse nochmals in der Rückschau, in einem sehr persönlich gehaltenen, eindringlichen Brief, den er Max von Baden am 2. Dezember 1918 als Dank und Würdigung der Leistungen seiner Kanzlerschaft schickte (Abdruck im Anhang). Troeltschs letzter Brief stammt vom 8. März 1920. Er stellt die Antwort auf ein Schreiben des Prinzen dar, in dem dieser auf eine *Zusammenkunft von Berliner Mitgliedern der Heidelberger Vereinigung* und Möglichkeiten zur Verbesserung ihrer Pressearbeit zu sprechen kam. Troeltsch sagte ihm Unterstützung zu, allerdings mit dem Hinweis, *entsetzlich überlastet* zu sein. Spannend macht sein Antwortschreiben der reichlich konsternierte Blick auf die Verhältnisse der frühen Weimarer Republik. Troeltsch sah *völlige soziale Umschichtung,* eine *Erhebung des Handarbeiters und der neuen Reichen,* zwischen denen der *gebildete und intellektuelle Mittelstand, also meine Schicht,* erdrückt werde – nicht ohne eigene Schuld, denn die Bildungsschicht des Landes handle *genau so wie sie im Krieg gehandelt hat: schneidig und stupid.* Troeltsch schreibt vom *Zusehen, wie das Parlament der kleinen Leute wurstelt und von den sozialdemokratischen Ministern im fortwährenden Guerillakrieg mit ihrer Fraktion zu leidlicher Vernunft gebracht wird.* Es sei manchmal schwer, den Ekel zu überwinden. Sein Fazit fiel dann aber wieder zukunftsoffen aus: *Es ist eine neue Welt im Werden, die schwerlich besser und schöner ist als die alte, die aber das Recht des Lebenden und den Beruf der Stunde für sich hat.*

Troeltsch nahm an seiner Kritik der Rechten und des Wilhelminischen Systems kein Jota zurück. Sie hatten Deutschland in die Katastrophe geführt. Einen Vernunftrepublikaner und vielleicht sogar Demokraten wird man ihn wohl nennen können, aber er war dies faute de mieux, situativ, mit grimmigem Widerwillen. Das zeigen auch seine berühmten „Spectator-Briefe" und „Berliner Briefe", die in den Jahren 1919 bis 1922 in Ferdinand Avenarius' Zeitschrift „Kunstwart und Kulturwart" erschienen. Max von Baden hatte ihren zunächst anonymen Autor im Februar 1920 bereits erraten.

um 1910.
Haus Baden

Anhang

Brief von Ernst Troeltsch an Prinz Max von Baden, 2.12.1918 (GLA FA-N 6111)

Prof. Dr. Ernst Troeltsch   *2 XII 18.*

Großherzogliche Hoheit!

Es war mir längst ein Bedürfnis Eurer Hoheit zu schreiben nach dem Eintritt der Katastrophe. Der Brief, den ich kurz nach dem Amtsantritt Eurer Hoheit geschrieben habe, war ja ein rein sachlicher und ich weiß auch gar nicht, ob er in die Hände Eurer Hoheit gelangt ist. Jetzt aber nach dem Bericht, der in den Preuß[ischen]. Jahrb[büchern] veröffentlicht worden ist, empfinde ich doppelt das Bedürfnis zu schreiben.

Das Erste u Dringendste ist ein Wort des Dankes an Eure Hoheit für die Leistung dieser vier Wochen, die sachlich u seelisch eine ganz außerordentliche war und, wie ich annehme, nur durch eine stärkste Anspannung des Verant-wortungsbewußtseins u des Pflichtgefühls möglich wurde. Den ungeheuren Wahnsinn der Generalstabs- u Marine-politik zu liquidiren u zwar auf Grund des Ludendorffschen Zwanges zum Waffenstillstandsangebot, das ja eine wenig verschleierte Kapitulation war: das muß eine fürchterliche Aufgabe gewesen sein. Die Einzelheiten, namentlich des Endes, sind mir nicht recht bekannt u verständlich. Ich mochte weder Herrn Siemens³ noch Herrn Hahn danach fragen. Ob die Befriedigung des sozialdemokratischen Ultimatums die Katastrophe wirklich verhindert u nicht bloß verschoben hätte?

Das wahrhaft Entsetzliche ist der Bruch aller Rechtskontinuität, die Auflösung aller Institutionen des Bismarck-schen Reiches. Unter der Decke der äußerlich erhaltenen Ordnung spielt das Chaos u die Desorganisation in der fürchterlichsten Weise. Von oben droht der Irrsinn des Vollzugsrates, der nur durch Parlamentäre in leidlicher Ordnung gehalten werden kann aber jeden Augenblick zerstörend ausbrechen kann. Der eigentliche letzte Grund des Ganzen ist doch die Auflösung der Armee, die Revolte der Mannschaften gegen das Offizierscorps. Dieses letztere sah ich mit Schrecken seit langem kommen. Ich habe im August einer Versammlung von Bauern, Beamten, Käsefabrikanten u.s.w. im Allgäu beigewohnt, lauter Leuten, die eigentlich mit ihren Instinkten auf der Seite der Vaterlandspartei standen. Aber da brach eine ganz elementare Wut gegen das Offizierscorps los, wie ich es für ganz unmöglich gehalten hätte! Da giengen mir die Augen auf. Denn diese Stimmung wurde mir nun von allen Seiten bestätigt. Der Abg. Müller-Meiningen⁴ hatte eine Art Büro von Soldatenbeschwerden, dessen Ergebnisse erschütternd waren. Er hat die Sache mehrfach Ludendorff vorgetragen u diesen gewarnt. Allein Ludendorff erklärte diese Dinge für Nebensachen. Ich schrieb damals sofort an Solf, daß ich eine Militärrevolution für möglich hielte.

Nun das ist auch gekommen. Ich wußte ja, daß das alte System tief erschüttert war, daß die Versuche zum „Endkampf", wie ich mich in jenen Tagen überzeugte, nur die Soldaten-Revolution herbeiführen würden. Aber daß das System derart unterhöhlt u entwurzelt war, das habe ich allerdings nicht geahnt. Legien u Giesberts⁵ hatten seit Winter 1917 fortwährend gewarnt. Aus diesem Grunde haben wir ja den „Volksbund" gegründet, damit das Volk, wie Giesberts sagte, etwas „Tröstliches" ihm Entsprechendes zu sehen bekomme. Der Kampf gegen Wahlrecht, Friedensmöglichkeit u Mäßigungsgesinnung, der mit allen Mitteln der unerhörtesten Lüge geführt wurde, hat alles unmöglich gemacht. Ich hatte einmal eine lange Unterredung mit Oberst Nicolai⁶ vom Kriegspresseamt, die mich wahrhaft erschütterte. Eine derartige Gewaltsamkeit, durch Illusionen alles zu erzwingen, war mir noch niemals vorgekommen. Diese Gewaltsamkeit hat auch wahrhaft entsetzlich gewirkt. Ebenso hatte ich in den Oktobertagen eine Konferenz mit Tirpitz zur Beförderung der Endkampf-Stimmung. Der Eindruck war fürchterlich, ich habe einen Mann von öffentlicher Stellung noch nie so unerhört lügen gesehen.

Nun, der Zusammenbruch ist erfolgt, von außen erdrückt, von innen geborsten. Das Schlimmste, was ich für den Herbst befürchtete, ist weit übertroffen. Denn ich erwartete zwar die Revolution, aber ihre Niederlage. Nach außen u nach innen alles gleich trostlos. Ich wünschte oft todt zu sei wie die vielen, die das nicht mehr zu erleben brauchen. Ein Blick auf Frau u Kind läßt mich den Wunsch bereuen. Auch sammle u stärke ich mich in dem Glauben, den ich immer schon gegenüber einem sichtbar veräußerlichten und entgeistigten Staatsgefüge hatte, daß der Staat nicht alles ist, daß es noch höhere Güter giebt als ihn. Ja ich empfinde u bejahe die Glaubenspflicht, die die großen welthistorischen Entscheidungen anzuerkennen befiehlt u aus dem Trümmerhaufen das von der Lage Geforderte Neue aufzubauen antreibt. Non sine Deo ist auch dieses furchtbare Geschick, das übrigens auch die persönliche Existenz unsicher macht. Aber ich kann nicht leugnen, daß mir diese Sammlung schwerfällt, daß ich im Moment allzu wenig vom Führer u Helden u allzuviel von der Kleinheit u Schwäche der Massen in mir empfinde. Ich bin entschlossen in das Neue hineinzuwachsen; aber ich habe als fünfjähriger Knabe mit meinem damals hochbeglückten Vater die Siege von 1870 gefeiert!! Denke ich daran, dann ist mir, als könnte ich nicht mehr. Denke ich freilich an meine Kritik gegen das herrschende System in den Jahren vor dem Kriege, dann kann ich wieder. Gott helfe weiter!

Eurer Hoheit aber, der ich für die Leistung der letzten Woche[n] u für die Bewahrung der nationalen Würde heiße Dankbarkeit bewahre, möchte ich die Bitte aussprechen dürfen auch weiterhin in Beziehung bleiben zu dürfen. Der Grund ist rein die persönliche Treue u Dankbarkeit, mit der ich heute wie immer bin Eu[r]er Hoheit gehorsamst u herzlichst ergebener

E. Troeltsch.

Quellen- und Literaturauswahl
(vgl. das Literaturverzeichnis am Schluss des Bandes)

Briefe von Ernst Troeltsch im Nachlass Prinz Max von Baden,
  GLA FA-N 6111

Troeltsch, Soziallehren.- Ders., Gesamtausgabe

Köhler, Troeltsch.- [Troeltsch], Wirklichkeit

---

1 Zit nach W. Köhler, Troeltsch, S. 1.
2 Soziallehren, S. 984.
3 Friedrich von Siemens (1872–1941) leitete den Siemenskonzern seit 1919. Er gehörte zu Hans Delbrücks Mittwochabend-Gesellschaft. 1920 bis 1924 vertrat er die DDP im Reichstag.
4 Ernst Müller (1866–1944), Abgeordneter des Wahlkreises Meiningen-Hildburghausen im Reichstag gehörte der Fortschrittlichen Volkspartei an, war Vorsitzender des Ausschusses für militärpolitische Angelegenheiten und erhielt nach eigenen Angaben allein 1917 fast 15.000 Zuschriften von Soldaten. Am 25. September 1918 unterbreitete er Ludendorff eine Denkschrift zur Reform der preußischen Heeresverfassung.
5 Carl Legien (1861–1920) und Johann Giesberts (1865–1938) waren die führende Köpfe der sozialistischen bzw. christlichen Gewerkschaften in Deutschland. Beide waren Reichstagsabgeordnete Legien für die SPD, Giesberts für die Zentrumspartei. Giesberts war zudem Abgeordneter des preußischen Abgeordnetenhauses.
6 Walter Nicolai (1873–1947) führte den militärischen Nachrichtendienst im Großen Generalstab. Ihm unterstanden das Kriegspresseamt und die Oberzensurstelle.

Max Weber mit Ernst Toller,
1917 auf Burg Lauenstein.
Universitätsarchiv Heidelberg

Weber an Prinz Max, 28.12.1918.
GLA FA-N 6117

[Zur Kandidatur des Prinzen Max
für die Nationalversammlung:]
Gesichtspunkte des „Stimmenfangs" *[für die DDP]*
haben selbstredend bei der ganzen Frage nicht die
geringste Rolle gespielt. Bei nachträglicher Erörterung
dieser Seite der Sache sind wir einmütig der Ansicht,
daß sich die Wirkung der Kandidatur in dieser
Hinsicht überhaupt in keiner Weise abschätzen läßt.

Mit vorzüglicher Hochachtung ergebenst
Max Weber

Der andere Max von Baden

Max Weber (1864–1920)

VON FOLKER REICHERT

Es hätte eine akademische Karriere wie aus dem Bilderbuch werden können, nach allen Seiten gesichert, respektiert und geachtet, in der Mitte der bürgerlichen Gesellschaft. Doch eine seelische Erkrankung machte das Erreichte zunichte, den frühen Erfolgen folgten Jahre der Agonie, und als prominenter Außenseiter durchlebte Max Weber die Verwerfungen der deutschen Geschichte zwischen Kaiserreich und Republik.

1864 als erster Sohn eines hohen preußischen Beamten geboren, verbrachte er eine sorglose Jugend, geprägt von Wohlhabenheit und Zuwendung. Vor allem die Mutter, Helene, setzte große Erwartungen in ihn und behandelte ihren Ältesten als den Vertreter der anderen Kinder. Ob das ihm und den Geschwistern guttat, steht auf einem anderen Blatt. Sein Bruder Alfred (später auch Minimax geheißen) stand immer im Schatten des Älteren und blühte erst auf, als dieser tot war. Von Max wurde Frühreife gefordert, und seine frühesten erhaltenen Verlautbarungen kommen reichlich altklug daher. Immerhin schien er die Hoffnungen der Mutter zu erfüllen: Auf die Reifeprüfung am Charlottenburger Gymnasium folgten ein zügiges (wenn auch exzessiv ausgelebtes) Studium der Jurisprudenz, der Erwerb des damals so wichtigen Reserveoffizierspatents, das juristische Referendariat, Promotion, Habilitation und mit gerade einmal dreißig Jahren die Berufung auf den Lehrstuhl für Nationalökonomie und Finanzwissenschaft an der Universität Freiburg. Da diese aber damals als „Duchgangsuniversität" galt, blieb er nur zwei Jahre und wechselte schon 1896 nach Heidelberg, wo er

zwei Jahrzehnte bleiben sollte. Fast mühelos war aus dem frühreifen Knaben aus besitz- und bildungsbürgerlichem Haus ein gut besoldeter deutscher Professor geworden, ein Vertreter jenes Berufsstands, dem seinerzeit *fast abergläubischer Respekt* entgegengebracht wurde[1]. Der *wilde Hazard*, als den Max Weber das akademische Leben beschrieb[2], war für ihn selbst kein wirkliches Problem. Ganz nebenher heiratete er Marianne Schnitger, eine entfernte Verwandte aus ebenfalls vermögendem Haus. Zeitlebens blieb sie ihm eine treue Gefährtin (mehr aber wohl nicht).

Doch schon 1899 stürzte die Fassade zusammen. Max Weber ließ sich von allen seinen akademischen Verpflichtungen beurlauben und zog sich aus der Universität zurück. Diagnose: Neurasthenie. Das war nicht ungewöhnlich für eine Epoche, die sich als „nervöses Zeitalter" begriff. Doch hier zog sich der Krankheitsverlauf (die *Höllenfahrt*) quälend lange hin. Zeitweilig hielt sich Weber zu jeder geistigen Arbeit für unfähig, modellierte Tonfiguren oder verbrachte den Tag mit *Stumpfen*, die Nächte schlaflos[3]. Über die Ursachen des Zusammenbruchs wurde viel spekuliert. Dass er mit Erziehung, Elternhaus und Sozialisierung zu tun hatte, ist wahrscheinlich. Welche Rolle Webers Ehe- und Sexualleben dabei spielte, ist umstritten. Späte Liebesbeziehungen mit der Pianistin Mina Tobler (die von sich sagen konnte, Max Weber habe sie als erste geliebt) und mit Else Jaffé, geb. von Richthofen (die sich zwischen ihm und seinem Bruder Alfred nicht entscheiden mochte) haben ihm sicher geholfen. Vor allem die Briefe, die er seiner Frau und diese seiner Mutter schrieb, spiegeln das seelische Drama wider. Eine Beurlaubung folgte auf die andere. 1903 schließlich gab Weber seinen Heidelberger Lehrstuhl auf. Er blieb der Universität als Honorarprofessor und der Wissenschaft als Privatgelehrter verbunden. Die dann folgenden Jahre sollten sogar zu den intellektuell produktivsten und wissenschaftlich folgenreichsten in seinem Leben gehören.

Seit 1910 wohnte das Ehepaar Weber in der Villa Fallenstein dem Heidelberger Schloss gegenüber auf der anderen Seite des Neckars, einem Blickfang bis heute. Jeden Sonntagnachmittag standen die Türen für Besucher offen. Vor allem junge Wissenschaftler gingen dorthin, und wenn sie Glück hatten, diskutierte der Hausherr mit ihnen. Heidelberg war reich an Gesprächskreisen dieser Art, ein *Mekka des Geschwätzes,* wie Ernst Bloch meinte[4]. Doch die in der Villa Fallenstein geführten Debatten wurden legendär. Marianne Weber hatte den sonntäglichen „Jour fixe" eingeführt, um ihrem Mann Abwechslung und Anregung zu verschaffen. Anregung erhielt er außerdem durch den Mitbewohner der Villa, den Theologen Ernst Troeltsch, mit dem ihn *Fachmenschenfreundschaft* verband[5]. Gemeinsam arbeiteten sie an der Theorie vom Ursprung des Kapitalismus aus der Ethik des Protestantismus (genauer: des Puritanismus). Auf dem Stuttgarter Historikertag 1906 wurde sie erstmals vorgetragen und erregte sofort Aufsehen. Max Webers berühmtestes Werk blieb aber zunächst in den Zeitschriften versteckt und wurde erst deutlich nach seinem Tod als Buch publiziert. Und ähnlich ging es seinen anderen bedeutenden Werken: den Studien zur Wirtschaftsethik der Weltreligionen, der Musiksoziologie und vor allem der Summe seiner Forschungen: „Wirtschaft und Gesellschaft". Keines von ihnen wurde fertig, alle blieben Fragmente. Max Weber produzierte einen „riesigen Torso".[6] Doch das entsprach der Existenz, die er führte: selbstbezogen und chaotisch, der Außenwelt nur bei Gelegenheit

verbunden, in der Universität ohne Einfluss. Sein kunsthistorischer Kollege Carl Neumann hat beschrieben, wie Max Weber damals in der Öffentlichkeit wirkte: *Er war leidend und man sah ihn selten. Aber wenn man einmal mit ihm sprach, spürte man eine maßlose moralische Kraft, obwohl es nur Fetzen waren, was er von sich gab*[7]. Man nannte ihn den „Mythos von Heidelberg"[8].

Von größter Bedeutung war auch für Max Weber der Erste Weltkrieg. Zwar hielt er den Kaiser für einen Dilettanten und *Fatzke,* aber die offizielle Darstellung des Kriegsausbruchs: das Deutsche Reich verteidige sich gegen seine Neider, machte auch er sich zu eigen. Der (zumal in den besitzenden Schichten) weit verbreiteten Begeisterung (das sogenannte Augusterlebnis) konnte und mochte er sich nicht entziehen. Dieser Krieg sei *groß und wunderbar,* schrieb er kurz vor und kurz nach der Schlacht an der Marne[9], also in der Euphorie der ersten Erfolge und auch dann noch, als diese stockten. Denn das Erlebnis der Gemeinschaft zählte – von der Stunde *der Entselbstung, der gemeinsamen Entrückung in das Ganze* sprach Marianne[10]. Gerne hätte Weber seinen Beitrag geleistet. Doch für ihn kam der Krieg um ein Vierteljahrhundert zu spät. Dem nun 50-jährigen, seelisch erkrankten, übergewichtigen Privatgelehrten mit Offizierspatent blieb nur die Rolle des Disziplinaroffiziers der Heidelberger Reservelazarette. Immerhin füllte er sie ein ganzes Jahr lang aus und konnte sehen, was alles schief lief. Aus dem begeisterten Beobachter wurde ein notorischer Schwarzseher, aus dem gutgläubigen Reserveoffizier ein scharfer Kritiker von Heeresleitung und Regierung. Er verlangte die vollständige Wiederherstellung Belgiens und lehnte Annexionen grundsätzlich ab. Die Ausweitung des U-Boot-Kriegs hielt er für verderblich und verlangte die konsequente Parlamentarisierung der deutschen Politik. Seine Kritik an Wilhelm II. steigerte sich zur Wut. Er versuchte seine politischen Vorstellungen zur Geltung zu bringen. Doch das Antichambrieren in Brüssel und

Berlin führte zu gar nichts. Seine Vorschläge wurden von der Politik ignoriert. Im Mai 1917 bezeichnete er sich als *politischen Einspänner*[11], der gerne zur Wissenschaft zurückkehrte.

Erst zum Kriegsende hin wurde Webers Stimme gehört. Zwei Artikelserien in der Frankfurter Zeitung erregten Aufsehen, und beim Übergang von der Monarchie zur Republik versuchte er, als Wahlredner für die Deutsche Demokratische Partei (DDP) Einfluss zu nehmen. Dadurch kam auch der erste Kontakt zu Max von Baden zustande: Max Weber wollte den ehemaligen Reichskanzler dafür gewinnen, auf der Liste der Partei für die Wahl zur Verfassunggebenden Nationalversammlung zu kandidieren. Ein persönliches Gespräch am Weihnachtstag 1918 hielt die Dinge noch in der Schwebe, ebenso Webers Dankschreiben, das noch einmal für die Kandidatur warb. Schließlich aber sagte der Prinz ab, weil er meinte, *absolut nicht für einen Parlamentarier geeignet* zu sein, und ihm *eine Ansammlung der Menschen, die sich mit dem Wort bekämpft,* verhasst war[12]. Trotzdem zeigt der sich fortspinnende schmale Briefwechsel, bestehend aus sechs, meist kurzen Schreiben und zwei Telegrammen, die wechselseitige Wertschätzung. Man war sich einig, dass der politischen Reaktion kein Raum gegeben werden dürfe und dass der Reichspräsident vom Volk gewählt werden müsse. Dass Letzteres in die Weimarer Verfassung einging, hielt Max von Baden für *eine politische Großtat* Max Webers[13]. Der Reaktion trat er schon aus eigenem Interesse entgegen, und Weber musste dabei helfen, seine Darstellung der Abdankung des Kaisers (den *Rechtfertigungsversuch des Verräters,* wie es in der alldeutschen Presse hieß[14]) in die Zeitungen zu lancieren. Nach außen, den Alliierten gegenüber, sollte das besiegte Reich einen Standpunkt des Rechts energisch vertreten. Auf Veranlassung des Prinzen wurde im Hause Max Webers die „Arbeitsgemeinschaft für eine Politik des Rechts" (Heidelberger Vereinigung) ins Leben gerufen, die mit geringem Erfolg gegen

die Forderungen der Siegermächte agitierte und die eigenen Ansprüche formulierte. Kritischen Beobachtern konnte sie als *politischer Bund* des gewesenen Reichskanzlers und der Webers, der Professor als der Prophet des Prinzen erscheinen[15]. Auf dessen Vorschlag durfte Max Weber als Mitglied der deutschen Delegation an den Friedensverhandlungen in Versailles teilnehmen; denn er hielt ihn *für besonders geeignet später die in Paris gefassten Entschlüsse mit seiner grossen rednerischen und publizistischen Kraft vor dem deutschen Volk zu vertreten*[16]. Seine Rolle beschränkte sich dann aber auf die Mitarbeit an der sogenanten Professorendenkschrift zur Frage der Kriegsschuld. Gerne hätte Max von Baden es gesehen, wenn Weber seiner gar nicht so heimlichen Liebe gefolgt wäre und den *Weg zur grossen Politik doch eines Tages* eingeschlagen hätte[17]. Offenbar hielt er ihn für den kommenden Mann. Dessen Frau Marianne wusste schon lange, dass der eine Max von Baden durch den anderen hätte ersetzt werden können[18].

Aus all dem ist nichts geworden. Max Weber starb am 14. Juni 1920 im Alter von nur 56 Jahren an den Folgen einer zu spät erkannten Lungenentzündung. Gegen Ende seines Lebens soll er bekannt haben, von der *Realität der Dinge* nichts zu verstehen: *Tod nicht, Geburt nicht, Krieg nicht, Macht nicht*[19] – keine Familie, kein Dienst mit der Waffe, kein politisches Amt, kein Lehramt, das Werk ein Torso. In jeder Hinsicht musste er sich als gescheitert betrachten. Der zeitweise mit Weber befreundete Historiker Johannes Haller hielt ihn gar für einen Alkoholiker und Psychopathen, von dessen Werken zu Recht keines Bestand haben werde[20]. Dass er trotzdem heute als einer der bedeutendsten Denker des 20. Jahrhunderts gilt, lag zunächst an seiner Frau Marianne, der treuen *Gefährtin* weit über Webers Tod hinaus. Den Kondolenten, auch dem Prinzen Max, schrieb sie: *Ein Stern ist erloschen, der nicht nur geleuchtet und gefunkelt hat, sondern denen, die ihm menschlich nahe standen, spendete er unerschöpfliche Güte und*

Wärme. Sie dankte, *dass dieser Mensch gelebt hat, dass ich ihn verstehen, lieben und [ihm] dienen durfte bis an sein Ende.* Gleichzeitig übernahm sie die Verantwortung für sein Werk[21]. Sie ordnete den Nachlass, gab gesammelte Schriften heraus und schrieb die erste und für lange Zeit einzige Biographie. Sein ganzes Leben lang hatte Max Weber zwischen Wissenschaft und Politik geschwankt. Die Vorträge „Wissenschaft als Beruf" und „Politik als Beruf" gehörten zu seinen letzten Publikationen. Bedenkt man jedoch seine Wirkung über ein Jahrhundert hinweg, so war er immer und vor allem Gelehrter.

Quellen- und Literaturauswahl
(vgl. das Literaturverzeichnis am Schluss des Bandes)

Nachlass im Geheimen Staatsarchiv Preußischer Kulturbesitz, Berlin
Korrespondenz Max Weber / Prinz Max von Baden im Nachlass Prinz Max von Baden, Generallandesarchiv Karlsruhe (in FA-N)

Prinz Max von Baden, Erinnerungen.- Weber, Gesamtausgabe.- Ders., Wissenschaft als Beruf.- Marianne Weber, Max Weber

Demm, Jaffé-von Richthofen.- Engelhardt, Kosmopolitismus.- Graf, Fachmenschenfreundschaft.- Glockner, Bilderbuch.- Hasselhorn, Haller.- Kaesler, Weber.- Kaube, Weber.- Maurer Briefwechsel.- Meurer, Marianne Weber.- Mommsen, Weber.- Mommsen/Schwentker, Weber.- Radkau, Weber.- Scaff, Weber.- Zudeik, Ernst Bloch

1 Max an Marianne Weber, 28. 8. 1903, Briefe, S. 135.
2 Wissenschaft als Beruf, S. 75 ff.
3 Marianne Weber, Max Weber, S. 250 f.
4 Zudeik, Bloch, S. 47.
5 Graf, Fachmenschenfreundschaft.
6 Kaube, Weber, S. 26.
7 Zit. nach Glockner, Bilderbuch, S. 105.
8 Engelhardt, Kosmopolitismus.
9 An Karl Oldenberg, 28. 8. 1914, Briefe 1913–1914 (MWG II 8), S. 782; an Ferdinand Tönnies, 15. 10. 1914, S. 799.
10 Max Weber, S. 526.
11 An Conrad Haußmann, 1. 5. 1917, Briefe 1915–1917 (MWG II 9), S. 627.
12 Briefe 1918–1920 (MWG II 9), S. 381.
13 Erinnerungen, S. 128.
14 Eberhard an Marie Louise Gothein, 11. 8. 1919, zit. nach Maurer, Gothein, S. 514.
15 7. 6., 12. 8. 1919, ebd., S. 508, 514.
16 Weber, Briefe 1918–1920, S. 598 Anm. 3.
17 An Max Weber, 31. Juli 1919, GLA FA-N 6117.
18 Marianne Weber, Max Weber, S. 633.
19 Kaube, Weber, S. 26 (nach Martin Green, dieser nach Else Jaffé).
20 Hasselhorn, Haller, S. 424 f.
21 An Prinz Max, Juni 1920, GLA FA-N 6117.

*Haus Max Webers in Heidelberg, in dem 1919
unter Prinz Max die Heidelberger Vereinigung
gegründet wurde.
Mitglieder waren führende Wissenschaftler,
Industrielle und Politiker.*

*Hermann Oncken, Hans Delbrück, Lujo Brentano,
Albrecht Mendelssohn-Bartholdy,
Robert Bosch, Max Warburg, Max Graf Montgelas*

Gedruckte Quellen, Editionen, Memoiren

Baden, Prinz Max von, Erinnerungen und Dokumente, Stuttgart/ Berlin/Leipzig 1927, ND Hamburg 2011

Baden, Prinz Max von, Erinnerungen und Dokumente, neu hg. von Golo Mann und Andreas Burckhardt, Stuttgart 1968

Bohny, Mary, Nächstenliebe im Weltenbrand. Aus dem Tagebuch einer Frau, Heidelberg 1934

Bülow, Bernhard Fürst von, Denkwürdigkeiten, Bd. 3, hg. von Franz von Stockhammern, Berlin 1931

Chamberlain, Houston Stewart, Arische Weltanschauung, München 1905

Chamberlain, Houston Stewart, Briefe Bd. II (1882–1924) und Briefwechsel mit Kaiser Wilhelm II., München 1928

Chamberlain, Houston Stewart, Kriegsaufsätze. 1. und 2. Reihe, München 1915

Chamberlain, Houston Stewart, Lebenswege meines Denkens, München 1921

Chamberlain, Houston Stewart, Mensch und Gott. Betrachtungen über Religion und Christentum, München 1921

Chamberlain, Houston Stewart, Politische Ideale, München 1915

[David] Das Kriegstagebuch des Reichstagsabgeordneten Eduard David 1914 bis 1918, bearb. von Susanne Miller, Düsseldorf 1966

Deist, Wilhelm, Militär und Innenpolitik im Weltkrieg 1914–1918 (Quellen zur Geschichte des Parlamentarismus und der politischen Parteien II,1), Düsseldorf 1971

Felden, Emil, Eines Menschen Weg. Ein Fritz-Ebert-Roman, Bremen 1927

Fendrich, Anton, Der Judenhass und der Sozialismus, Freiburg 1920

Fendrich, Anton, Der Krieg und die Sozialdemokratie, Stuttgart/ Berlin 1915

Fendrich, Anton, Die Kluft. Ergebnisse, Briefe, Dokumente aus den Kriegsjahren 1914–19, Stuttgart 1919

Fendrich, Anton, Ein Wort an die unten und die oben von einem deutschen Sozialdemokraten, Stuttgart 1916

Fendrich, Anton, Gegen Frankreich und Albion, Stuttgart 1915

Fendrich, Anton, Hundert Jahre Tränen 1848–1948, Karlsruhe 1953

Fendrich, Anton, Land meiner Seele, Frankfurt 1941

Fendrich, Anton, Mainberg. Aufzeichnungen aus zwei Welten, München 1922

Fendrich, Anton, Mit dem Auto an der Front, Stuttgart 1915

Fendrich, Anton, „Wir". Ein Hindenburgbuch, Stuttgart 1917

Gerard, James W., Meine vier Jahre in Deutschland, Lausanne 1919

Haeften, Hans von, Neuzeitliche kriegsgeschichtliche Forschungsmethoden, in: Wissen und Wehr 1935, 507–521

Hahn, Kurt, Ein Internat in Deutschland. Vortrag über Salem, in: Kurt Hahn. Reform mit Augenmaß. Ausgewählte Schriften eines Politikers und Pädagogen, hg. von Michael Knoll, Stuttgart 1998, S. 222–232

Hahn, Kurt, Prinz Max von Baden [Nachruf], in: Schule Schloss Salem (Salemer Hefte) 9, 1929, S. 5–8

Haußmann, Conrad, Schlaglichter. Reichstagsbriefe und Aufzeichnungen, hg. von Ulrich Zeller, Frankfurt a.M. 1924

Hoffman, Conrad, In the Prison Camps of Germany. A Narrative of "Y" Service among Prisoners of War, New York 1920

Hohenlohe, Alexander Prinz zu, Vergebliche Warnungen, München 1919

Hohenlohe, Alexander von, Aus meinem Leben, Frankfurt am Main 1925

Hohenlohe-Langenburg, Ernst Fürst zu, Briefwechsel zwischen Cosima Wagner und Fürst Ernst zu Hohenlohe-Langenburg, Stuttgart 1937

[Hohenlohe-Schillingsfürst], Denkwürdigkeiten des Fürsten Chlodwig zu Hohenlohe-Schillingsfürst. Im Auftrage des Prinzen Alexander zu Hohenlohe-Schillingsfürst hg. von Friedrich Curtius, 2 Bde., Stuttgart/Leipzig 1907

Hutten Czapski, Bogdan Graf von, 60 Jahre Politik und Gesellschaft, 2. Bd., Berlin 1936

Jahresberichte über das Schweizerische Rote Kreuz, Archiv des Schweizerischen Roten Kreuzes, Zentralsekretariat, Bern

Kriegstätigkeit des Badischen Landesvereins vom Roten Kreuz 1914–1919, Karlsruhe o.J. [1921]

Lepsius, Johannes, Unsere Waffenbrüderschaft mit der Türkei, in: Der Christliche Orient 16 (1915), S. 9–17

Lepsius, Johannes, Was hat man den Armeniern getan? Die Zeit zu reden ist gekommen, in: Mitteilungen aus der Arbeit von Dr. Johannes Lepsius 11/12 (Sep./Dez. 1918), S. 113–116

Ludendorff, Erich, Meine Kriegserinnerungen 1914–1918, Berlin 1919

Mann, Golo, Erinnerungen und Gedanken. Eine Jugend in Deutschland, Frankfurt/Main 1986

Mann, Golo, Zum Tode eines großen Pädagogen, in: Neue Sammlung 15 (1975), S. 106–109

Matthias, Erich/Rudolf Morsey (Bearb.), Die Regierung des Prinzen Max von Baden (Quellen zur Geschichte des Parlamentarismus und der politischen Parteien. Erste Reihe: Von der konstitutionellen Monarchie zur parlamentarischen Republik 2), Düsseldorf 1962

Meinecke, Friedrich, Hans von Haeften. Gedächtnisrede, gehalten in der Preußischen Akademie der Wissenschaften am 30. Juni 1938, in: ders., Zur Geschichte der Geschichtsschreibung (Friedrich Meinecke, Werke VII), München 1968, S. 454–460

Müller, Johannes, Vom Geheimnis des Lebens. Bd.1. Jugend und Sendung, Stuttgart 1937, Bd. 2. Schicksal und Werk, Stuttgart 1938, Bd. 3. Gegen den Strom. Aus dem Nachlaß herausgegeben von Bernhard Müller, Elmau 1953

Müller, Johannes (Hg.), Blätter zur Pflege persönlichen [und völkischen] Lebens, Mainberg/Leipzig 1898–1914 (Bd. 1–17). Fortsetzung: Grüne Blätter: Zeitschrift für persönliche Lebensfragen, Elmau 1914–1943 (Bd. 17–43)

Nostitz, Herbert von, Diplomat ohne Lorbeer. Erinnerungen aus dem „gehobenen Dienst", München 1992

Payer, Friedrich, Von Bethmann Hollweg bis Ebert. Erinnerungen und Bilder, Frankfurt/Main 1923

[Rotes Kreuz], Das schweizerische Rote Kreuz während der Mobilisation 1914–1919, Bern 1920

[Rotes Kreuz], Das Rote Kreuz, Schweizerische Halbmonatsschrift für Samariterwesen, Krankenpflege und Volksgesundheitspflege

Scheidemann, Philipp, Das historische Versagen der SPD. Schriften aus dem Exil, hrsg. von Frank R. Reitzle, Lüneburg 2002

Scheidemann, Philipp, Der Zusammenbruch, Berlin 1921

Scheidemann, Philipp, Memoiren eines Sozialdemokraten, Zweiter Band, Dresden 1928

Schraag-Haas, Judith, Ludwig Haas. Erinnerungen an meinen Vater, in: Mitteilungs-Blatt des Oberrates der Israeliten Badens für die angeschlossenen Gemeinden 11. Jg. Nr. 1 (1959), S. 15–23

Spartakusbriefe, hg. vom Institut für Marxismus-Leninismus beim Zentralkomitee der Sozialistischen Einheitspartei Deutschlands, Berlin 1958

Stingl, Martin, Dokumente zu ausgewählten Aspekten der Kulturpolitik in (Süd-)Baden 1945–1952, in: Joachim Fischer (Hg.), (Süd-)Baden nach 1945. Eine neue Kulturpolitik (Werkhefte der Staatlichen Archivverwaltung in Baden-Württemberg A 14), Stuttgart 1999, S. 99–143

Troeltsch, Ernst, Die Soziallehren der christlichen Kirchen und Gruppen (Gesammelte Schriften I), Tübingen 1912

Troeltsch, Ernst, Kritische Gesamtausgabe, angelegt auf 25 Bände, davon bislang 15 erschienen, u.a.:
Bd. 8: Schriften zur Bedeutung des Protestantismus für die moderne Welt (1906–1913), Berlin/New York 2001

Bd. 14: Spectator-Briefe und Berliner Briefe (1919–1922), Berlin/Boston 2015
Bd. 15: Schriften zur Politik und Kulturphilosophie (1919–1923), Berlin/New York 2002
Bd. 18: Briefe I (1884–1894), Berlin/Boston 2013; Band 19: Briefe II (1895–1904), Berlin/Boston 2014
Bd. 20: Briefe III (1905–1915) und Bd. 21: Briefe IV (1915–1923) erscheinen 2016 und 2017, Bd. 9: Die Soziallehren der christlichen Kirchen und Gruppen erscheint voraussichtlich 2016.

Urbach, Karina/Bernd Buchner, Prinz Max von Baden und Houston Stewart Chamberlain. Aus dem Briefwechsel 1909–1919, in: Vierteljahrshefte für Zeitgeschichte 52 (2004), H.1., S. 121–171

Verhandlungen der Ersten Kammer der Stände-Versammlung des Großherzogtums Baden vom 48. Landtag (1917/18). Protokollheft, Karlsruhe 1918

Verhandlungen des Reichstags. XIII. Legislaturperiode. II. Session. Bd. 314: Stenographische Berichte von der 192. Sitzung am 5. Oktober 1918 bis zur 197. Sitzung am 26. Oktober und Sachregister, Berlin 1919

Wagner, Cosima, Das zweite Leben. Briefe und Aufzeichnungen 1883–1930, hg. von Dietrich Mack, München/Zürich 1980

[Wagner, Cosima] Königin und Täubchen. Die Briefe von Cosima Wagner und Ellen Franz/Helene von Heldburg, hg. von Maren Goltz und Herta Müller, München 2014

Wagner, Richard, Das Judenthum in der Musik, in: GSD, Bd. 5

Wagner, Richard, Heldenthum und Christenthum, in: Gesammelte Schriften und Dichtungen (GSD), Bd. 10

Wagner, Richard, Oper und Drama, in: GSD, Bd. 4

Warburg Spinelli, Ingrid, Die Dringlichkeit des Mitleids und die Einsamkeit, nein zu sagen. Erinnerungen 1910–1989, Hamburg 1990.

Weber, Marianne, Max Weber. Ein Lebensbild, Tübingen ³1984

Weber, Max, Gesamtausgabe (MWG), hg. von Horst Baier, M. Rainer Lepsius u.a., Abt. I: Schriften und Reden; Abt. II: Briefe; Abt. III: Vorlesungen und Vorlesungsnachschriften, Tübingen 1984 ff.

Weber, Max, Wissenschaft als Beruf 1917/19 – Politik als Beruf 1919, hg. von Wolfgang J. Mommsen und Wolfgang Schluchter (MWG I 17), Tübingen 1992

Wolff, Theodor, Der Marsch durch zwei Jahrzehnte. Amsterdam 1936; London, 1936, Paris 1937; erw. Neuausgabe unter dem Titel Die Wilhelminische Epoche, hg. von Bernd Sösemann, Frankfurt 1989

Sekundärliteratur

Angress, Werner, Kurt Hahn und Max M. Warburg als Berater des
Prinzen Max von Baden vor und während seiner Amtszeit als
Reichskanzler, in: Michael Grüttner (Hg.), Geschichte und
Emanzipation, Frankfurt a.M. 1999, S. 233–257

Balet, Jan, in: Manfred Bosch: „All diese Charakterbildung war
nicht vergebens". Erinnerungen an die Schule Schloss Salem.
Mit Kurzbiographien und Auszügen aus Erinnerungen ehe-
maliger Schüler zusammengestellt von Manfred Bosch und
Ulrike Niederhofer, Tettnang 2009, S. 65f.

Beidler, Franz Wilhelm, Cosima Wagner-Liszt. Der Weg zum Wagner-
Mythos, hg. von Dieter Borchmeyer, Bielefeld 1997

Bermbach, Udo, Houston Stewart Chamberlain. Wagners Schwiegersohn, Hitlers Vordenker, Stuttgart/Weimar 2015

Bermbach, Udo, Vorformen parlamentarischer Kabinettsbildung in
Deutschland. Der Interfraktionelle Ausschuß 1917/18 und die
Parlamentarisierung der Reichsregierung, Opladen 1967

Bernadotte, Lennart Graf, Gute Nacht, kleiner Prinz. München 1982

Bohny, Gustav A., Oberst Carl Bohny Rotkreuzchefarzt im Weltkrieg
1856–1928, Zürich 1932

Bormann, Patrick, Prinz Alexander zu Hohenlohe-Schillingsfürst
(1862–1924). Der adelige „Friedensfreund" im Schweizer Exil,
in: Alma Hannig/Martina Winkelhofer-Thyri (Hgg.), Die
Familie Hohenlohe. Eine europäische Dynastie im 19. und 20.
Jahrhundert, Köln-Weimar-Wien 2013, S. 157–179

Bosch, Manfred, Der Johann-Peter-Hebel-Preis 1936–1988. Eine
Dokumentation, Karlsruhe 1988

Bosch, Manfred, Fendrich, Anton, in: Badische Biographien NF 3
(1990), S. 83–85

Carlgren, W.M., Neutralität oder Allianz. Deutschlands Beziehungen
zu Schweden in den Anfangsjahren des ersten Weltkrieges,
Stockholm 1962

Chatzoudis, Georgios, Wie konnte der Prinz Max von Baden zu so
einer tragischen Größe werden?, in: LISA. Das Wissenschafts-
portal der Gerda Henkel Stiftung, Interview mit Lothar Machtan
v. 3.12.2013. de.lisa.gerda-henkel-stiftung.de/prof._dr._
lothar_machtan [letzter Zugriff 30.12.2015].

Dargel, Eveline/Ulrike Niederhofer/Stefan Feucht, „In dir steckt mehr
als Du glaubst". Prinz Max von Baden, Kurt Hahn und die
Gründerjahre der Schule Schloss Salem 1919–1933. Katalog zur
Ausstellung im Neuen Museum Schloss Salem, 2.5.–29.6.2010,
Tettnang 2010

Dechow, Irmgard/Thomas Hepperle, Von der Landwirtschaftlichen
Kreiswinterschule Salem zur Fachschule für Landwirtschaft
Überlingen (1919–1998), Stockach 2005

Demeter, Karl, Das Reichsarchiv. Tatsachen und Personen, Frankfurt
1969

Demm, Eberhard, Else Jaffé-von Richthofen. Erfülltes Leben zwischen
Max und Alfred Weber, Düsseldorf 2014

Deuerlein, Ernst, Deutsche Kanzler von Bismarck bis Hitler, München
1968

Dittler, Erwin, Adolf Geck (1854–1942). Von der „Roten Feldpost"
zum Arbeiterrat, in: Die Ortenau 62 (1982), S. 212–301

Dowe, Christopher, Matthias Erzberger. Ein Leben für die Demokratie,
Stuttgart 2011

Elsässer, Konrad, Die badische Sozialdemokratie 1890 bis 1914. Zum
Zusammenhang von Bildung und Organisation, Marburg 1978

Engelhardt, Ulrich, Kosmopolitismus in der Provinz.
Bildungsbürgerliche Geselligkeit im Haus des »Mythos von
Heidelberg«, in: Stadt und Land. Bilder, Inszenierungen und
Visionen in Geschichte und Gegenwart, hg. von Sylvia Schraut
und Bernhard Stier, Stuttgart 2001, S. 255–274

Epstein, Klaus, Matthias Erzberger und das Dilemma der deutschen
Demokratie, Berlin/Frankfurt a.M. 1962

Fenske, Hans, Max von Baden (1867–1929), in: Michael Fröhlich
(Hg.), Das Kaiserreich. Portrait einer Epoche in Biographien,
Darmstadt 2001, S. 353–364

Feucht, Stefan, Das Erbe von Prinz Max. Reformprojekte in Salem,
in: Sommerfrische in Salem. Das Haus Baden am Bodensee.
Katalog zur Ausstellung in Schloss Salem, 19.5.–7.10.2010,
Salem 2012, S. 81–95

Feucht, Stefan, Der letzte kaiserliche Reichskanzler am Bodensee:
Prinz Max von Baden (1867–1929), in: ebd., S. 73–79

Fischer, Fritz, Weltmacht oder Niedergang – Deutschland im 1.
Weltkrieg, Frankfurt 1965

Frölich, Jürgen, Conrad Haußmann (1857–1922), in: Reinhold
Weber/Ines Mayer (Hgg.), Politische Köpfe aus Südwest-
deutschland, Stuttgart 2005, S. 43–54

Furtwängler, Martin (Bearb.), Die Protokolle der Regierung der
Republik Baden, Bd. 1 Die provisorische Regierung. November
1918 – März 1919, Stuttgart 2012 (Bd. 2 im Druck)

Gall, Lothar, Max von Baden, in: Wilhelm von Sternburg (Hg.),
Die deutschen Kanzler. Von Bismarck bis Schmidt, Königstein
1985, S. 137–145

Geiss, Immanuel, Der polnische Grenzstreifen 1914–1918, Lübeck, Hamburg 1960

Glockner, Hermann, Heidelberger Bilderbuch, Bonn 1969

Gollwitzer, Heinz, Die Standesherren. Die politische und gesellschaftliche Stellung der Mediatisierten 1815–1918. Ein Beitrag zur deutschen Sozialgeschichte, Göttingen ²1964

Götter, Christian, Die Macht der Wirkungsannahmen. Medienarbeit des britischen und deutschen Militärs in der ersten Hälfte des 20. Jahrhunderts (Veröffentlichungen des Deutschen Historischen Instituts London 77), Berlin/Boston 2016

Gooch, George Peabody, Recent Revelations of European Diplomacy, London 1927

Graf, Friedrich Wilhelm, Fachmenschenfreundschaft. Studien zu Troeltsch und Weber, Berlin 2014

Guth, Ekkehart, Der Gegensatz zwischen Oberbefehlshaber Ost und dem Chef des Feldheeres 1914/15. Die Rolle des Majors v. Haeften im Spannungsfeld zwischen Hindenburg, Ludendorff und Falkenhayn, in: Militärgeschichtliche Mitteilungen 35 (1984), S. 75–111

Gulbransson, Dagny Björnson, Das Gulbransson Buch, Tegernsee 2008

Hasselhorn, Benjamin, Johannes Haller. Eine politische Gelehrtenbiographie, Göttingen 2015

Hasselhorn, Martin, Kurt Hahn und das Salemer Erziehungssystem. Eine Studie über Kurt Hahn und die Salemer Pädagogik von 1920 bis 1933, München 1964

Haury, Harald, Von Riesa nach Schloß Elmau. Johannes Müller (1864–1949) als Prophet, Unternehmer und Seelenführer eines völkisch-naturfrommen Protestantismus (Religiöse Kulturen der Moderne 11), Gütersloh 2005

Hempenstall, Peter J./Paula Tanaka Mochida, The Lost Man. Wilhelm Solf in German History, Wiesbaden 2005

Henning, Friedrich, Conrad Haußmann 1857–1922, Stuttgart 1996

Hiery, Hermann J., Das Deutsche Reich in der Südsee (1900–1921). Eine Annäherung an die Erfahrungen verschiedener Kulturen, Göttingen 1995

Hilmes, Oliver, Herrin des Hügels, München 2007

Hinz, Uta, Gefangen im Großen Krieg. Kriegsgefangenschaft in Deutschland 1914–1921, Essen 2006

Hinz, Uta, Humanität im Krieg? Internationales Rotes Kreuz und Kriegsgefangenenhilfe im Ersten Weltkrieg, in: Jochen Oltmer (Hg.), Kriegsgefangene im Europa des Ersten Weltkriegs, Paderborn 2006, S. 216–236

Hirschfeld, Gerhard/Gerd Krumeich, Deutschland im Ersten Weltkrieg, Frankfurt a. M. 2013

Hirschfeld, Gerhard/Gerd Krumeich/Irina Renz (Hgg.), Enzyklopädie Erster Weltkrieg, Paderborn 22014

Holl, Karl, Die "Vereinigung Gleichgesinnter". Ein Berliner Kreis pazifistischer Intellektueller im Ersten Weltkrieg, in: Archiv für Kulturgeschichte 54 (1972), S. 364–384

Jarlert, Anders, Drottning Victoria. Ur ett inre liv. En existentiell biografi, Stockholm 2012

Kaesler, Dirk, Max Weber. Preuße, Denker, Muttersohn. Eine Biographie, München 2014

Kaube, Jürgen, Max Weber. Ein Leben zwischen den Epochen, Berlin 2014

Kluck, Hagen (Hg.), Friedrich Payer zum Gedenken: biographische und autobiographische Skizzen aus Anlaß der 150. Wiederkehr des Geburtstages des großen Demokraten am 12. Juni 1997, Reutlingen 1997

Knoll, Michael, Schulreform durch "Erlebnispädagogik". Kurt Hahn – ein wirkungsmächtiger Pädagoge, in: Pädagogisches Handeln. Wissenschaft und Praxis im Dialog 5 (2001), S. 65–76

Köhler, Walther, Ernst Troeltsch, Tübingen 1941

Kreutzer, Thomas, Art. "Hohenlohe-Langenburg, Ernst Wilhelm Friedrich Karl Maximilian Fürst zu, Diplomat, Politiker, 1863–1950", in: Württembergische Biographien Bd. 2, hg. von Maria Magdalena Rückert, Stuttgart 2011, S.133–135 (mit weiterer Literatur)

Kreutzer, Thomas, Protestantische Adligkeit nach dem Zusammenbruch – Die kirchliche, karitative und politische Verbandstätigkeit von Ernst II. Fürst zu Hohenlohe-Langenburg zwischen 1918 und 1945, in: Adel und Nationalsozialismus im deutschen Südwesten, hg. vom Haus der Geschichte Baden-Württemberg in Verbindung mit der Landeshauptstadt Stuttgart (Stuttgarter Symposion 11), Leinfelden-Echterdingen 2007, S. 42–82

Krimm, Konrad, Ertüchtigung zum Krieg. Leistungssport und Elitenbildung bei Wilhelm Paulcke – ein Versuch zum Verstehen der deutschen Weltkriegserfahrung, in: Martin Furtwängler/Christiane Pfanz-Sponagel/Martin Ehlers (Hgg.), Nicht nur Sieg und Niederlage. Sport im deutschen Südwesten im 19. und 20. Jahrhundert (Oberrheinische Studien 28), Ostfildern 2011, S. 155–176

Kundrus, Birthe, Das Reichskolonialamt zwischen nationalem Geltungsbewusstsein und Weltbürgertum. Die Staatssekretäre Friedrich von Lindequist und Wilhelm Solf, in: Ulrich van der Heyden/Joachim Zeller (Hgg.), … Macht und Anteil an der

Weltherrschaft. Berlin und der deutsche Kolonialismus, Münster 2005, S. 14–21

Lagerberg, Magnus, Stormän som jag mött jämte annat. Minnen och intryck, Stockholm 1915

Lepsius, M. Rainer, Johannes Lepsius' politische Ansichten, in: Rolf Hosfeld (Hg.), Johannes Lepsius – Eine deutsche Ausnahme. Der Völkermord an den Armeniern, Humanitarismus und Menschenrechte, Göttingen 2013, S. 27–58

Lepsius, M. Rainer, Johannes Lepsius und Kurt Hahn (2010) (http://www.lepsiushaus-potsdam.de/uploads/images/ Publikationen/Konferenzen/Lepsius%202010/rainer-lepsius_ -lepsius-und-kurt-hahn.pdf. Aufruf 13.1.2016)

Luckemeyer, Ludwig, Ludwig Haas als Reichstagsabgeordneter der Fortschrittlichen Volkspartei (FVP) und der Deutschen Demokratischen Partei (DDP), in: Günter Schulz (Hg.), Kritische Solidarität. Betrachtungen zum deutsch-jüdischen Selbst-verständnis, Bremen 1971, S. 119–174

Lutzer, Kerstin, Der Badische Frauenverein 1859–1918. Rotes Kreuz, Fürsorge und Frauenfrage (Veröffentlichungen der Kommission für geschichtliche Landeskunde in Baden-Württemberg B 146), Stuttgart 2002

Machtan, Lothar, Autobiografie als geschichtspolitische Waffe. Die Memoiren des letzten kaiserlichen Kanzlers Max von Baden, in: Vierteljahreshefte für Zeitgeschichte 61 (2013), S. 481–512

Machtan, Lothar, Prinz Max von Baden. Der letzte Kanzler des Kaisers, Berlin 2013

Mann, Bernhard, Friedrich von Payer (1847–1931), in: Reinhold Weber/Ines Mayer (Hgg.), Politische Köpfe aus Südwest-deutschland, Stuttgart 2005, S. 11–20

Mann, Golo, Der Pädagoge als Politiker. Kurt Hahn, in: ders., Zwölf Versuche, Frankfurt 1973, S. 61–104

Mann, Golo, Prinz Max von Baden und das Ende der Monarchie in Deutschland, in: Prinz Max von Baden, Erinnerungen (s.o.), S. 9–57

Marek, George R., Cosima Wagner. Ein Leben für ein Genie, Bayreuth 1982

Maurer, Michael u.a. (Hgg.), Im Schaffen genießen. Der Brief-wechsel der Kulturwissenschaftler Eberhard und Marie Louise Gothein (1883–1923), Köln 2006

Menschen im Krieg 1914–1918 am Oberrhein. Katalog zur Ausstellung des Landesarchivs Baden-Württemberg und der Archives Départementales du Haut-Rhin, hg. v. Reiner Brüning und Laetitia Brasseur-Wild, Stuttgart 2014

Meurer, Bärbel, Marianne Weber. Leben und Werk, Tübingen 2010

Miscoll, Ilse u. a., Schule Schloss Salem. Chronik, Bilder, Visionen. Geschichte und Geschichten einer Internatsschule, Salem 1995

Mohn, Brigitte, „Niemand mogelte – das tat man einfach nicht." Schülerinnen und Schüler an der Schule Schloss Salem in den 1920er Jahren, in: Leben am See. Das Jahrbuch des Bodensee-kreises 32 (2015), S. 16–22

Mohn, Brigitte, „Salem ist eine Welt für sich". Erinnerungen an die frühen Jahre der Schule Schloss Salem. Vortrag anlässlich der Wiedereröffnung des Kurt-Hahn-Archivs, Historische Bibliothek im Schloss Salem, 19.5.2013. Typoskript 2013, KHA.

Mohn, Brigitte, Kurt Hahn und die frühen Jahre der Schule Schloss Salem. Vortrag vom 25.9.2012, Vortragsreihe anlässlich der Ausstellung „Sommerfrische am See. Das Haus Baden am Boden-see", 19.5.–7.10.2012 in Schloss Salem. Typoskript 2012, KHA.

Mommsen, Wolfgang J./Wolfgang Schwentker (Hgg.), Max Weber und seine Zeitgenossen, Göttingen 1988

Mommsen, Wolfgang J., Max Weber und die deutsche Politik 1890–1920, Tübingen ³2004

Mommsen, Wolfgang J., War der Kaiser an allem schuld? Wilhelm II. und die preußisch-deutschen Machteliten, München 2002

Moser, Arnulf, Der internationale Verwundetenaustausch über die Schweiz und Konstanz; sowie ders., Der Prinz und die Gefangenenfürsorge: Max von Baden, in: Tobias Engelsing (Hg.), Die Grenze im Krieg. Der Erste Weltkrieg am Bodensee, Konstanz 2014

Mühlhausen, Walter, Friedrich Ebert 1871–1925. Reichspräsident der Weimarer Republik, Bonn 2006

Müller-Payer, Hans Georg, Friedrich Payer. Demokratischer Politiker – letzter Vizekanzler des Kaiserreichs 1847–1931, in: Lebensbilder aus Schwaben und Franken 11, Stuttgart 1969, S. 344–367

Nebelin, Manfred, Ludendorff. Diktator im Ersten Weltkrieg, München 2011

Nicklas, Thomas, Ernst II. Fürst zu Hohenlohe-Langenburg. Standes-herr, Regent, Diplomat im Kaiserreich (1863–1950), in: Lebens-bilder aus Baden-Württemberg 21, Stuttgart 2005, S. 362–383

Oltmer, Jochen (Hg.), Kriegsgefangene im Europa des Ersten Welt-kriegs, Paderborn 2006

Oppelland, Torsten, Matthias Erzberger als Außenpolitiker im späten Kaiserreich, in: Rottenburger Jahrbuch für Kirchengeschichte 24 (2005), S. 185–200

Pohl, Monika, Bündnispolitik für den parlamentarischen Ver-fassungsstaat. Die beiden Minister jüdischer Herkunft in der

Badischen Vorläufigen Volksregierung, in: Personen – Soziale Bewegungen – Parteien. Beiträge zur Neuesten Geschichte. Festschrift für Hartmut Soell, Heidelberg 2004, S. 59–78

Pöhlmann, Markus, Der moderne Alexander im Maschinenkrieg. Erich Ludendorff (1865–1937), in: Stig Förster (Hg.), Kriegsherren der Weltgeschichte. 22 historische Porträts, München 2006, S. 268–286

Pöhlmann, Markus, Kriegsgeschichte und Geschichtspolitik. Der Erste Weltkrieg. Die amtliche deutsche Militärgeschichtsschreibung 1914–1918 (Krieg in der Geschichte 12), Paderborn 2002

Rabenstein-Kiermaier, Karin, Conrad Haußmann (1857–1922). Leben und Werk eines schwäbischen Liberalen (Regensburger Beiträge zur deutschen Sprach- und Literaturwissenschaft B 55), Frankfurt am Main u.a. 1993

Radkau, Joachim, Das Zeitalter der Nervösität. Deutschland zwischen Bismarck und Hitler, München 1998

Radkau, Joachim, Max Weber. Die Leidenschaft des Denkens, München 2005

Riesenberger, Dieter, Das Deutsche Rote Kreuz. Eine Geschichte 1864–1990, Paderborn u.a. 2002

Riesenberger, Dieter, Für Humanität in Krieg und Frieden. Das Internationale Rote Kreuz 1863–1977, Göttingen 1992

Röhl, John C. G., Kaiser, Hof und Staat. Wilhelm II. und die deutsche Politik, München ³1988

Röhl, John C. G., Wilhelm II. Der Weg in den Abgrund, 1900–1941, München 2009

Scaff, Lawrence A., Max Weber in Amerika, Berlin 2013

Schadt, Jörg, Die Sozialdemokratische Partei in Baden. Von den Anfängen bis zur Jahrhundertwende (1868–1900) (Schriftenreihe des Forschungsinstituts der Friedrich-Ebert-Stiftung 88), Hannover 1971

Schmidgall, Markus, Die Revolution 1918/19 in Baden, Karlsruhe 2012

Schmidt, Anne, Belehrung-Propaganda-Vertrauensarbeit. Zum Wandel amtlicher Kommunikationspolitik in Deutschland 1914–1918, Essen 2006

Stalmann, Volker, Der „rote" Prinz. Prinz Alexander zu Hohenlohe-Schillingsfürst (1862–1924), in: Zeitschrift für Württembergische Landesgeschichte 63 (2004), S. 271–307

Stegmann, Dirk, Die deutsche Landespropaganda 1917/18. Zum innenpolitischen Machtkampf zwischen OHL und ziviler Reichsleitung in der Endphase des Kaiserreichs, in: Militärgeschichtliche Mitteilungen 12 (1972), S. 75–116

Stingl, Martin, „So hoffen wir, neben dem materiellen Aufbau dem geistigen zu dienen …": Kulturpolitik in (Süd-)Baden 1945–1952. Ausstellung des Staatsarchivs Freiburg anlässlich seines 50. Gründungsjubiläums, Freiburg 1997

Thoß, Bruno, „Ludendorff, Erich" in: Neue Deutsche Biographie 15 (1987), S. 285–290

Thoß, Bruno, Der Ludendorff-Kreis 1919–1923. München als Zentrum der mitteleuropäischen Gegenrevolution zwischen Revolution und Hitler-Putsch, München 1978

[Troeltsch] Der harte Stoff der sozialen Wirklichkeit. 150 Jahre Ernst Troeltsch, in: AkademieAktuell. Zeitschrift der Bayerischen Akademie der Wissenschaften 1 (2015.)

Trumpener, Ulrich, Germany and the Ottoman Empire 1914–1918, Princeton 1968

Ullrich, Volker, Die nervöse Großmacht. Aufstieg und Untergang des deutschen Kaiserreichs 1871–1918, Frankfurt a.M. 1997

Vietsch, Eberhard von, Bethmann Hollweg. Staatsmann zwischen Macht und Ethos (Schriften des Bundesarchivs 18), Boppard 1969

Vietsch, Eberhard von, Wilhelm Solf. Botschafter zwischen den Zeiten, Tübingen 1961

Walle, Heinrich, Deutsche jüdische Soldaten aus dem Großherzogtum Baden im Ersten Weltkrieg. Zur Erinnerung an Ludwig Frank und Ludwig Haas, in: Juden in Baden 1809–1984. 175 Jahre Oberrat der Israeliten Badens, hg. vom Oberrat der Israeliten Badens, Karlsruhe 1984, S. 173–197

Weck, Hervé de, Le service de renseignement français en Suisse (1914–1918), in : Revue Militaire Suisse 5, (Sept.-Oct. 2010), S. 15–18

Westman, K.G., Politiska anteckningar juni 1914 – mars 1917 (utg. W.M. Carlgren), Stockholm 1983

Zudeik, Peter, Der Hintern des Teufels. Ernst Bloch – Leben und Werk, Zürich 1985

Verzeichnis der Ausstellungsexponate

Familie, Hofhaltung

Karl Dussault, Porträt Prinz Wilhelm von Baden, 1897.
    Leihgabe Haus Baden
Otto Propheter, Porträt Prinzessin Maria Maximilianowna von
    Baden, nach 1897. Leihgabe Haus Baden
B. Frederiks, Porträt Prinz Max, 1888. Leihgabe Haus Baden
Tagebuch des Prinzen Max von Baden, 1885/1886. GLA FA-N 6311
Fridolin Dietsche, Statuette Prinz Max von Baden, um 1907.
    Leihgabe Haus Baden
Otto Propheter, Porträt Prinz Max, 1912. Leihgabe Haus Baden
Paradehelm des Prinzen Max als Offizier des Garde-Kürrassier-
    Regiments, mit auswechselbaren Teilen (Pickel, Adler, Feder-
    busch) und Helmschachtel. Leihgabe Haus Baden
Zylinder der Firma Nagel / Karlsruhe für Prinz Max.
    Leihgabe Haus Baden
Tafelleuchter der Firma Wilhelm Lameyer&Sohn, Hannover,
    hergestellt zur Hochzeit von Prinz Max und Prinzessin
    Marie Louise, 1901. Leihgabe Haus Baden
Vorfahrentafeln für Prinz Max und Prinzessin Marie Louise von
    Baden, ca. 1960, Fotos. GLA 69 Baden, Sammlung 1995 G 844
Karlsruhe, Palais des Prinzen Max in der Karlstraße, um 1910,
    Ansichtskarte. GLA S Thomas Kellner 10, 200
Fotoalbum Palais des Prinzen Max in der Karlstraße, 1909.
    Leihgabe Haus Baden

Freunde, Bayreuth, Elmau

Bühnenmodell zur Schluss-Szene von Rheingold, um 1900,
    Nachbau ca. 1920. Nationalarchiv der Richard-Wagner-Stiftung
    Bayreuth
Adolf von Hildebrand, Büste Cosima Wagner um 1900,
    Nationalarchiv der Richard-Wagner-Stiftung Bayreuth
Entwurf des Coburger Theatermalers Max Brückner zur Schluss-
    Szene von Rheingold, 1910. Privatbesitz, Schloss Langenburg
Büste Fürst Ernst II. zu Hohenlohe, um 1920. Privatbesitz, Schloss
    Langenburg
Hüttenbuch des Akademischen Skiclubs Karlsruhe, angelegt 1909.
    ASCK Karlsruhe
Semesterberichte des Akademischen Skiclubs Karlsruhe 1928–
    1930. ASCK Karlsruhe

Marie Paulcke und Prinz Max, im Engadin, 1912, Foto. GLA N
    Paulcke 274
Prinz Max, Marie und Wilhelm Paulcke in der Sciorahütte, 1912,
    Foto. GLA N Paulcke 274
Schneeschuhe des Prinzen Max, um 1912. Leihgabe Haus Baden
Wilhelm Paulcke, Graubündner Landschaft, 1930. Privatbesitz

Fürsorgearbeit im Krieg

Internationale Stockholmer Konferenz zur Lage der Kriegsgefangenen
    v.a. in Russland, November 1915, Foto. GLA FA-N 6628, 13
Karl Bohny, um 1915. Privatbesitz
Carl und Mary Bohny und Prinz Max von Baden im Konstanzer
    Bahnhof, Juli 1915, Foto. Privatbesitz
Fotoalbum Austauschgefangene am Bahnhof Lyon, wohl 1915.
    Privatbesitz
Deutsche Austauschgefangene in der Karlsruher Festhalle mit
    Großherzogin Luise und Prinzessin Marie Louise von Baden,
    3. 3. 1915, Foto. Privatbesitz
F. Wodie (?) / Paris, Camp de Zerbst, Les extrêmes, um 1915.
    GLA FA-N 6581, 4
Karikaturen des französischen Gefangenen M. Brayer im Lager
    Merseburg, 1916. Privatbesitz
Quittungen des CVJM für Prinz Max von Baden über Spenden
    für Gefangene in Russland, 1917. GLA FA-N 5521, 8
Ferdinand Keller, Großherzogin Luise im Lazarett, 1917.
    GLA 69 Badische Schwesternschaft 569
Geschenkdruck der Badischen Schwesternschaft vom Roten Kreuz,
    Weihnachten 1918. GLA 69 Badische Schwesternschaft 913

Krieg und Kanzlerschaft

E. Stoetzer, Porträtskizzen Kaiser Wilhelm II., 1913.
    Wehrgeschichtliches Museum Rastatt GmbH, Inv. 014441
August Rumm, Porträt Anton Fendrich, 1915. Privatbesitz
Anton Fendrich, Ein Wort an die unten und an die oben von
    einem deutschen Sozialdemokraten, Stuttgart 1916
Anton Fendrich, Mit dem Auto an der Front, Stuttgart 1916
Anton Fendrich, „Wir". Ein Hindenburgbuch, Stuttgart 1917
Wilhelm II. und Anton Fendrich, wohl in Doorn, um 1925, Foto.
    Privatbesitz

Arnold Busch, Porträt Erich Ludendorff, Lichtdruck,
   Wehrgeschichtliches Museum Rastatt GmbH
Rede des Prinzen Max von Baden im Reichstag, 5. Oktober 1918,
   Plakat. GLA P 481
Emil Stumpp, Porträt Friedrich von Payer, um 1924. Stadtmuseum
   Tübingen, Inv. 11873
Friedrich Payer, Von Bethmann-Hollweg bis Ebert. Erinnerungen,
   Frankfurt 1923
Vizekanzler Friedrich von Payer mit seiner Frau / Reichskanzler
   Prinz Max, Oktober 1918, Postkarte an Frau Payer 1932.
   Hauptstaatsarchiv Stuttgart Q1/12 Bü 47
Georg Kolbe, Büste Arnold Wahnschaffe, um 1930. Privatbesitz
Schaglichter. Gesammelte Schriften Conrad Haußmanns, Frankfurt
   1924
Rainer Lepsius, Porträt seines Bruders Johannes, um 1880.
   Privatbesitz
Pass des deutschen Generalkonsuls in Zürich für Prinz Alexander
   zu Hohenlohe, 1915. Hohenlohe Zentralarchiv Neuenstein
   Sf 110 Bü 1 Nr. 5
Prinz Alexander zu Hohenlohe, Vergebliche Warnungen, Heidelberg
   1923
Proklamation Friedrich Eberts als Reichskanzler, 9.11.1918.
   GLA 456 F 42 Nr. 25

Nachkrieg, Erinnerungen

Prinz Max von Baden, Völkerbund und Rechtsfriede, Berlin 1919.
   GLA FA-N 5507
Prinz Max von Baden, Appell an den Reichspräsidenten, Stuttgart
   1923. GLA FA-N 5348
Bernhard Hoetger, Porträt Friedrich Ebert, um 1928, Bronze.
   Archiv der Stiftung Reichspräsident-Friedrich-Ebert-
   Gedenkstätte Heidelberg
Seitenredaktion und Fahnenkorrekturen zu Prinz Max von Baden,
   Erinnerungen und Dokumente, 1926. GLA FA-N
Veit Valentin, Bademax, in: Weltbühne XXIII, 1927.
   GLA FA-N 5443
Brieftasche des Prinzen Max von Baden, mit Hymnus des
   Kardinals Newman, vor 1929. GLA FA-N 6342

Schule Salem

Elsbeth Jensen, Porträt Karl Reinhardt, um 1920.
   Kreisarchiv Bodenseekreis, Kurt-Hahn-Archiv, Salem
Bericht über Hockeyspiel Schule Salem gegen Odenwaldschule,
   28.5.1921. GLA 69 Baden, Salem-13 Nr. 875,1
Hockeyspiel mit Prinz Berthold und Kurt Hahn, Foto, um 1923.
   GLA 69 Baden, Salem-13 Nr. 876

Verzeichnis der Autorinnen und Autoren

Prof. Dr. Udo Bermbach, Universität Hamburg

Dr. Peter Bohl, Landesarchiv Baden-Württemberg, Hauptstaatsarchiv Stuttgart

Dr. Bernd Braun, Reichspräsident-Friedrich-Ebert-Gedenkstätte Heidelberg

Dr. Eveline Dargel, Kreisarchiv Bodenseekreis

Dr. Christopher Dowe, Haus der Geschichte Baden-Württemberg

Prof. Dr. Andreas Eckert, Humboldt-Universität Berlin

Prof. Dr. Frank Engehausen, Universität Heidelberg

Dr. Martin Furtwängler, Kommission für geschichtliche Landeskunde Baden-Württemberg, Stuttgart

Dr. Harald Haury, Bayerische Akademie der Wissenschaften, München

Prof. Dr. Hans-Joachim Hinrichsen, Universität Zürich

Dr. Uta Hinz, Universität Düsseldorf

Prof. Dr. Gerhard Hirschfeld, Universität Stuttgart

Dr. Rolf Hosfeld, Lepsiushaus Potsdam

Prof. Dr. Anders Jarlert, Universität Lund

Dr. Thomaus Kreutzer, Kreisarchiv Hohenlohekreis, Neuenstein

Prof. Dr. Konrad Krimm, Karlsruhe

Brigitte Mohn M.A., Kurt-Hahn-Archiv im Kreisarchiv Bodenseekreis

Dr. Joachim Niemeyer, Baden-Baden

Prof. Dr. Folker Reichert, Heidelberg

Ilona Scheidle M.A., Heinrich-Böll-Stiftung / Gunda-Werner-Institut, Mannheim

Dr. Peter Schiffer, Landesarchiv Baden-Württemberg, Hauptstaatsarchiv Stuttgart

Dr. Martin Stingl, Landesarchiv Baden-Württemberg, Generallandesarchiv Karlsruhe

Enrico Valsangiacomo, Marin-Epagnier

Philipp Wahnschaffe, Universität Hamburg